석학
人文
강좌
53

한국 유교의 정신

—세계관과 시대적 과제

석학人文강좌 53

한국 유교의 정신

—세계관과 시대적 과제

초판 1쇄 인쇄 2014년 5월 20일

초판 1쇄 발행 2014년 5월 26일

지은이 금장태

펴낸이 이방원

편 집 강윤경 · 김명희 · 안효희 · 조환열

디자인 박선옥 · 손경화

마케팅 최성수

펴낸곳 세창출판사

출판신고 1990년 10월 8일 제300-1990-63호

주소 120-050 서울시 서대문구 경기대로 88 냉천빌딩 4층

전화 723-8660

팩스 720-4579

이메일 sc1992@empal.com

홈페이지 http://www.sechangpub.co.kr

ISBN 978-89-8411-469-2 04150

978-89-8411-350-3(세트)

_ 책 값은 뒤표지에 있습니다.

이 도서의 국립중앙도서관 출판시도서목록(CIP)은 서지정보유통지원시스템 홈페이지(http://seoji.nl.go.kr)와 국가자료공동목록시스템(http://www.nl.go.kr/kolisnet)에서 이용하실 수 있습니다. (CIP제어번호: CIP2014015185)

석학
人文
강좌
53

한국 유교의 정신
—세계관과 시대적 과제

금장태 지음

세창출판사

_ 머리말

산이 높고 골이 깊으며, 들이 넓게 펼쳐져 있는 땅에는 큰 강물이 흐르기 마련이다. 우리 땅에서도 고대국가가 성립하는 단계였던 삼국시대 초기 이후로 유교사상은 가장 멀리 뻗어가고 가장 큰 흐름을 이루며 한국사상사의 지도를 그려 왔다. 그만큼 유교사상은 우리 역사를 관통하여 흘러왔으며, 특히 조선시대에서는 가장 치열한 문제의식을 제기하며 시대사회를 이끌어 왔다. 따라서 유교사상은 우리 역사의 가장 큰 정신적 유산이요, 조선시대를 중심으로 유교사상을 이해하는 것은 바로 우리 의식의 뿌리를 찾는 일이요, 우리 자신의 정체성을 확인하는 길이기도 하다.

유교사상은 우리 역사를 통해 그 시대에서 세계를 이해하는 눈을 열어 주고, 사람이 살아가는 도리와 사회를 유지하는 규범을 제시해 왔다. 따라서 한국 유교의 사상적 흐름과 이념의 정신을 전반적으로 이해하기 위한 과제는 그 시대마다 새롭게 제시되었던 세계관과 가치질서를 확인하는 것이 중요하다고 생각한다. 이런 뜻에서 이 책의 제목을 『한국 유교의 정신 – 세계관과 시대적 과제』라 붙여 보았다.

한국 유교는 조선시대에 가장 융성하였고 사상적으로 가장 풍성한 결실을 이루었던 것이 사실이다. 따라서 한국 유교사상의 중심 영역은 조선시대를 관통하여 주도적 역할을 하였던 '도학-주자학'의 이념을 해명한 것이 제2장 〈조선시대 도학의 사유체계와 쟁점의 의미〉이다. 여기서는 조선시대 도학-주자학의 사유체계로서 일원(一元)의 통합논리와 도덕적 인격배양 및 예법의 사회질서를 확인하고, 도학-주자학의 기본과제로서 성리설·수양론·의리론·예학·경세론의 문제가 시대현실과 어떤 연관 속에 전개되는지를 밝히고자 하였다.

이와 더불어 조선시대 도학-주자학의 성격을 좀 더 분명하게 확인하기 위해서는 거슬러 올라가 고려말기에 주자학이 도입되는 과정과 조선왕조 성립초기 주자학의 정립과정에서 제시된 시대정신을 이해할 필요가 있다. 이를 해명한 것이 제1장 〈고려말-조선초 주자학의 수용과 정착과정〉이다.

한국사상사의 전개과정에서 또 하나의 새로운 세계관을 열어 주었던 경우는 조선후기에 새롭게 등장하여 사회개혁의 방법을 제시하였던 '조선후기 실학'이다. 이에 대한 이해는 제3장 〈조선후기 실학의 세계관과 현실인식〉에서 다루고 있다. 여기서는 조선후기 실학이 형성되고 전개되는 사상적 성격과 시대적 배경을 도학-주자학과 대비시켜 확인하였다. 특히 18세기 이후 서양의 과학기술과 종교로서 서학(西學)이 새로운 물줄기로 흘러들어 오는 시대상황에서, 성호학파와 북학파의 실학사상이 지닌 세계관과 현실인식 및 시대적응의 방법을 해명하였다. 또한 19세기 실학의 대표적 거장인 정약용과 최한기의 세계관과 시대적응의 논리를 밝히고자 하였다.

나아가 조선시대와 오늘의 우리 시대 사이에 정신적 연결고리를 확인하기 위해, 20세기 초 서양의 학술과 사상조류가 압도적 영향력을 미치는 근대적 전환과정에서 유교개혁사상을 해명하고자 한 것이 제4장 〈한국 근대 유교개혁론의 양상과 과제〉이다. 여기서는 조선왕조의 멸망과 식민통치 아래서 유교사상이 붕괴의 위기를 만났을 때, 유교사상의 변혁을 추구하는 시도로서 양명학·도학·공양학(公羊學)을 배경으로하는 한국 근대 유교의 변혁논리와 실천과제를 해명하고자 하였다.

따라서 이 책의 중심과제는 조선시대 '도학'과 조선후기 '실학' 및 근대의 '유교개혁사상'이라는 세 가지 주제로 구성되어 있다. 유교사상이 하나의 관념적 사유체계가 아니라, 그 시대사회에서 열정을 쏟고 고뇌하면서 살아 움직여 왔던 시대정신이었다는 점을 찾아보려는 것이 이 책을 관통하는 중심과제이다. 조선시대 유교사상은 도학-주자학의 주류 위에 조선후기 실학이 그 시대에서 새로운 시야를 어떻게 열어 갔는지의 문제와, 근대의 역사적 격변기에 어떻게 대응하고 자기변혁을 추구하였는지의 문제를 이해하는 것은 한국 유교가 미래를 향해 어떻게 변동의 과제와 방향을 찾아가는지의 문제를 시사하는 것이다. 그렇다면 한국 유교를 전통사회의 유산으로 삼아 과거의 이야기라 보는 시각에서 벗어날 필요가 있다. 앞으로 우리 시대의 문제를 해결하는 과정에서나 미래를 향한 방향을 찾아가는 과정에서, 한국 유교는 여전히 살아 있는 사상으로 새롭게 문제를 제시할 수 있는 가능성을 안고 있다. 따라서 유교를 살아 있는 사상으로 지켜보아야 할 필요가 있다고 생각한다. 다만 필자로서 안목이 밝지 못하여, 문제를 투명하게 밝혀내지 못한 한계에 부끄러움과 아쉬움을 지울 수 없다. 앞으로 많은 지적을 기다려 생각을 다듬어 가기를 기약해 본다.

필자는 한국연구재단의 인문강좌 〈사람과 삶, 세상을 잇는 인문학〉에 초대를 받아, 2013년 5월 세 차례 강연을 준비하기 위해 이 책의 제2-4장을 집필하면서, 이 책을 저술하게 된 계기를 만났다. 이 강연의 끝에 한 차례 질의토론을 통해 많은 지적과 질문을 받으면서, 필자로서는 크게 계발을 받을 수 있었다. 이 저서는 '한국연구재단 석학과 함께하는 인문강좌'의 지원을 받아 출판된 책이다. 한국연구재단의 지원에 감사하는 마음을 밝힌다.

2014년 4월

靜淸堂에서 금 장 태

차례

제 1 장

고려말-조선초 주자학의 수용과 정착과정

1. 고려말 주자학 수용의 성격

유교사상이 우리나라에 전래되기 시작한 것은 매우 일찍부터였지만, 대학(太學)이 세워져 유교경전교육이 시행된 것은 삼국시대에 고구려가 가장 앞서 372년(소수림왕 2년)의 일이라 한다. 삼국시대의 유교사상은 중국의 영향을 받으면서 국가운영의 제도로서 그리고 사회질서를 위한 도덕규범으로서 실천의 기준을 이루고 있었다. 따라서 세계와 인간존재에 대한 근원적 질문에 대한 철학적 대답은 주로 불교에서 찾았던 실정이다. 그것은 중국에서도 한(漢)·당(唐)시대 오경중심의 유교사상은 국가의 통치원리요 사회의 도덕규범이었으나, 철학적 질문과 대답은 주로 불교와 노장(老莊)사상 안에서 이루어졌다는 사실과 같은 흐름이라 할 수 있다. 이러한 현상은 삼국시대의 사상적 상황에서 불교가 중심에 자리잡고 있었으며 유교는 그 외곽의 유지를 담당하였던 것으로 보인다.

고려사회도 유교교육이 확산되었으나 불교의 세력은 더욱 확장되어 불교사상이 주도하는 체제를 유지하였다. 그러나 몽고족의 원(元)나라가 중국을 차지하고 고려가 원에 복속하여 원나라로부터 중국문물을 받아들이게 된 13세기 후반에는 사상조류가 바뀌는 새로운 국면을 맞이하게 되었다. 송나라때 왕성하게 일어났던 정자·주자의 학풍으로서 주자학[01]이 고려후기 사회에 전래되면서 상황에 큰 변화가 일어났다. 벌써 고구려에 태학이 세워진 시기부터 헤아려도 900년 넘게 지속된 유교의 학풍에 중대한 변혁이 일어난 것이다. 그동안 국가체제의 제도나 운영원리로서 그리고 일상생활 속의 도덕규범으로서 기능하면서, 우주와 인생의 근원적 문제에 대한 질문과 대답은 불교에 맡겨왔던 유교가 독자적으로 세계와 인간의 본질에 대한 근원적 질문을 던지고 대답을 하기 시작한 것이다.

말하자면 철학적 기반은 불교에 맡겨놓고 생활 속의 도덕규범과 예법으로 관습적 질서를 유지해오다가 스스로 근원적 질문에 대답하기 시작한 것이다. 이에 따라 유교이념의 보편성과 근원성에 대한 신념을 밝히기 시작하였으며, 유교적 도덕규범의 정당성에 대한 확신을 한층 더 강화하기 시작하였다. 나아가 그동안 주인의 자리를 차지하고 있던 불교를 비판하고 밀어내기 시작하였던 것이다. 고려말기 사회에 이러한 주자학을 표방하는 사상혁명이 발생하게 되었던 사실에는 그 배경으로 여러 요인이 작용하고 있었다. 또한

01 '朱子學'은 程子·朱子가 중심인물이라는 의미에서 '程朱學'이라 일컬어지고, 北宋의 周濂溪·二程子·張橫渠가 일으킨 학풍을 南宋의 朱子가 集大成했다는 의미에서 '朱子學'이라 일컬어지고, 宋나라 때 일어난 학풍이라는 시대의 명칭에 따라 '宋學'이라 일컬어지며, 理를 철학적 근본개념으로 삼는다는 중심개념에 따라 '理學'이라 일컬어지고, 正統을 확고하게 정립한 道統의식의 이념체제라는 의미에서 '道學'이라 일컬어지기도 한다. 같은 학풍을 여러 가지 명칭으로 일컬으면서 시대에 따라 혹은 학풍에 따라 명칭을 사용하는 경향에 차이가 있지만, 여기서는 우선 집대성자의 명칭에 따라 '朱子學'이라 일컫고자 한다.

그 사상적 혁명이 전개되는 과정에 다양한 인물의 역할과 변화의 방향과 양상을 찾아볼 수 있을 것이다.

주자학에 기반하는 사상혁명의 전개과정에서 가장 특징적인 사실은 1290년 안향에 의해 주자학이 처음 수입된 이후 100년이 지난 1392년에 고려왕조가 멸망하고 조선왕조가 수립되어 주자학을 통치원리로 하는 사회체제가 확고하게 정착되었다는 것이다. 그렇다면 주자학의 사상혁명은 고려왕조의 내부적 사회개혁을 실현하는데 실패하면서, 왕조교체의 역성혁명으로 전개될 수밖에 없는 필연성을 내포한 것으로 보이기도 한다. 그러나 주자학의 이념은 고려말기의 시대현실 속에 한편으로는 고려왕조를 위해 절의를 지키는 '강상'(綱常)의 논리를 제공하기도 하고, 다른 한편으로는 고려왕조를 무너뜨리고 새 왕조를 건립하는 '혁명'(革命)의 논리를 뒷받침하기도 하였다.

이 점에서 고려말 주자학은 '강상'과 '혁명'의 상반된 방향으로 가는 두 길의 어느 쪽을 선택할 수도 있는 양면성을 지니는 특징을 보여준다. 그렇다면 그 양자의 대비양상을 확인해보는 것도 중요한 과제의 하나가 될 것이다. 따라서 13세기 말에서 14세기 말 사이 100년 동안 주자학의 사상혁명과정을 이해하기 위해서는 그 배경에 대한 개괄적 이해가 필요하다. 이와 더불어 주자학의 전개과정을 도입단계와 정착단계의 두 단계로 확인할 필요가 있다. 나아가 정착단계의 인물들 사이에 왕조교체의 혁명에 저항하는 '절의파'와

왕조교체의 정치적 혁명을 지지하는 '변혁파'의 상반된 역할과 관심을 대비시켜 해명할 필요가 있을 것으로 보인다.

2. 고려말 주자학 도입의 배경과 도입과정

(1) 고려말 주자학 도입의 배경

먼저, 고려말 주자학이 도입된 사실의 배경을 이해하기 위해서는 ① 전래의 원천인 중국쪽의 사정이나 중국과의 관계를 살펴보아야 하고, 이와 더불어 ② 주자학을 도입하게 된 고려말기 사회의 상황을 살펴볼 필요가 있다.

① 중국에서 주자학이 전개되는 상황을 보면, 고려 초인 10세기 말에는 송나라 국자감에 유학생이 귀국하거나 왕래하는 사신을 통해 송나라의 새로운 학풍이 전래해 왔을 가능성은 충분히 있지만 그 자취를 찾을 수 없다. 11세기 초 최충(崔沖)이 세운 구재학당(九齋學堂)의 명칭 가운데 '솔성'(率性)과 '성명'(誠明)은 『중용』에서 나온 말이니, 『사서』에 대한 이해가 있었을 것으로 짐작해볼 수 있지만 확실하지는 않다. 다만 12세기 초에 인종(仁宗)이 당시 북송(北宋)의 정자(程子) 제자인 양시(龜山 楊時)라는 인물을 알고 있었다는 사실은 주자학의 원류인 북송의 학풍에 대해 얼마간의 이해가 있었음을 짐작

할 수 있게 한다.

그렇다면 고려시대 전반기 동안에 고려사회는 송나라의 주자학 학풍에 대해 단편적 정보는 가지고 있었겠지만 거의 모르거나 무관심하였다는 사실을 알 수 있다. 설령 주자학에 대한 지식이 전래되어 왔더라도 고려사회가 무관심하였다는 것은 고려사회가 받아들일 수 있는 상황이 아니었음을 말한다. 남송(南宋)의 주자(朱子, 1130-1200)는 송대의 새로운 학풍을 집대성하였지만, 남송에서도 주자학은 주류를 이루지 못하였고, 몽고족의 원(元)나라에서 세조(世祖: 忽必烈) 때 주자의 『사서집주』(四書集註)를 과거시험 과목으로 채택하면서 주자학을 통치원리로 수립하게 되었던 것이다. 이색(李穡)은 허형(魯齋 許衡)이 원나라 세조를 설득하여 주자학을 일으킨 사실을 주목하여, "송나라가 망하자 그 학설이 북방(元)으로 흘러 들어가서, 노재(魯齋 許衡) 선생이 그 학문으로 원나라 세조(世祖)를 도왔으니, 중통(中統: 元 世祖의 초기 年號)과 지원(至元: 元 世祖의 후기 年號)의 정치가 모두 여기서 나오게 되었다"[02]고 하여, 허형이 주자학으로 원나라의 통치기반을 확립하는 데 기여한 역할을 매우 높이 평가하고 있다. 특히 허형은 주자의 『소학』을 중시하여 주자학의 도덕적 실천규범을 강조함으로써, 이념의 근원성과 규범의 현실성이 균형을 이룬 주자학을 제시하였다.

02 『牧隱集』, 권9, 9, '選粹集序', "宋社既屋, 其說北流, 魯齋許先生用其學相世祖, 中統至元之治, 胥此焉出."

고려말에 원나라로부터 주자학을 도입하게 된 것은 몽고족의 원나라에서 주자학으로 중국통치가 얼마나 효율적으로 이루어지고 있는지, 주자학이 사회통치원리로 얼마나 강력한 힘을 발휘하고 있는지를 목격할 수 있었고, 바로 이 점에서 주자학이 고려사회의 통치질서를 확립하는 데 분명한 가능성이 있음을 인식하였기 때문이라 할 수 있다. 그러나 고려사회는 원나라로부터 주자학을 도입하여 원명교체기에 원을 거부하고 친명정책을 선택하는 기반이 되고 있다는 사실이 흥미롭다.

② 고려말기에 주자학을 수용하는 상황을 보면, 고려사회는 왕실에서 서민대중에 이르기까지 불교신앙이 주도하는 환경 속에 유교는 명맥을 유지하여 왔다. 더구나 1170년 무신란(武臣亂)이 일어난 이후 무신집권 상황 아래서 유교는 극도로 위축되고 말았다. 28년간 계속된 몽고침략이 1258년 몽고와 강화가 맺어진 뒤에 원나라와 교류가 활발해지면서 유교지식인들이 다시 활기를 얻는 새로운 변화의 국면을 맞이하게 된 것이다. 고려의 유교적 학풍은 문장을 다듬는 사장학(詞章學)이나 벼슬에 나가기 위한 과거시험 공부로서 사관학(仕官學)으로 명맥을 유지하며 극심하게 침체되었으나, 원나라에서 새로 전래된 주자학은 경전해석에서 깊은 통찰을 제공하고 성리설을 통해 우주와 인간에 대한 해석의 새로운 시야를 열어주었다. 유교지식인들은 주자학을 통해 신선한 충격을 받음으로써 사회

전반을 쇄신해야 한다는 요구에 부응할 수 있었던 것이 사실이다.

충렬왕 때(1275-1308) 이래로 안향(安珦)과 백이정(白頤正)을 중심으로 원나라에서 주자학이 수입되면서 유학자들의 관심이 주자학으로 고조되었고, 임금도 성균관의 유교교육을 진흥시키기 위해 관심을 기울이면서, 원나라에서 들여온 주자학의 불씨가 고려말의 성균관에 불붙을 수 있었다. 성균관의 유교교육이 활성화되면서 주자학의 경전해석을 통한 후진양성이 이루어져 고려말에 상당수의 주자학으로 교육된 인재들이 출현하여, 주자학의 학풍이 일어났던 것이다. 고려말에 성균관을 중심으로 주자학의 학풍이 일어나면서 주자학의 이념은 사회개혁의 논리로 제시되기 시작하였던 사실이 주목된다. 홍건적이 서울 개경(開京)을 점령하면서 성균관이 황폐화해졌는데, 공민왕은 성균관을 새로 지으면서, 이색(牧隱 李穡)으로 대사성(大司成)을 삼고 젊은 학자들을 학관(學官)으로 뽑아 학풍을 새롭게 일으키도록 지원하였다. 이색을 이어 정몽주·정도전·이숭인·권근 등 신진 학자들도 성균관을 중심으로 주자학의 확산과 정착에 주력하였다.

성균관을 무대로 주자학의 학풍을 일으켰던 중심인물은 이색과 그를 이은 정몽주라 할 수 있다. 정몽주는 주자의 경전주석인 『사서집주』(四書集註)에 특별히 조예가 깊어, 경전강의를 통해 주자학의 이론을 분석할 때 남들의 생각을 뛰어넘는 탁월한 견해를 제시하였다. 그의 해석이 매우 독특하여 듣는 사람들이 의문을 가졌지만, 뒤에 원나라의 주자학자인 호병문(胡炳文)의 『사서통』(四書通)이 전래해 왔을때, 비로소 그 이론이 정몽주의 해석과 일치하는 것을 확인하고서야 모두들 다시금 탄복하였다고 한다. 이에 성균관 대사성인 이색은 "정몽주가 이치를 논하면 수직(본질)으로 설명하거나 수평(현상)으로 설명하거나 이치에 합당하지 않음이 없으니, 우리나라 '이학'(理學)의 시조로 추대되어야 할 것이다"[03]라 하여, 극진한 칭찬을 아끼지 않았다. 그만큼 정몽주의 시기에 와서 주자학의 이론적 인식이 본격적으로 심화되기 시작하였음을 의미한다.

다음으로, 고려말기 주자학은 낡은 사회질서의 변혁을 추구하기 위한 활력으로 넘쳤으며, 학문활동에서나 사회개혁 활동에서 다양한 문제를 제기하였다. 곧 학문적 영역에서 보면, 주자학의 이론에 근거하여 경전을 해석하는 '경학'이 일어났고, 주자학의 철학적 기초로서 '성리설'의 이론에 관심이 높았으며, 주자학의 사회적 실천을 위한 '예학'과 '경세론'과 '불교비판론'(闢佛論)을 중심으로 다양한 문제에 대한 견해가 활발하게 제시되고 있었다. 그러나 이 시대에서 실현되는 주자학의 양상이 더욱 중요한 의미를 지닌 것으로 주목할 필요가 있다. 이런 의미에서 고려말기 사회에서 주자학의 수용에 따라 제기되는 사회적 문제로는, ① '정통'의식에 따른 불교비

03 『圃隱集』, '圃隱先生集年譜攷異'(至正27年條), "先生講說發越, 超出人意, 諸儒嘆服, 穡亟稱之曰, 達可論理, 橫說竪說, 無非當理, 推爲東方理學之祖."

판의 강화와, ② '친명'(親明)정책에 따른 사대(事大)의식의 확립과, ③ 왕조교체에 따라 '절의'와 '혁명'의 대립이라는 세 가지 과제로 집약해 볼 수 있다.

① 불교비판: 주자학의 도입에 따라 유교이념의 정통성에 대한 확신이 강화되면서, 유교와 다른 사상전통이나 종교적 신념체계를 '이단'으로 규정하여 비판하기 시작하였다. 고려말의 주자학자들에게는 불교가 공격해야 할 '이단'의 중심표적으로 확인되어 비판이 활발하게 일어났다. 고려사회에서 불교세력은 광범하고 확고한 뿌리를 내렸으며, 국가의 경제에 큰 비중을 갖는 토지와 재산을 소유하였던 것이 사실이다. 성균관을 중심으로 고려말에 불교 배척운동이 일어나 고려사회의 불교적 기반을 개혁하려는 의지를 강하게 드러내었다. 공양왕 3년(1398) 성균박사 김초(金貂)의 상소는 사회를 어지럽히는 괴이(怪異)한 것이 불교라 규정하고, 전면적으로 불교교단의 해체를 요구하였다. 곧 승려를 본래의 직업에 돌려보내고, 오교양종(五教兩宗)의 모든 불교종파를 깨뜨려서 군사에 보충하며, 사원과 재산을 관청에 귀속시키도록 요구하는 극도로 과격한 혁신적 주장을 하였던 것이다(「高麗史節要」, 권35, '공양왕 3년'). 이러한 불교 배척론은 조선왕조의 개혁과정에서 시대정신으로 받아들여졌던 것이 사실이다.

이색은 주자학의 '도통'의식에 따라 불교에 대한 비판을 강화하고 있음을 보여주는데, “공자와 맹자의 학문을 강론하여 밝혀서, 노자(老子)와 석가(釋迦)를 배척하고 만세를 깨우쳤던 것은 오로지 주렴계(周濂溪)와 정자(程子)의 공적이다”[04]라 하였다. 곧 주자학의 근원인 주렴계·정명도·정이천에서 유교의 정통을 확립하고 이단을 배척하는 중대한 역할을 하였음을 지적하고 있다. 일반적으로 불교에 대한 배척 태도는 이색의 상소문에서도 볼 수 있는 것처럼 불법(佛法) 자체를 비판하는 것이 아니라 승려의 타락과 불사(佛事)의 과도함을 비난하는 온건한 태도였다. 그러나 정몽주가 “불교는 일용평상(日用平常)의 도가 아니다”라고 비판하는 것은 불교의 진리관에 대한 비판이지만, 배타적 공격의 태도라 하기는 어렵다. 그런데 김자수(金子粹)·허응(許應) 등 노년층의 온건한 억불론을 넘어서 성균관의 신진 학자인 김초(金貂)·박초(朴礎) 등 젊은 층의 격렬한 불교 배척운동은 불교를 이단으로 규정하여 유교와는 양립할 수 없다는 신념으로, 불교교단의 파괴를 도모하는 종교적 개혁운동의 성격을 드러내는 것으로 격화되고 있음을 보여준다.

② 사대주의: 고려말기에 중국에서 한족의 명(明)나라가 일어나고 몽고족의 원나라가 밀려나는 원·명교체시기에 고려말의 외교정책은 기존의 ‘친원’(親元)을 기준으로 하는 것이었지만, 정몽주를

04 『牧隱集』, 권9, 9, ‘選粹集序’, “講明鄒魯之學, 黜二氏詔萬世, 周程之功也.”

중심으로 젊은 주자학자들은 원나라를 거부하고 '친명'(親明)정책을 주장하여 하나의 중요한 쟁점을 일으키고 있었다. 주자학은 원으로부터 도입되었으나, 주자학의 논리는 외교적 정책의 기준으로 '중화'(中華)와 '이적'(夷狄)을 분별하는 의리를 내세우는 것이다. '중화'를 정통으로 삼는 주자학의 의리는 몽고족의 원나라를 정통이 아니라 '이적'으로 볼 수 있는 논리를 내포하고 있다. 정몽주는 이러한 '친명'정책과 '중화'의리를 기준으로 삼으면서, 고려는 문화적으로 '중화'를 정통으로 받들고 따라야 한다는 '모화'(慕華)의 논리를 제시하고 정치적으로는 대국(大國)인 명나라에 예속되어야 한다는 '사대'(事大)의 논리를 표방하였다. 이에 비해 정도전은 '친명'정책을 받아들이고 명나라에 대해 '사대'의 논리를 외교의 기준으로 삼으면서, '사대'를 목적으로 내세우는 것이 아니라 국가의 존립을 확보하기 위한 수단으로 내세우며 목적은 국가의 존립에 있음을 중시하는 '사직'(社稷)의 논리를 내세웠던 것이다. 이 때문에 조선왕조 건국 이후에 정도전은 요동정벌론을 내세워 명나라와 외교적 충돌을 일으키기도 하였던 사실을 볼 수 있다.

③ '절의'와 '혁명'의 대립: 주자학이 정착되어 사회개혁의 요구가 높아지면서 고려왕조의 한계를 의식하고 왕조교체의 혁명을 추구하는 인물이 등장하였다. 그 대표적 인물이 정도전으로 이성계를 도와 역성혁명을 추진하고, 혁명 이후 조선왕조의 건설에 주도적

역할을 하였다. 그러나 주자학의 이념을 실현하기 위한 개혁은 고려사회의 체제 안에서 수행하여야 한다는 입장에서 혁명론에 저항하여 고려사회의 체제를 수호하기 위해 저항하는 주자학자가 있었다. 그 대표적 인물이 정몽주로서 이성계의 혁명공작에 저항하다가 죽임을 당하였다.

이처럼 고려-조선의 왕조교체기에서 고려사회를 수호하여 절의를 지키는 '강상론'과 새로운 왕조를 통한 변혁을 추진하는 '혁명론'이 주자학자들 사이에 대립을 일으키는 쟁점이었다. 고려왕조에 충절을 지킨 '강상론'의 대표적 인물로 정몽주에 대한 평가도 양극적으로 나타난다. 혁명의 과정에서 정몽주를 죽이고는, 간사한 계책을 몰래 이루어 변란의 발단을 일으키고자 하였다고 논죄하였다. 그러나 혁명에 성공하고 불과 10년이 지난 태종 초에는 왕조의 기틀이 안정되자 이제는 조선왕조의 수호를 위해 '강상론'을 높이지 않을 수 없게 되었다. 정몽주를 죽이도록 조종한 인물인 태종은 왕위에 오르자, 정몽주에 대해 "마음을 다해 섬기는 데 두 뜻을 갖지 않았다"[專心所事, 不貳其操.〈『圃隱集』(附錄), '上書'[權近]〉]라 하여 충절을 인정하면서 '문충'(文忠)이라 시호를 내렸다. 이에 비해 혁명의 중심인물로 조선왕조 건립에 가장 큰 공을 세운 정도전과 조선왕조가 세워진 다음 조정에 나와 외교적으로나 학문적으로 큰 공을 세웠던 권근에 대해서는 그 공적에 비해 조선왕조의 유교지식인들이 매우 가볍게 여기고 있는 것이 현실이다.

(2) 고려말 주자학의 도입과정

고려말 주자학의 도입과 정착 과정에서 주자학의 학풍을 이끌어 갔던 인물로는 안향·백이정에서 이제현·이곡에 이르기까지 도입단계라 한다면, 이색에서 정몽주·정도전을 거쳐 권근·길재에 이르기까지는 정착단계라 할 수 있다. 이들은 학맥이 매우 분명하게 이어지고 있음을 보여준다.

주자학의 도입단계 : 주자학의 정착단계

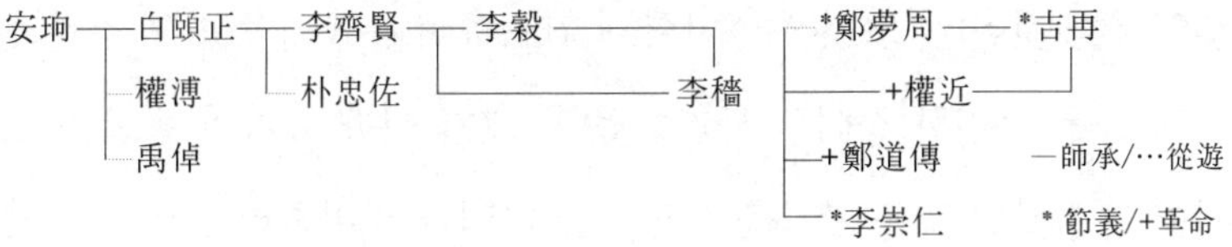

고려 충렬왕 때(1290) 안향(安珦)이 원나라로부터 주자의 저술을 베껴오고 잇달아 백이정(白頤正)이 정주학을 배우고 돌아온 데 이어서, 이제현(李齊賢)의 장인이요 권근(權近)의 증조인 권보(菊齊 權溥, 1262-1346)가 주자의 『서서집주』(四書集註)를 원나라에서 수입해 와 국내에서 다시 간행하여 보급하였다. 이에 따라 1344년 『사서집주』가 과거시험 과목으로 채택되기에 이르렀다. 우탁(易東 禹倬, 1263-1342)은 정이천(程伊川)의 『역전』(易傳)을 독학으로 연구하였던 것도 정주학에 대한 이 시대 열정의 일단을 보여주는 것이다. 권보의 사위 이제현(李齊賢)과 이제현의 제자 이곡(稼亭 李穀, 1298-1351)에 이르는 시기가 주자학 도입의 초기단계라 할 수 있다. 주자학의 도입과정에서 활동한 중심인물로 안향·백이정·이제현·이곡을 들 수 있다.

① 안향(晦軒 安珦, 1243-1306): 안향은 충렬왕 때(1289) 세자(뒷날 忠宣王)를 따라 연경(燕京)에 가서 머무는 동안 주자의 저술(朱子書)을 베껴가지고 이듬해(1290) 돌아왔다. 그가 베껴온 주자의 저술이 무엇인지는 확인되지 않지만 주자의 저술을 가져왔다는 사실은 바로 주자의 저술을 고려에 처음 소개한 것이요, 주자학 도입의 시발점이 되었다는 것이다. 그것은 주자학에 기초하여 유교의 혁신을 추진하는 기틀을 마련한 중대한 사건이었다. 그가 이때 공자의 초상을 모사해 가져왔던 것은 공자를 신봉하는 의례를 정비하려는 의도가 있었던 것으로 보인다. 그 자신 주자의 저술을 연구하고 교육함으로써 주자학을 고려에 도입하는 데 큰 기여를 하였다. 그는 만년에 주자의 초상을 걸어두고 항상 공경하였으며, 주자의 호 회암(晦菴)을 따라 자신의 호를 회헌(晦軒)이라 지어 주자를 따르려는 뜻을 밝히기도 하였다.

안향은 유교의 진흥을 자신의 사명으로 삼고서 무엇보다 먼저 학교를 일으켜 인재를 양성하는 것을 자신의 사업으로 추진하였다. 그가 국학의 재건에 착수하던 당시 국학(國學)인 국자감(國子監)의 문묘(文廟)가 황폐함을 통탄하여 지은 시에서, “향 피우고 등불 밝힌 곳곳마다 모두 부처에게 빌고 / 피리 부는 집집마다 모두가 귀신을 섬기는구나 / 오직 몇 칸 안 되는 공자님 사당에는 / 봄 풀만 뜨락에 가득하고 적적하여 인적이 없네"[05]라 읊었다. 불교나 무속 등이 극심하게 성행하는 데 비해 유교가 너무나 붕괴된 현실에 대한 안타까움을 절실하게 토로하고 있는 것은 유교를 재건해야 한다는 그 자신의 사명감을 엿볼 수 있게 한다.

국학(國學: 당시 國子監)을 재건하는 과정에서 이성(李晟)·추적(秋適)·최원충(崔元冲) 등을 천거하고 경전마다 담당하는 전문 교수를 두었다. 무엇보다 국학의 재정을 확충하는 데 힘을 기울였다. 그는 조정에서 "재상의 직무는 인재를 교육하는 것보다 우선하는 것이 없다"(宰相之職, 莫先敎育人才)고 역설하며, 모든 관리들이 품계에 따라 재물을 내게 하여 장학기금으로 섬학전(贍學錢)을 모아 양현고(養賢庫)의 기금을 마련하였다. 당시 어떤 사람이 자신은 무인(武人)이라 하여 돈을 내려 하지 않았다. 이에 안향은 여러 대신들에게 "공자의 도리는 만세에 법도를 내려주신 것이다. 신하가 임금에게 충성하고, 자식이 부모에게 효도하고, 아우가 형에게 공손하는 것은 누구의 가르침인가? 만약 '나는 무인인데 어찌 도리어 돈을 내어 너희들(文人)의 생도를 양성하겠는가'라 한다면 이는 공자를 무시하는 것이

05 安珦의 시는 安鼎福의 『東史綱目』에서 "香燈處處皆祈佛, 簫管家家盡事神, 獨有數間夫子廟, 滿庭春草寂無人"으로 인용되고, 李睟光의 『芝峯類說』에는 "香燈處處皆祈佛, 〈絃〉管家家〈競〉〈祀〉神, 〈唯〉有數間夫子廟, 滿庭〈秋〉草寂無人"으로 글자가 달라지고, 그 밖에도 "香燈處處皆祈佛, 〈管絃〉家家盡〈祀〉神, 〈唯〉有數間夫子廟, 滿庭〈芳〉草寂無人"이나 "香燈處處皆祈佛, 簫〈鼓〉家家〈競〉〈賽〉神, 獨有數間夫子廟, 滿庭〈秋〉草寂無人" 등 첫 구절만 빼고는 글자의 출입이 있는 여러 가지로 전해오고 있다.

니 옳겠는가"[06]라 설득하자, 그 무인도 돈을 내었다 한다. 이러한 안향의 노력으로 국학에는 학생들이 많이 모여들었고 국학이 유교교육의 중심으로 다시 자리를 잡아 인재를 배출하게 되었다. 그는 또한 박사 김문정(金文鼎)을 원나라에 보내 공자와 72제자의 초상을 그려오고 제기(祭器)와 악기(樂器)와 경전 등 서적을 구입해 오게 하였다. 성현의 초상과 제기와 악기를 갖춤으로써 공자를 섬기는 의례를 정비하고 있었던 것이다.

안향은 국학의 학생들을 훈계하면서, "성인의 도리는 일상생활 속의 윤리에 지나지 않는다. 자식이 되어서는 마땅히 효도하고, 신하가 되어서는 마땅히 충성해야 한다. 예법으로 집안을 다스리고, 신의로 벗을 사귀며, 자기를 닦음은 공경(敬)으로 하고 일에 임해서는 반드시 정성(誠)으로 할 뿐이다. 저 불교는 부모를 버리고 집을 나가서 인륜을 무시하고 의리를 어그러뜨리니, 곧 일종의 오랑캐 무리이다"[07]라 하여, 유교의 기본정신으로 일상의 인륜을 강조하면서, 불교를 이와 상반된 사유로 대비시켜 비판하였다. 그것은 주자학의 정통의식에 따른 이단비판론을 불교비판에 적용시키고 있음을 보여준다. 이에 따라 그는 "내가 일찍이 중국에서 주자의 저술을

06 『高麗史』 '列傳18, 安珦傳', "珦謂諸相曰, 夫子之道, 垂憲萬世, 臣忠於君, 子孝於父, 弟恭於兄, 是誰教耶, 若曰我武人, 何苦出錢, 以養爾生徒, 則是無孔子也, 而可乎."

07 安珦, 『晦軒遺稿』, '諭國子諸生文'(『竹溪世稿』에 수록), "聖人之道, 不過日用倫理, 爲子當孝, 爲臣當忠, 禮以制家, 信以交朋, 修己以敬, 立事必誠而已, 彼佛者, 棄親出家, 蔑倫悖義, 卽一夷狄之類."

얻어보니 성인의 도리를 밝게 드러내고, 선불교의 학설을 물리쳐 배척하여, 공적이 공자에 짝할 만하였다. 공자의 도리를 배우고자 하면 주자를 배우는 것보다 우선 할 것이 없다"[08]고 하였다. 여기서 그는 주자학이 공자의 정신을 계승한 정통임을 강조하면서 주자학이 불교를 비판하고 있는 사실을 확인하고 있다. 곧 주자를 통해서 공자를 배워야 한다는 주자학의 정통화를 역설하는 것이다. 주자학을 도입하는 처음부터 이미 불교비판과 주자학의 정통성에 대한 인식을 분명하게 밝히고 있음을 보여준다.

② 백이정(彝齋 白頤正, 1260-1340): 백이정은 안향의 문하에서 권보·우탁과 함께 수학한 후에 1305년경에 원나라에 가서 10년 동안 머물면서 정자와 주자의 저술을 연구하였다. 그는 귀국할 때 정자와 주자의 성리학 서적을 가져와서 이제현(李齊賢)·이곡(李穀) 등 4, 5인과 매일 강론하면서 전수하였으며, 주자의 주석으로 경전의 바다를 건너는 배로 삼았다 하니, 경전의 해석에서 성리학의 이해를 한 단계 심화시키는 역할을 하였다.[09] 그도 국자좨주(國子祭酒)와 대사성(大司成)의 직책으로 국학의 학생들을 지도하였으며, 주자학과 관련한 많은 서적들을 국내에 소개하였는데, 그 가운데 『주자가례』

08 같은 곳, "吾嘗於中國得見朱晦庵著述, 發明聖人之道, 攘斥禪佛之學, 功足以配仲尼, 欲學仲尼之道, 莫如先學晦菴."

09 『淡庵逸集』, 권2, 18-19, '文憲公彛齋先生行狀', "留都下十年, 多取程朱全書而歸, 與同門四五人, 日相講授, 以經籍爲淵海, 箋疏爲梯航, 東方學者始知有性理之學."

(朱子家禮)는 유교의례의 주자학적 실천형식을 제시하는 것으로 중요한 의미가 있다.

③ 이제현(益齋 李齊賢, 1287-1367): 이제현은 백이정과 권보에게서 주자학을 배웠다. 충선왕이 왕위에서 물러난 다음 연경에 만권당(萬卷堂)을 짓고 머물면서 그를 부르자 28세 때(1314) 연경의 만권당에서 한족 출신 일류 학자들(姚燧·閻復·元明善·趙孟頫·虞集 등)과 교유하며 학문을 연마하였다. 그는 원나라가 고려를 원의 한 성(省)으로 편입시키려는 '입성'(立省)정책이 제기되었을 때, '입성'을 반대하는 상소를 원나라 조정에 올렸으며, 원나라에서 충선왕이 참소를 받아 감숙성(甘肅省)에 유배당했을 때 충선왕을 유배에서 풀려나도록 외교적 활동을 하여 상당한 성과를 거두기도 하였다.

충선왕이 그에게 고려의 학풍이 사장학(詞章學)에 빠져 경전을 연구하고 덕행을 닦는 선비가 적은 이유를 묻자, 그는 무신란(武臣亂) 이후 학자들이 산 속으로 숨어들고 승려들에게 문장의 글귀를 익히게 되었던 점을 지적하였다. 그는 이 폐단을 벗어나는 방책을 제시하여, "이제 전하께서 참으로 학교를 확장하고, 상서(庠序: 향촌의 학교)를 신중하게 지키며, 육예(六藝: 禮·樂·射·御·書·數)를 높이고, 오교(五教: 父義·母慈·兄友·弟恭·子孝)를 밝혀서 옛 임금의 도리를 밝힌다면, 참된 선비(眞儒)를 등지고 승려를 따라가거나, '실학'(實學)을 버리고 '장구'(章句)를 익히는 자가 어디 있겠습니까? 장차 문장이나 다듬는 무리들이 모두 경전에 밝고 덕행을 닦는 선비가 되는 것을 보시게 될 것입니다"[10]라 하였다. 교육으로 유교의 학풍을 일으켜야 할 것을 강조하고 있는 것이다. 이제현은 경전의 의리를 밝히고 이를 현실에서 실천하는 '실학'을 내세워 문장이나 다듬는 '장구'와 대립시켰다. 곧 주자학의 학풍이 지향하는 기본 성격을 '실학'으로 확인함으로써, '장구'에 사로잡혀 있는 '사장학'과 '실학'을 지향하는 '주자학'을 대립시키고 있다. 그것은 밖으로 이단으로서 불교를 비판할 뿐만 아니라, 안으로 유교의 정통인 주자학에서 벗어난 사장학을 비판함으로써, 주자학의 정통의식을 제시하는 것이다.

또한 그는 당시 주자학의 학풍이 보편화되고 있는 사실을 지적하여, "천하가 같은 문자를 쓰고 집집마다 정자와 주자의 서적이 있으며, 사람들은 성리학을 알고 있으니, 가르치는 도리가 거의 이루어졌다"[11]라 하였다. 여기서 그는 주자학에서도 특히 성리학의 이론이 교육의 기준으로 자리잡고 있음을 확인한다. 또한 그는 세자(世子)의 교육을 담당하면서도 『효경』과 『사서』를 강론하고, 『사서』에 익숙해진 다음에 『오경』으로 들어가야 한다는 주자학의 사서 중심적 경전교육방법을 제시하고 있다.

이제현은 1344년 도당(都堂: 議政府에 해당)에 올린 건의서에서도 학

10 『櫟翁稗說』 前集 卷1, 13-14, "今殿下誠能廣學校, 謹庠序, 尊六藝, 明五敎, 以闡先王之道, 孰有背眞儒而從釋子, 捨實學而習章句者哉, 將見雕蟲篆刻之徒, 盡爲經明行修之士矣."

11 『益齋亂藁』, 卷9下, 21, '策問', "天下同文, 衆有程朱之書, 人知性理之學, 敎之之道, 亦庶幾矣."

문으로 덕을 닦는 일을 강조하면서, "공경하고 삼감의 실지는 덕을 닦는 것만 함이 없고, 덕을 닦는 요령은 학문에 오로지 뜻을 두는 것만 함이 없습니다. … 『효경』·『논어』·『중용』을 강론하여 '격물·치지'(格物致知)와 '성의·정심'(誠意正心)의 도리를 익혀야 합니다. … 『사서』가 이미 익숙해지면 『육경』을 차례로 강론하여 밝혀가며, 교만하고 사치함이나 문란하고 안일함과 가무나 여색이나 개를 희롱하고 말 달리는 일은 눈과 귀에 접하지 못하게 하여야 합니다. 습관에 젖으면 성품을 이루게 되어 덕이 배양되는 줄도 깨닫지 못할 것이니, 이것이 당면한 일로 가장 시급한 것입니다"[12]라 하였다. 여기서도 주자학의 학문방법을 통한 학업과 덕을 닦아가는 수신의 중요성을 강조하고 있다. 특히 학문과 덕을 닦는 방법으로서 『대학』의 8조목 가운데 '격물-치지-성의-정심'으로 '수신'(修身)을 위한 과제와 방법의 순서를 제시한 대목이 주목된다.

④ 이곡(稼亭 李穀, 1298-1351): 이곡은 이제현의 제자요, 이색의 아버지다. 1327년 원나라에 가서 1333년 원나라 과거시험에 합격하고, 이듬해 귀국하였다. 그는 『사서』에 구두를 달아 경전교육에 활용하였다. 또한 1344년 『사서』가 제술업(製述業)의 과거시험 과목으로 채

12 『櫟翁稗說』(拾遺), 4, '上都堂書', "敬愼之實, 莫如修德, 修德之要, 莫如嚮學, … 講孝經論語中庸, 以習格物致知誠意正心之道, … 四書旣熟, 六經以此講明, 驕奢淫佚, 聲色狗馬, 不使接于耳目, 習與性成, 德造罔覺, 此當務之莫急者也."

택되면서 주자학이 고려에서 관학으로 자리잡게 되었다. 『서서』의 해석은 주자의 주석이 기준이 되는 만큼, 『사서』가 경전의 중심에 자리잡게 된다는 것은 주자학이 기준이 됨을 의미하는 것이다.

이곡은 ‘마음’ 개념을 『대학』의 ‘정심’(正心)에 대한 해석을 중심으로 해명하여, “마음이란 한 몸의 주인이요 모든 변화의 근본이다. 임금의 마음은 나라를 다스리는 근원이요, 천하가 다스려지는지 혼란하게 되는지 갈리는 계기이다. 그러므로 임금은 마음을 바르게 하여 조정을 바르게 하고, 조정을 바르게 하여 모든 관리를 바르게 하면, 멀리나 가까이나 감히 하나같이 바르게 하지 않을 수 없다. 덕은 마음에서 얻어지고, 정치는 덕으로 시행되니, 마음에서 얻지 못하고서 정치에 베푸는 자는 없다”[13]고 하였다. 마음을 바로잡는 문제는 개인의 덕을 닦는 과제일 뿐만 아니라, 임금의 마음이 정치의 근원임을 지적함으로써, 정치의 근본과제가 바로 임금의 마음을 바로잡는 일에 있음을 강조하고 있다. 이것은 주자학의 기본적 정치원리인 ‘격군심’(格君心)의 문제를 가리키고 있는 것이다. 임금이 자신의 마음을 바로잡고 자신의 한 몸과 집안을 바로잡으며 나아가 나라와 천하를 바로잡아가는 『대학』의 체제는 주자학의 ‘마음’을 바로잡는 수양의 문제가 나라를 다스리는 경세의 문제와 연결되고 있

13 『稼亭集』, 권13, 15, ‘廷試策’, “心者一身之主, 萬化之本, 而人君之心, 出治之原, 天下治亂之機也. 故人君正心以正朝廷, 正朝廷以正百官, 而遠近莫敢不一於正, 德於心得, 政以德行, 未有不得於心而能措諸政者也.”

음을 선명하게 보여준다.

또한 이곡은 절에 새로 세운 누각을 '심원루'(心遠樓)라 이름붙이고 지은 기문(記文)에서도, "마음이란 것은 본래 멀고 가까운 것이나 저쪽과 이쪽의 차이가 없다. 유교인은 바르게 함(正)으로써 수신(修身)하여, 집안을 다스리고(齊家), 나라를 다스리며(理國: 治國), 천하를 평화롭게 하는 데(平天下)까지 이른다. 불교인은 관조(觀)함으로써 수행(修行)하여, 견성(見性)하고, 성불(成佛)하며, 나를 이롭게 하고 남을 이롭게 하는 데(利自它)까지 이른다. 요컨대 진실로 마음으로 마음을 관조함(以心觀心)이나 마음으로 마음을 바로잡음(以心正心)이 아니라, 마음을 간직하고(存心) 성품을 배양함(養性)이 어떠한가를 돌아볼 뿐이다. 그래서 옛 유학자는 '관심'이 잘못이라 논하여, '마음은 하나일 뿐인데 무슨 마음으로 이 마음을 관조하는가'라 하였다"[14]라 언급하고 있다.

여기서 이곡은 유교의 마음을 바로잡는다는 '정심'(正心)의 전개과정(正心→脩身→齊家→理國→平天下)과 불교의 마음을 관조한다는 '관심'(觀心)의 전개과정(觀心→脩行→見性→成佛→利自它)을 대조하면서 그 수양론적 의미가 동일한 구조를 이루고 있음을 지적하였다. 그것은 유교와 불교의 일치를 확인하고 있는 것이다. 다만 그는 '정심'이나

14 『稼亭集』, 권3, 6, '新作心遠樓記', "心之爲物, 本無遠近彼此之殊, 儒者以正, 以之脩身, 以至于齊家理國而平天下, 佛者以觀, 以之脩行, 以至于見性成佛而利自它, 要之誠不以以心觀心, 以心正心, 顧其存養如何耳, 故先儒有非觀心論曰, 心一而已, 以何心而觀此心."

'관심'이 마음으로 마음을 바로잡거나 관조하는 내면적 침잠의 과정이 아니라, 마음을 간직하고 성품을 배양하여 마음을 확립해가는 수양론적 구축의 과정임을 확인한다. 바로 이 점에서 그는 유교의 '정심'을 통해 불교의 '관심'이 내면적 침잠에 빠져들지 않도록 경계해주는 역할을 할 수 있음을 보여준다. 그것은 불교비판론이 아니라, 유교와 불교의 일치점을 인정하면서 주자학의 수양론적 논리가 불교를 올바르게 이끌어줄 수 있음을 보여주는 불교에 대한 온건한 조화론적 태도라 할 수 있을 것이다.

3. 고려말 주자학의 정착과정과 사회적 의미

(1) 고려말 주자학의 정착과정

안향에서 이제현과 이곡에 이르기까지는 주자학이 고려사회에 수입되는 '수용단계'라 한다면, 이곡의 아들인 이색에 이르면서 주자학이 고려사회에 발화의 계기가 열렸으며, 그의 후학과 제자들인 정몽주·이숭인·길재 등과 성균관을 중심으로 주자학의 학풍을 일으키면서 고려사회에 주자학은 '정착단계'에 들어섰던 것으로 볼 수 있다.

① 이색(牧隱 李穡, 1328-1396): 이색은 이제현의 제자요 이곡의 아

들로서, 고려말기 주자학의 정맥을 계승한 인물이다. 그는 21세 때(1348) 원나라 국자감에 입학하여 3년간 수학하였으며, 특히 원나라에 주자학을 일으킨 허형(魯齋 許衡)을 중시하였다. 또한 그는 사회제도의 개혁에 관심을 기울여, 1352년 원나라에서 잠시 귀국해 있던 시기에 토지제도의 개혁, 국방의 개선, 국학의 진흥, 불교의 억제 등 개혁대책을 건의하는 상소를 올리기도 하였다.

이 시대에 이색이 보여준 가장 큰 역할은 성균관을 중심으로 주자학의 학풍을 크게 일으켰다는 사실이다. 1367년 공민왕이 성균관을 다시 짓자 이색은 대사성(大司成)이 되어 성균관의 학칙을 새로 제정하고, 학생을 증원하며, 성균관을 주자학을 연구하고 교육하는 중심으로 학풍을 이끌어 갔다. 이때 이색은 김구용·정몽주·박상충(朴尙衷)·박의중(朴宜中)·이숭인·성석린(成石璘) 등을 교관으로 끌어들여, 주자의 경전해석을 강의함으로써 정주학의 학풍을 활발하게 일으켰다. 잇달아 정도전·하륜·권근·윤소종(尹紹宗) 등 많은 학자들이 성균관에 모여들고, 성균관을 통해 많은 학자들이 양성되었다.

권근은 스승 이색의 업적을 서술하면서, "이에 우리나라에 성리학이 크게 일어나서, 학자들이 문장이나 암송하는 습관을 버리고, '심'(心)·'성'(性)·'명'(命)의 이치를 궁구하게 되었으며, 유교를 근본으로 받들 줄을 알고 '이단'에 미혹되지 않게 되었으며, '의리'를 바로잡고자 하고 '공리'(功利)를 도모하지 않게 되어, 선비의 기풍과 학술이 뚜렷하게 일신되었다. 모두 선생(李穡)이 가르치신 힘이다"[15]라 하였다. 이색이 성균관의 대사성으로서 일으킨 학풍이 이 시대에 얼마나 큰 파장으로 새로운 물결을 일으켰는지를 잘 보여준다. 그러나 이성계가 위화도(威化島) 회군(1388)을 하여 실권을 장악한 이후로 이성계 일파를 견제하기 위해 왕권을 안정시키려 도모하다가 거듭 유배를 당하면서 그의 역할과 영향력을 모두 잃고 말았다.

이색의 주자학적 관심영역은 경학·성리학·예학·불교비판론을 중심으로 확인할 수 있다. 먼저 경학에 대한 관심으로 그는 일찍이 「역의」(易義)[16] 한 편을 저술한 일이 있다고 하는데 남아 있지는 않다. 또한 『예기』의 편차를 고정(考定)하려다가 뜻을 이루지 못하고 제자인 권근에게 이를 완수하도록 부탁하였던 일도 있다. 실제로 이색의 경학에 대한 이해의 깊이는 그의 저술 속에서 단편적 언급을 통해 짐작할 수 있을 뿐이다. 그가 『주역』을 해석하면서 양(陽)의 강건한 덕을 높이고 있는 것은 군자와 소인을 분별하는 주자학의 의리론적 관점을 보여주는 것이다. 또한 『중용』의 이해에서도 "하늘에 있는 것은 '명명'(明命)이요, 사람에 있는 것은 '명덕'(明德)이지만 두 가지가 아니다. 그런데 하늘과 사람을 갈라서 떨어지게 한 지가

15 『陽村集』, 권40, 5, '牧隱先生李文靖公行狀', "於是東方性理之學大興, 學者祛其記誦詞章之習, 而窮身心性命之理, 知宗斯道而不惑於異端, 欲正其義而不謀於功利, 儒風學術煥然一新, 皆先生教誨之力也."

16 李穡은 21세 때 元의 太學에서 宇文公諒에게 『周易』을 배우면서 「易義」 一篇을 지어 올렸다 한다(『牧隱文藁』, 권9, '朴子虛貞齋記').

오래되니, 공자가 이를 슬퍼하였다. 도통이 전해짐은 줄처럼 끊어지지 않았는데, 다행히 두 번째 전승에 공자의 손자가 있어서 한 책을 저술하니, 뒷사람들에게 바라는 바가 지극하였다"[17]고 하였다. 하늘과 인간이 일치하는 '천인합일'이 '도'의 본래 모습이요, 자사(子思)가 『중용』을 지은 것도 바로 하늘과 인간의 일치를 밝혀주고 있음을 지적한 것이다.

다음으로 성리학의 인식에 이색은 주자학의 성리설을 자신의 사상적 기반으로 받아들이고 있음을 볼 수 있다. 그는 "'천'(天)은 '이'(理)이다. … 사람과 사물을 가리켜 사람이라 이름하고 사물이라 이름하는 것은 자취이다. 그 근거(所以然)를 찾아 변론해 보면 사람에 있는 것은 '성'(性)이요 사물에 있는 것도 '성'이다. 동일한 '성'이니, 동일한 '천'이다"[18]라 하였다. 인간과 만물의 궁극적 근원이 '성'으로 일치하고, '천'으로 일치함을 확인하여, '천인합일'을 넘어서 인간과 사물이 본질에서 같다는 '인물성동'(人物性同)을 제시하여 '이'의 보편적 근원성을 강조하고 있다.

이색의 '심성' 개념 인식은 인간의 '성'을 마음의 덕이라 하여, '성'의 도덕성을 중시함으로써, "무릇 사람이 태어남은 '건·순'(健順: 陰·陽의 德)과 '오상'(五常: 五行의 德)의 덕을 갖추었으니 이른바 '성'이다.

17 『牧隱文藁』, 권10, 7, '可明說', "在天曰明命, 在人曰明德, 非二物也. 而天與人判而離也, 久矣, 仲尼蓋悲之. 道統之傳, 不絕如線, 幸而再傳, 有聖孫焉, 著爲一書, 所以望後人者至矣."

18 『牧隱文藁』, 권10, 1, '直說三篇', "天則理也, … 指人物而名之曰人也物也, 是跡也. 求其所以然而辯之, 則在人者性也, 在物者亦性也. 同一性也, 則同一天也."

… '성'의 본체는 이름을 '중'(中)이라 하고 '성'의 작용은 이름을 '화'(和)라 한다"[19]라 하였다. 여기서 '성'을 본체와 작용의 두 요소로 분석하면서, 『중용』의 언급에 따라 마음에서 감정이 발동하기 이전의 '중'과 감정이 발동한 다음의 '화'를 제시하고 있다. 그렇다면 감정이 발동하는 현상은 근원적으로 '성'이 발동하는 것으로 보며, 마음에 내재하는 이치로서 '성'이 감정으로 발동하는 작용에도 관철하고 있다는 말이다. 그것은 본체로서 '성'이 지닌 작용의 현상적 측면까지 주목하고 있음을 보여주는 것이다.

예학의 문제로서, 『주자가례』는 백이정에 의해 처음 소개되었지만, 이색에 와서 사대부들 사이에 실행되기 시작한 것으로 보인다. 이색은 1357년 부모 상(喪)에 100일 동안 복(服)을 입는 것이 일반화되어 있던 당시의 풍습을 바꾸어 『주자가례』에 따라 3년상을 행할 것을 건의하여 실시되도록 하였다(『高麗史節要』, 권26, 공민왕 6년 10월 條). 또한 그는 '예'(禮)의 근본정신으로 '경'(敬)을 강조하였으며, 신분과 지위에 따라 의례를 차등화하는 명분(名分)적 질서를 중시하며 '예'를 통한 백성의 교화를 근본으로 확인함으로써, '예교'(禮敎)에 근거하는 주자학의 사회적 실현에 관심을 기울였던 사실을 확인할 수 있다.

이색은 불교비판론으로서 불교의 교리를 비판하는 것이 아니라

19 『牧隱文藁』, 권10, 15, '伯中說贈李狀元別', "夫人之生也, 具健順五常之德, 所謂性也, … 性之體也, 其名曰中, 性之用也, 其名曰和."

사회적 폐단을 비판하여, "오교(五教)와 양종(兩宗)이 이익을 도모하는 소굴로 변하여 시냇가나 산골에 사찰 아닌 곳이 없다. 오직 승려들이 점점 비루해졌을 뿐만 아니라, 또한 나라의 백성으로 놀고 먹는 자가 많으니, 식견 있는 사람들이 늘 마음 아파한다"[20]고 개탄하였다. 따라서 그는 도첩제(度牒制)를 시행하여 도첩이 없이 승려노릇하며 놀고 먹는 자를 군대에 편입시키고, 새로 창건한 절은 철거하도록 상소를 올리기도 하였던 것이다.

그러나 이색은 한편으로 불교의 사회적 폐단을 비판하였지만, 다른 한편으로 불교의 정신세계에 깊은 호감을 보여주고 있다. 곧 그는, "우리 유교는 '격치'(格致: 格物·致知)와 '성정'(誠正: 誠意·正心)으로써 '제가'(治國)·'치국'(治國)·'평천하'(平天下)를 이루는데, 불교에서 '징심'(澄心: 마음을 맑고 고요하게 함)과 '지관'(止觀: 마음을 거두어 망념을 쉬고 지혜를 내어 관조함)으로써 '본원'(本源)과 '자성'(自性)의 '천진불'(天眞佛: 法身佛)을 보아서 사람을 삶과 죽음의 거친 파도 속에서 구제하여 '적멸'(寂滅)에 돌아가게 하니, 어찌 다름이 있겠는가"[21]라 하였다. 주자학의 학풍을 주도하는 이색이 유교와 불교의 일치를 강조하고 있다는 사실은 그 자신 고려시대 유학자의 한 사람으로서 이미 불교의 정신세계에 깊이 젖어들어 있어서, 주자학을 받아들이면서도 불교교리

20 『東文選』, 권53, '陳時務書', "五教兩宗爲利之窟, 川傍山谷, 無處非寺, 不惟浮屠之徒浸以卑陋, 亦是國家之民, 多於遊食, 識者每痛甚焉."

21 『牧隱集』, 권3, '澄泉軒記', "吾儒以格致誠正, 而致齊平, 則釋氏之澄心止觀, 以見本源自性天眞佛, 度人於生死波浪, 而歸之寂滅, 豈有異哉."

에 대한 비판론에 관심을 보이지 못하고 있는 사실을 잘 보여준다. 그만큼 유교와 불교의 조화론이 고려시대 유교지식인의 의식 속에 얼마나 깊이 뿌리박힌 것인지를 엿볼 수 있다. 이처럼 주자학의 경전이론을 끌어들이면서도 불교와 일치점을 찾고 있는 점이 이색의 사상적 특징이라 할 수 있다. 그는 불교교단의 타락상에 대해 비판할 뿐이지, 불교교리에 비판하는 의식은 매우 미약하였다. 이 점은 다음 단계의 후배나 제자들을 통해 불교교리에 대한 적극적 비판론으로 확실한 전환점이 이루어졌다.

② 정몽주(圃隱 鄭夢周, 1337-1392): 정몽주는 이색을 종유(從遊)하였고, 이색을 이어 고려말에 성균관을 중심으로 주자학의 학풍을 일으키고 정착시키는 데 결정적 역할을 하였다. 그는 31세 때(1367) 성균관 박사에 임명되어 대사성인 이색의 아래에서 성균관의 학풍을 일으키는 데 핵심적 역할을 시작하였고, 39세 때 그 자신이 대사성으로 성균관을 이끌기까지 젊은 시절 오랫동안 성균관에서 강학하면서 많은 인재를 길러내었다.

정몽주가 고려말에 주자학을 정립하는 과제는 첫째, 경전 해석의 기준을 주자의 경전해석으로 확립하는 것이요, 둘째, 성리설의 인식을 상당한 수준으로 끌어올리는 것이며, 셋째, 『주자가례』를 도입하여 의례의 기준으로 시행하였던 세 가지 점이 주목된다. 또한 주자학 이념을 사회적 가치질서로 정착시키는 역할로서, 첫째, 불교교리를 이론적으로 비판하기 시작하였고, 둘째, 친명(親明)정책의 사대(事大)의리를 정립하였으며, 셋째, 고려왕조를 수호하여 절의(節義)를 지켰던 사실의 세 가지가 주목된다.

이색은 후배인 정몽주에 대해 "주렴계와 정자의 연원에 도통의 실마리를 이었다"[22]고 하여, 주렴계·정명도·정이천·장횡거·주자(濂洛關閩)의 도통을 제대로 계승한 인물로 인정하고 있다. 이러한 사실은 정몽주에서 주자학의 이념이 선명하게 드러나고 있음을 의미하는 것이다. 또한 이색은 정몽주가 성균관에서 주자의 『사서』 해석을 강의하면서 보여준 탁월한 성리학적 인식에 감탄하여, '우리나라 이학의 시조'(東方理學之祖)라 극찬하였던 사실도 고려말에 정몽주의 성리학적 위치를 확인해주고 있다. 그러나 그의 성리학설에 대해 남아 있는 자료가 너무 빈약하여 체계적 이해가 어렵고 다만 몇몇 단편적 언급을 통해 그의 성리학적 이해를 짐작해볼 수 있을 뿐이다.

정도전은 정몽주의 학문세계를 서술하면서, "선생(정몽주)은 『대학』의 강령을 제시하고 『중용』의 극치를 이해하는 데서 '도'(道)를 밝히고 '도'를 전하는 뜻을 얻었으며, 『논어』와 『맹자』의 정밀한 뜻에서 그 마음을 간직하고 성품을 함양하는 요령과 체험하고 확충하는 방법을 얻었다. 『주역』에서는 선천(先天)과 후천(後天)이 서로 본체와

22 『圃隱集』, 권4, 42, '圃隱齋記'(李穡), "續道緖於濂洛之源."

작용이 됨을 알았고, 『서경』에서는 '정밀하고 한결같이 하여 중용을 잡음'(精一執中)이 옛 성왕으로부터 전수된 심법(心法)임을 알았으며, 『시경』은 사람의 도리(民彝)와 사물의 법칙(物則)에 대한 교훈에 바탕을 두고, 『춘추』는 도의(道誼: 道義)와 공리(功利)가 나뉨을 분변하였다"[23]고 하였다. 이처럼 정몽주의 경학은 주자의 『사서집주』를 기초로 삼으면서도, 『대학』과 『중용』에서 '도'의 요령과 극치를 확인하는 주자학적 입장을 분명히 하고 있다. 또한 『논어』와 『맹자』에서 수양론의 실현과제를 중시하였다. 나아가 『서경』의 근본정신을 성왕의 심법(心法)을 근본과제로 확인하였으며, 『주역』의 체용론(體用論)적 구조와, 『시경』의 윤리적 해석 및 『춘추』의 의리론(義理論)적 인식을 제시하여, 정몽주의 경전인식에서 주자학의 핵심적 주제들이 파악되고 있음을 보여주고 있다.

또한 정몽주는 『주자가례』를 의례적 실천의 기준으로 정착시켰다. 곧 조상의 사당인 가묘(家廟)를 세우고, 부모를 위한 복상(服喪)에 3년상(三年喪) 제도를 실행함으로써, 유교의례의 실행기반을 확보하였다. '예교'(禮敎)가 유교이념을 사회적으로 실현하는 기본장치라는 점에서 『주자가례』의 도입은 사상사에서 매우 중요한 의미가 있다.

고려말 주자학의 확산과정에서 불교에 대한 비판이 활발해졌을

23 『三峯集』, 권3, 37, '圃隱奉使藁序', "先生於大學之提綱, 中庸之會極, 得明道傳道之旨, 於論孟之精微, 得操存涵養之要, 體驗擴充之方, 至於易知先天後天, 相爲體用, 於書知精一執中, 爲帝王傳授心法, 詩則本於民彝物則之訓, 春秋則辨其道誼功利之分."

때, 이색은 불교교단의 타락을 비판하는 데 그치고 있다면, 정몽주는 불교교리의 근본개념을 비판하는 단계로 심화되고 있음을 보여준다. 그는 불교와 유교의 진리관을 비교하여 불교의 그릇됨을 비판하였다. 곧 유교의 '도'는 "일상의 평범한 도리로서 먹고 마시며 남녀가 만남에 지극한 이치가 있는 것"이라 하고, 이에 비해 불교의 진리는 "친척과 남녀를 끊고 세속을 떠나서 '공'(空)을 관조하고 '적멸'(寂滅)을 추구하는 것"이라 지적함으로써, 불교의 비현실적 오류를 강조하였다.[24] 또한 그는 "간괘(艮卦)의 여섯 효(爻)를 자세히 살필 뿐이니 / 『화엄경』(華嚴經) 한 부를 읽는 것보다 낫다네"(細看艮卦六畫耳, 勝讀華嚴一部經.〈「讀易寄子安大臨兩先生…」〉)라 읊은 시에서도 『주역』의 '간괘'(艮卦)는 행동하고 그침을 때에 맞게 하는 시중(時中)의 도리요, '중정'(中正)함을 지키는 바른 도리임을 강조힘으로써, 『화엄경』의 '일심'(一心)과 '법계'(法界)의 심오하지만 관념적 체계보다 더욱 바르고 큰 도리라 확인하고 있다.

나아가 고려말 친원파(親元派)와 친명파(親明派)가 분열하였을 때, 정몽주는 친명파를 주도하면서 중국의 정통을 존중하고 오랑캐를 배척하는 존화양이(尊華攘夷)의 춘추의리를 밝혔다. 1387년 하륜(河崙)·이숭인(李崇仁) 등과 함께 모든 관리의 관복(冠服)제도를 원나라 제도에서 명나라 제도로 변혁하도록 건의하여 받아들여졌다. 당시

24 『圃隱集』, 續錄 권1, 4, '經筵啓辭', "儒者之道, 皆日用平常之事, 飮食男女, 人所同也, 至理存焉, … 彼佛氏之敎, 則不然, 辭親戚絕男女, 獨坐巖穴, 草衣木食, 觀空寂滅爲宗, 是豈平常之道."

고려와 명나라 사이에 외교적 긴장이 심하여 그가 명나라에 조빙(朝聘)이 통하도록 청하기 위해 사신으로 나갔을 때도 여러 차례 입국을 거절당하기도 하였지만, 이러한 상황에서 많은 노력을 기울여 명나라와 외교적 소통을 이루는 중대한 성과를 거두어 고려사회의 안정에 크게 기여하였다.

정몽주는 고려왕조에 대한 충절을 지켜서 순절하였던 사실에서 조선시대를 통하여 충절정신 내지 의리정신의 모범으로 존중을 받았다. 고려말 조선초의 과도기에 고려왕조를 수호하려다가 혁명세력의 손에 죽임을 당하였으나, 그의 '충절'은 조선왕조가 안정기에 접어들기 시작하자 '강상'(綱常)의 인륜을 수호한 충신으로 높여지고 의리정신의 표상으로 존숭받았다. 이 점에서 정몽주는 '충절'을 지켜 조선왕조의 건립에 저항하였지만, 그의 의리정신은 조선왕조의 이념적 기준으로 계승되고 있는 역설적 사실을 엿볼 수 있다.

③ 이숭인(陶隱 李崇仁, 1347-1392): 이색의 문인인 이숭인은 문장에 뛰어나서 이색이 "이 사람의 문장은 중국에 가서 찾아보아도 세상에 드물 것이요, 우리나라에서는 문장가가 있은 이래 비교될 인물이 드물다"고 극찬하기도 하였다. 그는 학문의 순서에서 『소학』과 『대학』의 두 단계를 구분하여, 『소학』의 마당 쓸고 대답하는 실천공부가 『대학』의 '격물·치지'에서 '치국·평천하'에 관한 공부의 근본이 되는 것임을 밝히고 있다. 곧 주자의 『소학』을 기본으로 하는

교육과정을 중시하면서, '경'(敬)을 중심개념으로 하는 수양공부와 『소학』을 기초로 하는 실천공부를 주자학의 학문방법으로 확인하고 있다.

또한 진호(陳澔)의 『예기집설』(禮記集說)을 중간(重刊)하면서 올린 표전(表箋)에서 『예기』의 근본정신을 '경'(敬)으로 확인하면서, "'무불경'(毋不敬) 세 글자를 한 경전(『예기』)의 머리로 삼으니, 이것이 곧 요(堯)의 '경명'(敬明)이요, 순(舜)의 '온공'(溫恭)이요, 우(禹)의 '지덕'(祗德)이요, 탕(湯)의 '성경일제'(聖敬日躋)요, 문왕(文王)의 '소심익익'(小心翼翼)으로, 성인이 서로 전해 오는 심법(心法)입니다. 예로부터 국가가 안전한지 위험한지나, 백성이 기뻐하는지 근심하는지나, 군자와 소인이 나오고 물러나며 쇠퇴하고 융성함이나, 천명과 인심이 떠나고 나오며 분리되고 결합함은 실로 임금 마음이 잠깐 사이에 '경'(敬)한지 '불경'(不敬)한지에 달려 있습니다"[25]고 하였다. 이 『예기』의 첫머리에 가장 먼저 나오는 공경하지 않음이 없다는 뜻의 '무불경'(毋不敬)이 바로 예법의 근본정신으로 확인할 뿐만 아니라, 성현의 심법(心法)의 기준임을 지적하였다. 나아가 국가의 통치원리가 바로 군왕의 마음에서 '경'을 실현하는 데 있음을 역설하고 있다. 그것은 주자학의 수양론적 근본개념인 '경'으로써 경세론의 통치원리를 일관

25 『陶隱集』, 권5, 13-14, '進重刊陳澔集說禮記箋', "毋不敬三字爲一經之冠, 此乃堯之敬明, 舜之溫恭, 禹之祗德, 湯之聖敬日躋, 文王之小心翼翼, 聖人相傳之心法也, 自古以來, 社稷之安危, 生靈之休戚, 君子小人之進退消長, 天命人心之去就離合, 實係乎君心敬與不敬暫焉之頃矣."

하여 인식하고 있음을 보여준다.

그는 주자학에서 중시하는 『춘추』의 이념인 '의리'(義: 義理)와 '이해'(利: 利害)를 분별하는 문제에 관심을 보이면서, "무릇 군자가 의리(義)에 급급하는 것은 소인이 이해(利)에 급급하는 것과 같다. 의리와 이해는 순임금과 도척이 분별되는 근거요, 천하국가의 다스림과 혼란이나 존립과 멸망이 걸려 있는 것이다. 맹자가 먼저 '의리'를 드러내어 양혜왕이 나라를 이롭게 하는 방법에 대한 질문을 변파했던 것이 인욕을 막고 천리를 보존하는 방법이다"[26]라 하였다. '의리'와 '이해'를 분별하는 의리론의 정립은 성리학의 심성내면에 근거를 두면서 현실의 모든 문제에 대응하여 판단하고 처신하는 가치기준으로서 주자학의 핵심정신을 이루는 것으로 중요하다.

(2) 고려후기 주자학 수용의 사회적 의미

13세기 말에서 14세기 말 사이의 고려말기 사회는 불교주도의 사회에서 유교주도의 사회로 사상적 변혁을 일으켰고, 문인 풍조의 '사장학' 분위기의 유교에서 확고한 신념체계의 '주자학'으로 전환하는 중대한 변화가 일어났다. 이러한 주자학의 유교이념이 도입되고 정착되는 과정에서는 나라 안팎의 여건들이 호응하였던 사실을 볼 수 있다. 곧 중국에서는 원나라 때 주자학이 국가관료체계를 지

26 『陶隱集』, 권5, 12, '忠原判官李君及字說', "夫君子之汲汲於義, 猶小人之汲汲於利也, 義利者, 舜蹠之所由分, 而天下國家之治亂存亡繫焉, 孟子首發明之, 以析梁惠利國之問, 所以遏人欲存天理也."

탱하는 '관학'(官學)으로 자리잡았고, 고려에서는 무신집권 아래 극도로 위축되었던 유교가 내부에서 새로운 활로를 찾는 시점에 주자학을 만났던 것이다.

비유해서 말하자면, '주자학'이라는 불씨는 원나라에서 때마침 전해졌고, 고려말기 사회의 내부적 침체와 혼란의 현실은 매우 메말라서 쉽게 불이 옮겨 붙을 수 있는 섶의 역할을 하고 있었던 것으로 보인다. 또한 불씨를 당겨준 역할을 하였던 인물이 안향이요, 이를 이어 백이정·이제현·이곡 등이 도입단계에서 중심적 역할을 하였으며, 그 다음에 이색을 선두로 정몽주·이숭인·길재 등이 정착단계에서 중심적 역할을 하였던 인물로 볼 수 있다. 여기에 불씨를 옮겨붙여 불길을 살려내었던 무대는 국학(國學: 國子監. 뒤에 成均館으로 개칭)이었다. 국학에서 일어난 불길이 주자학 이념의 교육을 통해 젊은 청년들의 의식 속에 퍼져나갔고, 새로운 사상과 이념으로 무장된 주자학의 불길은 고려사회 전반에 개혁의 요구로 대두되었던 것이다.

주자학은 관념체계의 지식으로 받아들여졌던 것이 아니라, 고려말기 사회에 사회전반의 개혁의식으로 제기되었다. 바로 이 점에서 주자학은 궁극적 근원을 이론적으로 제시하는 '이학'(理學)이지만 동시에 현실의 구체적 문제를 해결하기 위한 방법으로서 '실학'(實學)으로 인식되고 있는 사실이 주목된다. 그만큼 주자학의 통치원리는 국가제도의 개혁을 위한 논리를 제공하고 통치자로서 군주의 덕을 규정하는 이념으로 제시되고 있다. 특히 '예학'의 과제는 고려말기의 사회질서를 새롭게 재정립하기 위한 대책을 제시해주었다.

주자학의 정통의식은 '이단'에 대한 엄격한 비판론으로 제시되는데, 고려말 주자학자들은 고려사회의 주도적 사상조류였던 불교를 이단으로 비판하기 시작하였다. 당시의 불교는 교단의 과도한 팽창으로 고려사회에 큰 부담이 되었고 승려들의 타락이 사회문제가 되고 있는 상황이었으므로, 불교에 대한 비판은 이념적 개혁의 과제일 뿐만 아니라 사회기반의 개혁이기도 하였다. 당시 주자학자들 가운데는 개인적 성향에 따라 불교에 깊은 친밀감을 가진 경우도 있지만, 대체로 주자학이 확산되면서 불교비판론이 심화되었던 사실을 볼 수 있다.

무엇보다 주자학의 '중화'와 '이적'을 분별하는 '화이론'(華夷論)의 의리는 고려말기에 중국이 몽고족의 원(元)에서 한족의 명(明)으로 교체하는 과정에서 외교정책의 기준으로서 '친명'정책을 제기하였던 것이다. 고려말 주자학자들이 '친명'정책을 통해 제시한 '화이론'의 의리는 사실상 조선시대를 지배하는 주자학의 이념적 중심개념이라 할 수 있다.

나아가 고려말기에서는 주자학의 사회개혁론이 고려사회체제 안에서 개혁을 추구하겠다는 점진적 온건론과 고려사회를 무너뜨리고 새 왕조를 세우는 혁명을 통해 개혁을 추진하는 급진적 과격론이 갈라지게 되었다. 혁명을 거부하고 고려사회를 위해 '절의'를 지키는 인물들은 주자학의 논리에 따르면 '강상'(綱常)을 근거로 하는 의리론이라면, 새 왕조를 건립하려는 급진적 개혁론은 '혁명'을 표방하는 현실론이라 할 수 있다. '강상론'에 근거하여 절의를 지켰던 대표적 주자학자를 정몽주와 길재로 볼 수 있고, 이에 반하여 '혁명론'에 따라 조선사회의 개혁에 중심역할을 하였던 주자학자는 정도전과 권근으로 대비시켜 볼 수 있을 것이다.

결과적으로는 '혁명'의 세력이 성공하여 고려왕조를 무너뜨리고 조선왕조를 세워 사회전면적 개혁을 수행하였다. 그만큼 주자학적 정치체제와 사회질서를 철저히 수립하였다고 할 수 있다. 그러나 조선사회가 정착된 다음에는 '강상론'에 따라 '절의'를 지킨 인물들을 의리의 정당한 모범으로 높이면서, 절의파의 인물들이 조선시대 주자학의 이념적 기준으로 자리잡았던 것이 사실이다. 이런 의미에서 고려말의 주자학은 사실상 조선시대 주자학이념의 발판을 마련해주고 기준과 방향을 제시해준 것이라 할 수 있을 것이다.

4. 조선초 전환기의 주자학과 사림파의 성립

(1) 조선초 전환기 주자학의 정신

고려왕조가 무너지고 1392년 조선왕조가 건립되는 과정에 고려왕조를 지키던 세력의 중심인물이었던 정몽주(圃隱 鄭夢周)나 조선왕조를 세우는 세력의 중심인물이었던 정도전(三峯 鄭道傳)은 모두 이 시대 주자학을 대표하는 학자들이었다. 따라서 고려왕조의 수호논리인 충절(忠節)의 강상론(綱常論)이나 조선왕조의 건국논리인 혁명론(革命論)은 상반된 이념이지만, 양쪽 모두 주자학의 의리로 뒷받침되고 있었다. 불변의 '천리'(天理)가 기준이지만 상황에 따른 '시변'(時變)은 현실로서 동일한 근원이요, 관계라 '본체와 작용'(體用) 구조로서 인식된다. '강상'과 '혁명'은 모두 천명(天命)에 근거하는 것이요, 불변의 진리로서 '경상'(經常)과 변화의 적응으로서 '권변'(權變)도 '상-변'(常變) 내지 '경-권'(經權)으로서 양립하는 의리로 제시된다.

강상론자인 정몽주가 제거되고 혁명론자인 정도전이 조선왕조 건설의 주축이 되었을 때 분명히 혁명론이 강상론을 누르고 올라선 형국이었다. 그러나 '혁명'은 일회적이고 '혁명' 이후에 체제를 수호하는 논리는 '혁명'이 아니라 '강상'일 수밖에 없었다. 따라서 조선왕조는 다시 체제 수호 논리로서 '강상'을 강조하면서, 세종 때 간행된 국민윤리 교과서라 할 수 있는 『삼강행실도』에서 '혁명'의 공신들은 배제하고 고려왕조를 수호하는 '강상'의 대표적 인물로 정몽주와 길재(冶隱 吉再)를 충신의 모범으로 드러내고 있는 사실을 보여준다.

조선왕조가 건국된 초기에는 혁명세력이 권력을 장악하고 있었지만 이들의 역할은 '혁명'을 계속하는 것이 아니라, 조선왕조의 체제를 수호하는 기초를 확보하는 일을 과업으로 삼았다. 곧 정도전은 조선왕조를 주자학-도학의 이념으로 제도적 기틀을 마련하기 위해 통치제도와 운영원리를 규정하였던 것이요, 주자학-도학의 통치원리로 확립하기 위해 불교에 대한 비판과 배척의 논리를 제시하였던 것이다. 전자는 체제 안에서 주자학-도학이념을 제도적으로 정비하는 과제요, 후자는 밖으로 당시 가장 큰 정신적 영향력을 가진 불교세력을 배척함으로써 주자학-도학의 이념적 정통으로 확립하기 위한 과제였다.

조선왕조 건국 후에 혁명세력에 동참하였던 권근(陽村 權近)은 주자학-도학의 이념을 정립하는 기초작업으로서 이념의 근거를 확보하기 위해 주자학적 세계관으로 성리학의 이론적 체계를 제시하였으며, 경전적 기반을 확인하였다. 성리학과 경학의 기초를 확립한다는 것은 주자학-도학의 이념을 실현할 수 있는 발판을 확보한다는 중요한 의미를 갖는 것이다.

따라서 정도전의 경세론과 벽이단이나 권근의 성리학과 경학은 조선왕조의 통치이념으로 주자학-도학의 초석(礎石)을 놓는 막중한 역할이라 할 수 있다. 바로 이 점에서 조선시대에 융성하게 발전하였던 주자학-도학의 이념은 정도전과 권근을 학문적으로 계승하는지의 여부와 상관없이 이 두 학자의 업적에 크게 힘입고 있는 것이 사실이다. 그러나 조선시대 도학이 경학·성리학·경세론·벽이단론의 문제를 기본과제로 삼고 있었지만, 그 전체적 사유구조 속에 핵심적 과제는 수양론과 의리론이라 할 수 있다. 인체에 비유하면 도학의 사유체계에서 수양론은 심장의 역할을 하며, 의리론은 척추의 역할을 하는 것이다. 그런데 수양론과 의리론을 계발해준 것은 조선초기의 혁명세력에 속하는 정도전이나 권근이 아니라, 정몽주와 길재를 계승하면서 강상론을 내세웠던 사림파(士林派)였던 사실을 유의할 필요가 있다.

조선시대를 이끌어갔던 도학의 정신과 특성을 이해하고자 한다면, 먼저 그 원천에서 조선초기에 양립하였던 혁명론과 강상론의 대립구조를 이해하고, 도학-주자학의 사유체계 속에서 그 역할과 위치를 이해하는 것이 중요한 과제이다. 이를 위해 강상론의 맥으로 길재 이후 사림파의 형성과정을 살펴보고, 혁명론의 맥으로 정도전과 권근의 주자학-도학의 학문적 업적을 확인할 필요가 있을 것이다.

(2) 길재(吉再)와 조선초 사림파의 학맥

고려말의 주자학자 가운데는 이미 체제 유지를 전제로 개혁을 추진하는 온건파와 체제 자체를 변혁시키려는 급진파가 구별되기 시작하였다. 급진파의 인물들은 혁명에 가담하여 조선왕조 건국에 참여하였고, 온건파 인물들의 대부분은 절의를 지켜 혁명에 저항하였다. 고려에 절의를 지켜 조선왕조 설립에 항거하였던 인물로서 두문동(杜門洞) 72현(賢)은 희생당한 경우이고, 김제(白巖 金濟)는 배를 타고 동해에 들어가 표류하다가 종적이 사라진 경우요, 그의 아우 김수(籠巖 金澍)는 중국에 사신으로 갔다가 압록강에서 혁명의 소식을 듣고 중국으로 망명하였던 경우이다. 원천석(元天錫)이나 길재(冶隱 吉再, 1353-1419)는 조선왕조에서 벼슬에 나가지 않음으로써 고려왕조를 위한 절의를 지켰던 인물들이다.

길재는 고려에 대한 충절을 지켜 고려가 멸망하자 벼슬을 버리고 선산(善山)의 금오산(金烏山) 속에 은둔하여 후진을 가르치는 일만 하였다. 태종이 동궁시절 그를 불러 벼슬을 내리려 하자, 길재는 찾아 뵙고서 사양하기를, "신하로서 나라를 옮겨가지 않는 충성을 가련히 여기시고, 신하에게 빼앗기 어려운 지조를 살피셔서 고향으로 되돌려 보내 남은 목숨을 보존하게 하시면, 위로는 절의를 권장한다는 명분을 이루실 것이요, 아래로는 임금을 섬기는 의리를 얻게 할 것입니다"[27]라 하였다. 그는 고려왕조의 멸망은 천명으로 받아들였지만, 자신은 '신하로서 두 왕조의 임금을 섬기지 않는다'는 의리를 지키겠다는 의지를 명확하게 밝혔다. 태종도 길재에게 충절을 지키도록 허락하였다. 뒷날 세종이 길재의 아들에게 벼슬을 내렸을 때, 길재는 아들에게, "너는 마땅히 내가 고려에 쏠리는 그 마음을 본받아 너의 조선 임금을 섬기도록 하라"[28]고 훈계하였다 한다. 이러한 사실은 고려에 대한 충절이 후손의 조선에 대한 충절과 모순된 것이 아님을 제시하는 것으로 개인의 절의와 역사의 필연성을

27 『冶隱集』(『冶隱先生言行拾遺』, 卷上), '[附] 辭太常博士箋', "憐臣不移之忠, 諒臣難奪之志, 復還古里, 俾保殘齡, 則上遂獎節之名, 下得事君之義."

28 『世宗實錄』, 권3, 元年4月12日.

조화롭게 해석하고 있음을 보여준다.

길재가 배웠던 스승은 정몽주와 권근이지만, 사실상 그는 주로 권근의 문하에서 배웠던 경우이다. 그러나 조선시대 도학자들은 길재의 학통을 정몽주에게서 찾고 권근을 배제하고 있는 사실이 주목된다. 그것은 권근이 조선왕조에서 학문과 정치로 큰 공적을 이루었지만, 조선시대 주자학의 이념은 학문적 업적보다 의리의 정당성을 더욱 중시하고 있다는 사실을 단적으로 보여주는 대목이다.

길재의 제자인 김숙자(金叔滋)도 세조의 왕위찬탈을 보고는 벼슬을 버리고 고향으로 돌아갔고, 김숙자의 학통이 김종직(金宗直)에서 김굉필(金宏弼)을 거쳐 조광조(趙光祖)에까지 이르고 있다. 김종직이 무오사화(戊午士禍, 1498) 때 부관참시(剖棺斬屍) 당하고, 김굉필은 무오사화 때 유배되었다가 갑자사화(1504) 때 죽임을 당했으며, 조광조는 기묘사화(1519) 때 죽임을 당했다. 이들은 모두 훈구(勳舊)세력의 핍박으로 희생당한 사림파의 선비로 높여졌다. 조선초기 사림파(士林派)의 학맥은 정몽주→길재→김숙자→김종직→김굉필→조광조를 정맥으로 확인하고 있음을 보여준다. 이러한 '학통'의 개념은 조선시대 주자학의 이념이 '의리'정신을 기준으로 삼고 있음을 의미하고 있는 것이다.

5. 정도전과 권근의 주자학 정립

(1) 정도전(鄭道傳)의 불교비판과 경세론

고려말의 주자학자로서 조선왕조 건립에 참여하여 주자학의 이념으로 통치기반을 정립하였던 인물로는 정도전과 권근이 두 축을 이루고 있다. 정도전은 혁명을 주도한 인물로 조선사회의 체제를 정비하고 불교를 비판하여 경세론과 정통론으로 주자학적 통치원리를 확보하였다면, 권근은 조선왕조 성립 후에 참여하여 외교문서의 제작을 담당하며 경학과 성리학으로 주자학의 기초를 확보하는 역할을 담당하였다.

정도전(三峯 鄭道傳, 1342-1398)은 고려말 조선초의 왕조교체기에 사회이념과 제도의 변혁과정에서 주도적 역할을 하였다. 그는 당시의 학풍을 이끌어가던 이색의 문하에 나가 수학하였으며, 정몽주·이숭인 등과 교유하면서 학문을 연마하였다. 1375년(禑王 원년) 친원(親元)정책을 반대하다가 나주(羅州)로 유배되었다. 그는 유배지에서 「심문천답」(心問天答)편을 지었는데, 그것은 하늘과 인간의 상관관계에 대한 근원적 문제를 추궁하면서, 착한 이가 복받고 악한 이가 화를 입는다는 복선화음(福善禍淫)의 원칙이 현실에서 어긋나기 쉬운 사실을 검토하고 있다. 여기서 그는 하늘과 인간이 서로 상응하는 관계를 해명하면서, 동시에 하늘과 인간이 각각 맡은 역할을 지적함으로써, 주자학의 우주론과 도덕적 주체로서 인간존재의 지위를 확인하였다.

그는 유배에서 풀려난 뒤에도 불우한 세월을 보냈다. 이때 그는 학동들을 가르치면서 유교사상의 입문서로 보이는 「학자지남도」(學者指南圖)를 저술하였다. 이 저술은 현재 남아 있지 않지만, '도설'(圖說)로 주자학의 구조를 해명하고 있다는 점에서 중요한 의미가 있다. 권근은 정도전의 「학자지남도」에 대해, "의리가 정밀하고 일목요연하여 앞선 현인들이 발휘하지 못한 것도 다 발휘하였다"[29]고 극찬하여, 「학자지남도」의 창의적 가치를 높이 평가하였다. 권근의 『입학도설』도 주자학의 입문서라 할 수 있고, 또한 '도설'로 제시된 설명체계라는 점에서 정도전의 「학자지남도」에서 상당한 영향을 받았을 것으로 짐작된다.

그는 1383년 함주(咸州: 咸興)로 이성계(李成桂)를 찾아가 혁명의 계획을 논의하였던 것으로 보인다. 1388년 이성계가 위화도(威化島)에서 회군하여 실권을 장악하자, 그는 전제(田制)와 군제(軍制)의 개혁에 착수하였으며, 우왕(禑王)과 창왕(昌王)을 몰아내고 혁명의 기틀을 닦았다. 공양왕 3년(1391) 탄핵을 받아 유배당했으나, 이듬해 풀려나온 뒤로 이성계를 추대하여 역성혁명을 성공시켰다. 조선왕조의 수립과 더불어 혁명의 중심인물로서 제도의 개혁을 지휘하고 병권을 장악하여 신왕조의 안정기반을 확보하였다. 한양천도를 주도하였

29 『三峯集』, '三峯集序'[權近], "義理之精。瞭然在目。能盡前賢所未發."

으며, 조선왕조의 제도를 개혁하고 정비하며, 이념체계를 정립하는 등 중대한 사업이 거의 다 그에 의해 추진되었다. 그러나 그는 태조의 서왕자(庶王子)인 방석(芳碩)의 세자(世子)책봉에 앞장섰다가, 태조 7년(1398) 이방원(李芳遠)이 일으킨 왕자란(王子亂: 戊寅亂)에 57세로 죽임을 당하고 말았다.

조선왕조의 건립과정에 정도전이 기여한 가장 큰 두 가지 역할을 들면, 하나는 『불씨잡변』(佛氏雜辨)을 지어 고려왕조의 불교전통에 대해 성리학적 인식에 기반하여 불교교리와 사회적 폐단을 치밀하게 비판하였다는 불교비판론이요, 다른 하나는 『조선경국전』(朝鮮經國典)과 『경제문감』(經濟文鑑) 등을 저술하여 조선왕조의 제도정비와 국가경영을 위한 방법을 체계적으로 제시하는 경세론이라 할 수 있다.

① 불교비판의 이론

정도전은 고려말 조선 초의 주자학자들 가운데서도 가장 강경한 불교비판 이론가였다. 그는 유교를 '정도'(正道)로 높이면서, 불교를 '이단'으로 규정하여 이론적으로 비판하고, 불교의 역사적 사회적 폐단에 대해 엄격하게 배척입장을 밝혔다. 그의 불교비판 이론은 주자학의 성리학적 형이상학에 기초하여 불교의 형이상학을 비판하는 것으로, 「심기리편」(心氣理篇, 1394)과 『불씨잡변』(佛氏雜辨, 1398)의 저술을 통해 체계적 비판이론을 제시하고 있다. 「심기리편」에서는 불교의 근본개념을 '심'(心)으로, 도교(老莊)의 근본개념을 '기'(氣)

로 규정하고, 주자학의 근본개념인 '이'(理)와 대비시키고 있다.

여기서 그는 주체의 근원인 '심'과 변화하는 대상세계인 '기'를 유심론과 유물론의 사유형식으로 서로 대립시키면서, 유교의 '이'를 '심'의 준칙이 되고 '기'의 본원이 되는 것으로 인식함으로써, '심'과 '기'는 '이'를 통해 각각의 정당한 지위와 역할을 확보할 수 있게 되는 것이라 제시하였다. 곧 '심'이 '이'에 근거하지 않으면 이해(利害)의 추구에 사로잡히고, '기'가 '이'에 근거하지 않으면 본능적 욕구에 빠진 동물의 단계에 머물 것이라 경계하고 있다. 그것은 주자학의 주리론(主理論)적 성격을 분명하게 확인하고 있음을 보여준다.

권근도 정도전이 후진에게 이단을 물리치도록 가르치는 것으로 자기의 임무로 삼았다고 지적하며, 정도전의 이단비판은 먼저 그 서적에 능통하여 그 이론의 그릇됨을 상세하게 분석하여 배척하는 것으로, 듣는 사람이 모두 신복하였음을 강조하였다.[30] 그만큼 정도전의 불교비판은 단지 배타적 적대감을 표출하는 것이 아니라, 이론적 객관성을 지닌 것으로 설득력이 있음을 말한다.

정도전 자신도 『불씨잡변』을 저술하고 나서 그 책을 권근에게 보여주면서, "나는 일찍이 '뜻을 펼 기회를 얻으면 (불교를) 물리쳐 깨끗이 쓸어낼 수 있다'고 말했는데, 이제 임금(太祖)께서 알아주심을 입어서 말을 들어주시고 계책을 따라주시니 뜻을 실현할 수 있게 되

30 『陽村集』, 권16, 7, '三峯集序', "常以訓後進闢異端, 爲己任, … 其闢異端, 能通其書, 先說其詳, 乃斥其非, 聽者皆服."

었다고 할 수 있다. 그런데도 오히려 물리칠 수 없다면, 이는 끝내 물리칠 수 없는 것이다. 분발하여 스스로 그만둘 수가 없어서 이 책(『불씨잡변』)을 지었다. … 이 책을 보면 유교와 불교의 변론이 분명하게 알 수 있어서, 비록 한 시대에 시행될 수는 없어도 오히려 후세에 전할 수 있으니, 나는 죽어도 마음이 놓인다"[31]라 말하고 있다. 이러한 언급을 보아도 불교비판론이 정도전에게는 필생의 신념이요 과제였음을 확인할 수 있다.

정도전이 『불씨잡변』을 통해 불교비판을 이론적으로 전개한 것은 주자학의 이단비판 이론인 '벽이단론'(闢異端論)의 한 영역을 체계적으로 제시한 것이다. 바로 이 점에서 그는 주자학의 전통에서보아도 불교비판의 문제에서는 가장 치밀하고 체계적인 업적을 남겨주고 있으며, 조선시대 주자학자들의 불교비판이론도 사실상 『불씨잡변』을 넘어서는 경우가 없는 것이 사실이다.

정도전이 불교비판 이론을 전개하고 있는 사실은 먼저 고려말 이후 불교교단이 타락하면서 여러 가지 사회적 폐단을 드러내고 있는 현실에서 사회기반을 불교적 이념으로부터 주자학적 이념으로 대치시키기 위한 이념적 혁명의 작업이라 할 수 있다. 고려사회에 깊이 뿌리내리고 있는 불교적 세계관과 불교교단의 사회적 기반을 전

31 『陽村集』, 권17, 13, '佛氏雜辨序', "吾嘗謂得志而行, 必能闢之廓如也, 今蒙聖知, 言聽計從, 志可謂得矣, 而尙不能闢之, 則是終不得闢之矣, 憤不自己作爲是書, … 然觀於此, 則儒佛之辨, 瞭然可知, 縱不得行於時, 猶可以傳於後, 吾死且安矣."

면적으로 개혁하여 조선사회를 주자학의 유교이념으로 정립하고자 하는 종교적 혁명이다. 그만큼 불교비판은 조선왕조 건립의 혁명적 과업과 직접 연결되는 것이기도 하다. 유교를 통치이념으로 조선왕조를 정립하기 위한 혁명과정에서는 고려왕실과 대중의 정신적 기반인 불교를 비판하여 배척하는 것이 중요한 과제의 하나이며, 또한 불교교단이 차지하고 있는 경제적 사회적 기반을 털어내지 않고는 유교이념을 통치원리로 하는 조선사회의 정체성을 확립할 수 없다는 현실적 절박성을 깊이 인식하는 데서 나온 것이다.

이에 따라 정도전의 불교비판 이론도 불교교리에 대한 철학적·윤리적 비판을 통해 불교적 세계관을 부정하고 있으며, 동시에 불교의 역사적 사회적 폐단을 비판함으로써 불교교단이 차지하고 있는 사회기반을 공격하는 것이라 할 수 있다. 그러나 정도전의 모든 정책을 받아들여 조선왕조의 기틀을 형성하고 있던 태조도 불교교단의 공격적 배척은 받아들이지 않았다는 사실이 주목된다. 주자학적 이상주의자인 정도전은 혁명의 논리와 불교비판을 연결시키고자 하지만, 통치자인 태조는 불교가 사회기반 속에 엄청난 세력과 힘을 가지고 있다는 사실을 인식하면서 불교교단의 배척에 따라 사회적 동요가 심화되는 위험을 경계하지 않을 수 없었던 것으로 보인다. 그것은 불교적 사회기반의 개혁을 위한 속도조절의 문제라 할 수 있다. 정도전이 『불씨잡변』을 저술하여 다음 세대에 불교비판의 의식을 각성시키고자 하는 이유도, 혁명의 과정에서 불교기반의 개혁이 불가능하다면 불교비판의식의 확산과 지속을 추구하는 데 있었던 것으로 보인다.

정도전이 불교비판에 심혈을 기울이고, 이를 위해 성리학의 이론에 근거하여 불교의 세계관을 논리적으로 비판하고 있지만, 그것은 유교이념의 정립을 위한 불교 배척이지, 유교와 불교 사이에 세계관의 정당성에 대한 이론적 토론이 아니다. 그만큼 정도전의 불교비판이론은 유교의 일방적 논리에 근거하고 있는 것이지, 불교의 논리를 객관적으로 공정하게 이해하는 입장은 사실상 결여되고 있는 것이 사실이다. 바로 이 점에서 정도전의 불교비판이 불교를 온전하게 이해한 것도 아니요, 단편적 구절을 왜곡하여 해석한 것이며, 따라서 불교에 대한 정당한 비판이 못 되는 것이라는 지적이 나올 수밖에 없다.[32] 이 점에서 정도전의 불교비판론은 사회변동과정에 사상적 갈등의 한 양상인 것은 사실이다. 다만 당시 주자학의 정립과정에서 불교를 바라보는 주자학의 유교이념이 지닌 시야와 성격을 보여주는 것이라 할 수 있다.

② 경세론의 정립

국가경영을 위한 경세론의 체계적 제시가 큰 과제이었다. 주자학의 체계에서 성리학이 철학적 기초를 확보하고 있는 것이라면, 이

32 李丙燾, 「鄭三峯의 儒佛觀」(『白性郁博士頌壽記念 佛敎學論文集』, 654쪽), 및 李鍾益, 「鄭道傳의 闢佛論批判」[『불교학보』(8), 1971, 283쪽].

성리학적 세계관을 사회적 질서로 구현하는 것은 성리학의 실현을 위해서도 필연적 과제이다. 성리학이 본체의 문제라면 경세론은 활용의 문제로 상호보완적 관계라 할 수 있다.

정도전의 경세론은 『조선경국전』(朝鮮經國典, 1394)과 『경제문감』(經濟文鑑, 1395) 등의 저술을 통해 유교이념에 기반하는 사회체제의 기준과 제도와 운영원리를 제시하고 있다. 곧 『조선경국전』은 조선왕조의 국가체제를 규정하고 유교이념의 통치원리와 통치체제를 규정하였으며, 『경제문감』은 중국과 우리나라에서 역대 왕조의 통치형태를 검토하며 군왕과 재상과 간관(諫官)이 통치구조에서 담당하는 역할을 밝혀주고, 감사(監司)와 수령(守令)이 지방행정에서 수행하는 임무를 밝혀주었다.

그는 주자학의 이념에 근거한 경세론을 체계화하면서, 『조선경국전』에서는 「주례」의 6전(六典) 제도에 따라 치전(治典)·부전(賦典)·예전(禮典)·정전(政典)·헌전(憲典)·공전(工典)의 6전으로 구성하였다. 그는 유교적 통치이념의 근본을 이루는 두 요소로서 민본(民本)과 덕치(德治)를 확인하고 있다. 따라서 "임금은 나라에 의존하고, 나라는 백성에 의존한다. 백성은 나라의 근본이고, 임금의 하늘이다"[33]라 하여, 백성이 국가의 근본임을 확인할 뿐 아니라 임금이 받들어 섬겨야 할 하늘임을 강조하였다. 곧 '백성'을 통치의 목적이요 기준

33 『三峯集』, 권7, 14, '朝鮮經國典(上)·賦典·版籍', "蓋君依於國, 國依於民, 民者國之本而君之天."

으로 확인함으로써, '민본'의 정치원리를 조선왕조의 통치이념이 기반하는 근본조건임을 밝히고 있는 것이다.

나아가 그는 "임금은 하늘의 일(天工)을 대신하여 하늘이 낸 백성(天民)을 다스려야 하니, 혼자 힘으로 할 수가 없다. 이에 관청을 설치하고 직무를 나눈다"[34]라 하여, 백성을 다스리는 것이 임금의 권리가 아니다. 하늘의 일을 대신하는 임금의 무거운 의무임을 지적하였다. 그만큼 임금과 백성의 사이는 단순히 지배와 피지배의 관계가 아니라, 하늘이 하늘의 백성을 다스리는 일에서, 임금이란 하늘의 명령을 받아 하늘을 대신하여 그 임무를 수행하는 존재라면, 백성을 다스린다는 것은 이미 지배가 아니라 봉사라 할 수밖에 없는 것이다.

또한 임금으로서 백성을 다스리는 기본방법을 제시하면서, "하층의 백성은 지극히 미약하지만 힘으로 겁줄 수 없고, 지극히 어리석지만 지모로 속일 수 없다. 그 마음을 얻으면 복종하고, 그 마음을 얻지 못하면 떠나버린다"[35]라 하였다. 이처럼 백성이란 통치자가 지배할 수 있는 대상이 아니다. 백성의 마음을 얻으면 따르고 백성의 마음을 얻지 못하면 떠나버리는 백성이란 통치자가 오로지 진심으로 감동시켜야 할 상대일 뿐이다. 백성은 통치의 대상이 아니라

34 『三峯集』, 권7, 6, '朝鮮經國典(上)·治典·官制', "人君, 代天工治天民, 不可以獨力爲之也, 於是, 設官分職."

35 『三峯集』, 권7, 1, '朝鮮經國典(上)·正寶位', "下民至弱也, 不可以力劫之也, 至愚也, 不可以智欺之也, 得其心則服之, 不得其心則去之."

통치의 목적으로 인식되고 있다. 또한 백성은 지배할 수 있는 대상이 아니라 그 마음을 얻기 위해 정성을 다해 섬겨야 할 주체임을 강조하고 있는 것이다. 그렇다면 정도전은 봉건적 신분질서 속에 경세론을 펼치고 있는 것이 아니라, 인간의 근원적 가치에 대한 성리학의 인간관을 사회적으로 실현하는 주자학적 경세론의 이상을 역설하고 있음을 보여준다.

이러한 주자학적 통치이념의 이상을 전제로 군왕의 통치원리로서 군도(君道)를 해명하면서 백성을 근본으로 하는 '민본'정신의 의미를 집중적으로 조명하고 있다. 또한 군주의 독단이 아니라, 군주와 재상의 상호보완관계를 명확하게 밝힘으로써 주자학적 경세론을 체계적으로 제시하였다는 사실이 중요한 의미를 지니는 것이다. 정도전의 주자학적 경세론은 크게 세 가지 구성요소를 확인해 볼 수 있다. 하나는 정치의 근본에 대한 인식으로 민본의 원리가 그 기준이 되고 있으며, 또 하나는 군도(君道)의 원리에 대한 인식으로서 역사적 사실에서 모범을 찾고 있다. 그 다음으로 국가체제의 구성요소로서 재상의 직무와 행정의 실무에 대한 인식을 들 수 있다. 실제로 그는 옛 성왕(聖王)을 정통의 기준으로 확인하고, 옛 성왕이 실현한 정치원리를 당시의 현실에 실현하기 위한 방법을 탐색함으로써, 주자학의 이념이 통치제도에 구체적으로 기능할 수 있도록 하는 데 깊은 관심을 기울였다.

(2) 권근(權近)의 성리학과 경학

권근(陽村 權近, 1352-1409)은 일찍이 관직에 나아가 34세 때(1385)는 고려왕조에서 성균관 대사성(大司成)을 지냈고, 혁명 후 태조의 부름에 응하여 태조 2년(1393) 다시 조선왕조에서 대사성에 임명되었다. 그는 문장과 학문에서 한 시대를 대표하는 인물이요, 특히 조선초기 주자학의 체계화에 중대한 업적을 남겼다. 그의 대표적 저술인 『입학도설』(入學圖說, 1390)과 『오경천견록』(五經淺見錄, 1391)은 조선왕조 건립 직전에 익주(益州: 전북 익산)에서 유배 생활하던 시기와 유배에서 풀려나 충주 양촌(忠州 陽村)에 돌아와 지내던 시기에 이루어졌다. 고려말에 제시된 그의 경학과 성리학의 체계는 조선시대 주자학의 기반을 정립하는 것이라 할 수 있다. 또한 정도전이 왕명으로 『고려사』(高麗史)를 편찬하였던 것처럼, 권근도 『동국사략』(東國史略)과 『동현사략』(東賢事略) 등 역사서를 편집하여, 왕조 초기에 역사 인식의 중요성이 각성되면서 역사서술에 관심을 기울였던 것으로 보인다.

고려말기에 활동하였던 주자학자들 가운데 권근은 이색과 정도전의 영향을 많이 받은 것으로 보인다. 고려와 조선의 왕조교체기에 역할을 하였던 주자학자로 고려왕조에 충절을 지킨 정몽주·길재와 조선왕조 초기에 중심적 활동을 하였던 정도전·권근의 역할을 유형화해 보면, 정몽주는 목숨을 버려 저항하여 순절(殉節)한 인물이라면, 길재는 조선왕조에 벼슬을 거부하고 지조를 지켜 수절(守節)한 인물이다. 이에 비해 정도전은 불교비판과 경세론을 제시하여 조선왕조의 국가기반을 정립한 인물이라면, 권근은 경학과 성리학으로 조선왕조의 주자학적 학문기반을 수립하였던 인물이라 할 수 있다. 그만큼 권근은 경학과 성리학을 통해 조선사회의 주자학적 이념의 기초를 확보하였다. 그것은 고려말 주자학의 학문적 성과를 종합하고 결산하여 조선시대 주자학을 열어주는 역할을 담당하였던 것이다. 권근의 학문적 업적은 크게 보면 성리학과 경학의 두 영역에서 주자학의 세계를 열어갔다고 할 수 있다.

① 성리학의 인식

권근의 성리학은 『입학도설』에서 핵심적 내용을 제시하고 있다. 『입학도설』은 그가 어린 학생들에게 유교의 학문체계를 간결하게 설명하기 위해 편찬한 입문서로서 40편의 도설(圖說: 圖象과 설명)로 구성되었다. 이 40편의 도설에서 첫째의 「천인심성합일지도」(天人心性合一之圖)와 둘째의 「천인심성분석지도」(天人心性分釋之圖)는 그의 성리설을 가장 함축적으로 표현해 주고 있다. 나머지 38개의 도설은 경전을 중심으로 유교사상을 간결하게 제시한 것이다. 특히 도상(圖象)을 통하여 유교사상을 집약하고 체계화한 우리나라 최초의 문헌이라는 점에 의미가 크다.

정도전이 '심'을 '기'(氣)라 규정한 데 비해 권근은 '이'와 '기'의 오묘한 결합(理氣妙合)이라 하여 '심'의 주체성과 도덕적 근원성을 더욱 강조하였고, 하늘에 마주선 인간 존재를 하늘과 더욱 긴밀하게 결합하는 합일성으로 파악하였다. 그는 자신이 제시한 성리설의 문제를 문답형식의 토론을 통해 확고하게 입증시키고 있음을 보여준다.

권근의 성리학적 인식은 당시의 주자학자들 가운데 가장 정밀한 체계를 제시하였을 뿐만 아니라, 조선시대 성리학의 기본쟁점을 간결하게 함축하고 있다는 점에서 그 탁월함을 엿볼 수 있다. 그의 성리설을 집약한 「천인심성합일지도」는 하나의 인간 형상을 통해 하늘과 인간의 관계를 해명하고, 인간내면의 심성론적 구조를 제시한 도상으로서, 성리설의 전체적 체계를 하나의 도상 속에 집약하는 놀라운 솜씨를 발휘한 것이다. 여기서 그는 인간 형상의 머리에 '천'(天·命)과 가슴에 '심'(心·性·情·意)을 배치하고, 배에 '경'(敬)과 왼쪽 다리에 '성'(誠)과 오른쪽 다리에 '욕'(欲)을 배열하는 배치구조를 보여준다. 이에 따라 하나의 사람 형상 속에 '천'과 '심'의 천인상응(天人相應) 구조를 보여준다. 동시에 '경'·'성'·'욕'의 개념을 중심으로 한편에서는 수양의 극치로서 군자를 거쳐 성인이 하늘과 일치하는 이상을 제시하며, 다른 한편에서는 욕망에 빠져 금수로 떨어지는 타락의 양상을 제시하여 수양론의 방법을 밝히고 있다. 또한 그는 인체를 전체적으로 태극(理)과 음양(氣·質)으로 구성되어 있는 존재론적 구조를 제시하고 있다.

그는 「천인심성분석지도」에서 '천' 개념을 글자의 모양에 따라 '一'과 '大'의 결합으로 지적하면서, '一'이란 이치에서는 '무대'(無對: 절대)요, 행위에서는 '무식'(無息: 영원)을 의미하는 것이라 하고, '大'는 본체로 말하면 '무외'(無外: 극대)요, 조화로 말하면 '무궁'(無窮: 무한)을 의미하는 것으로 분석하고 있다. 또한 이 하늘은 '모든 조화의 근원'인 동시에 '모든 다양성의 근본'으로서 '성'(誠)이라 파악한다. 하늘은 저 높은 위에서 나날이 내려다보고 계신다는 사실과 인간은 하늘의 위엄을 공경하고 두려워하여 언제나 하늘의 명령을 간직해야 한다는 신앙적 각성에 따라 '경'(敬)을 제시함으로써, '성-경'의 수양과 신앙을 통해 인간과 하늘이 하나로 일치할 수 있다는 천인관계의 구조를 해명하고 있다.

「천인심성합일지도」에서는 '심'·'성'·'정'·'의'의 통합적 구조를 제시하는 데 초점을 맞추고 있지만, 「천인심성분석지도」에서는 좀 더 세밀하게 '심'에서 이치와 형기의 근원에 따른 대립적 구조를 부각시키며, '인심'·'도심'의 문제로 확장시키고 있음을 보여준다. 종합해보면 '심'이 '성'·'정'·'의'를 포괄하는 통합적 구조와 아울러, '성'(본체)-'정'(작용)-'도심'으로 연결되는 이치에 근원하는 양상과 '심'(본체)-'의'(작용)-'인심'으로 연결되는 기질에 근원하는 양상의 분별적 구조가 동시에 성립하고 있음을 보여준다. 곧 '심' 속에서 하나이면서 둘이고, 둘이면서 하나인 변증법적 구조를 확인하고 있는 것으로, 그는 이 하나의 통합성과 둘의 분별성이 바로 체용구조를 이루는 것으로 제시하기도 한다.[36] 그가 '천인심성도'에서 제시하는

36 權近, 『入學圖說』, 권1, 6, "其體則一, 而用則有二."

기본논리는 '체용'을 아울러 온전하게 한다는 '체용겸전'(體用兼全)의 구조를 인식하는 논리이며, 이와 더불어 안과 밖을 서로 배양하게 한다는 '내외교양'(內外交養)의 실천논리라 할 수 있다.[37]

권근의 「천인심성합일지도」는 이기설·심성설의 인식과 더불어 사단칠정론·인물성론 등 조선시대 성리학의 핵심적 쟁점들을 포함하며, 나아가 '경'(敬)·'성'(誠)의 수양론적 과제까지 한 장의 '도상' 속에 집약시켜주고 있다. 그만큼 이 도상은 사실상 조선시대 성리학의 출발점을 이루고 있으며, 조선시대 성리학의 쟁점들이 그 속에서 싹터나온 것임을 보여준다.

성리학의 '도상'을 통한 사유체계는 권근의 『입학도설』(1390作, 1397刊)에서 집약되고 있으며, 특히 『입학도설』 첫머리의 「천인심성합일지도」는 조선시대 성리학의 출발점이요 전체구조를 제시하는 것으로 매우 중요한 의미가 있다. 권근의 '도상'을 통한 해석방법은 그의 문인인 김반(金泮)의 『속입학도설』(續入學圖說)과 권채(權採)의 「작성도」(作聖圖)에 영향을 미쳤다. 권근이 태종에게 저술을 마치기 위해 직무를 사면해주도록 요청하는 상소를 올렸을 때 태종은, "(그대가) 저술한 『천견록』과 『입학도설』은 가장 뛰어나게 학자의 길잡이가 되었다"[38]고 칭찬하여, 그의 경학 저술과 더불어 『입학도설』의

37 『入學圖說』, 권1, 7, "必使學者, 知有是體, 而存之於至靜之中, 以守其本然之正, 知有是用, 而察之於應物之際, 以遏其將然之欲, 然後體用兼全, 內外交養, 而學之爲道得矣."

38 『陽村集』, 권26, 2, '請辭免本職, 終考禮經節次箋', "所著淺見錄, 入學圖說, 尤爲學者之指南."

도상적 해석이 당시 학자들에게 학문적 기준이 되었음을 보여준다.

② 경학의 전개

권근의 경학은 『오경천견록』(五經淺見錄)을 중심으로 확인할 수 있다. 권근의 『오경천견록』은 우리나라 학자들의 유교경전에 대해 주석 가운데 현존하는 저술로 가장 오래된 것이다.[39] 또한 『오경천견록』은 초기의 저술이기는 하지만 경전해석에 창의적 정신이 발휘되고 있다는 점에서 가치가 높다. 특히 『예기천견록』(禮記淺見錄)은 1391년 착수하여 1405년에 완성하였으며, 26권에 이르는 큰 규모의 저술이다. 그것은 '예경'(禮經)의 인식을 심화시킴으로써 주자학의 예학체제에 근거한 조선왕조의 예교(禮敎)질서를 정립하는 데 크게 기여하는 것이라 할 수 있다. 나아가 그는 『사서오경구결』(四書五經口訣: 失傳)을 지어 경전교육을 위해 경전에 토(吐)를 붙였던 것으로 보인다.

또한 『입학도설』에서도 경전에 관한 도설이 많은데, 그중에서 「오경체용합일지도」(五經體用合一之圖)와 「오경각분체용지도」(五經各分體用之圖)는 5경의 핵심개념을 규정하며 전체와 부분의 구조를 체용론으로 분석하는 창의적 해석을 보여주고 있다. 권근은 『역』과 『춘추』를 오경에서 '전체'(全體)와 '대용'(大用)을 이루는 핵심의 경전

39 고려 肅宗 때 金仁存의 『論語新義』와, 尹彦頤의 『易解』, 및 李仁實의 『春秋講義』가 있었다고 하나 전하는 것이 없다.

으로 파악하며, '도'(道)는 『역』의 '대용'이면서 동시에 『춘추』의 '전체'가 되는 것으로 서로 맞물려 있는 연관구조를 보여주고 있다.

권근은 『입학도설』에서 '오경'의 구조적 인식과 더불어 「대학지장지도」(大學指掌之圖)와 「중용수장분석지도」(中庸首章分釋之圖)는 『대학』과 『중용』의 구조를 도상으로 제시한 것이다. 특히 권근의 「대학지장지도」는 퇴계가 『성학십도』(聖學十圖) 속에 채택하여 후대에까지 영향을 주었다. 여기서 그는 '3강령'을 체용(體用)구조와 본말(本末)구조로 파악하여, '명명덕'(明明德)을 '본체'(體)요 '근본'(本)으로, '신민'(新民)을 작용(用)이요 지말(末)로 대비시키고, '지어지선'(止於至善)을 본체와 작용의 목표(標的)로 제시하여 본체와 작용을 종합시키고 있다. 또한 '8조목'의 경우도 '격물 · 치지'(知)와 '성의 · 정심 · 수신'(行)을 앎과 행위의 체계로 제시하고, '제가 · 치국 · 평천하'를 행위의 극대화(極行)로 확장시키고 있다. 곧 개인의 차원에서 '지 · 행'의 실현을 사회적 차원의 실행으로 확장하여 극대화시키고 있는 것이다. 나아가 그는 8조목을 '공부'(工夫: 노력)의 단계와 '공효'(功效: 성과)의 단계로 구분하여 학문의 향상과정과 현실화과정을 제시하고 있다.

또한 「중용수장분석지도」에서 『중용』 제1장의 구조를 '천명' · '경'(敬) · '교'(敎)의 세 차원으로 제시하였다. 먼저 '천명'은 '성'(性) · '도'(道) · '교'(敎)의 근본조건을 제시하면서, '사람과 사물의 성품이 같은 이치'(人物同性之理)라 하여, 성리학의 인성론에서 '인물성동론'(人物性同論)의 입장을 밝히고 있다. 또한 '경'은 고요할 때(靜時)의 공부로 마음을 간직하고 성품을 배양하는 '존양'(存養)과 활동할 때(動時)의 공부로 자신의 생각과 행위를 살피고 반성하는 '성찰'(省察)의 양면으로 수양론의 두 기본과제를 제시하였다. 나아가 '교'에서는 마음을 바르게 하는 '중'(中: 體)과 기질을 순조롭게 하는 '화'(和: 用)의 체용구조를 제시하고 있다. 여기서 '경'은 '공부'의 단계요 '교'는 '공효'의 단계로서 주자학의 수양론과 위학론(爲學論)을 일관된 구조로 확인하는 것이다.

권근의 경학저술 가운데 『예기천견록』은 가장 방대하고 비중이 큰 업적이다. 그가 이 저술을 하게 된 과정에는 스승 이색의 영향이 있었다. 이색은 『예기』의 대표적 주석인 진호(陳澔)의 『예기집설』(禮記集說)이 부족한 점이 있음을 인식하고, 자신이 『예기』를 주석하는 저술을 하고자 하다가 뜻을 이루지 못하게 되자, 제자인 권근에게 『예기』의 주석을 하도록 당부하였다는 것이다. 이색은 권근에게 당부하는 말을 남기고 있다.

"예경(禮經)은 진(秦)나라의 분서(焚書)에 없어졌으며, 한(漢)나라 유학자들이 불타고 남은 것을 주워 모아 얻는 차례대로 기록하였다. 그러므로 그 문장이 차례를 잃은 것이 많아 온전하지 못하였다. 정자와 주자가 『중용』과 『대학』을 드러내었는데, 그 어긋나고 어지럽혀진 문장을 정돈하였지만 그 밖의 다른 편들에는 미치지 못하였다. 내가 일찌기 높고 낮은 차등과 길(吉: 祭)·흉(凶: 喪)의 분별 및 통합하는 말(通言)의 사례로써 부문을 나누고 부류를 모아서 사사롭게 보는 데 편하게 하고자 하였으나, 아직 이루지 못하였으니, 그대는 마땅히 이 일에 힘써야 할 것이다."[40]

『예기』의 연구에 이렇게 깊은 관심을 기울였던 것은 주자학적 이념의 현실화는 바로 예학(禮學)을 통한 의례질서를 제시하는 것이며, 의례질서를 사회적으로 실현하는 예교(禮敎)체제임을 인식하고 있기 때문이라 보인다.

권근은 『예기천견록』에서 특히 「곡례」(曲禮)편을 주자의 『대학장구』(大學章句)처럼 경(經) 1장과 전(傳) 10장의 체제로 분석하였다. 이 사실은 『곡례장구』(曲禮章句)라는 독립된 저술의 성격을 보여주는 것으로 주목된다. 또한 「악기」(樂記)편에 대해서도 특별히 관심을 기울이고 있는 사실은 '예-악'(禮樂)의 상응구조를 인식하여, '예학'과 더불어 '악학'(樂學)에 관심을 보여주었던 경우라 할 수 있다.

권근의 경학이 지닌 특징을 보면, 먼저 『입학도설』의 도상적 해석에서처럼 경학체계에 대한 독자적 인식이 주목된다. 그것은 우리나라 경학의 한 특성을 이루는 것이기도 하다. 다음으로 번쇄한 고증에 사로잡힌 것이 아니라 경전의 핵심적 대의를 간명한 구조로

40 權近, 『禮記淺見錄』, 권1, 1, '曲禮上', "先生命之曰, 禮經亡於秦火, 漢儒掇拾煨燼之餘, 隨其所得先後而錄之, 故其文多失次而不全, 程朱表章庸學, 又整頓其錯亂之簡, 而他未之及, 予嘗欲以尊卑之等 · 吉凶之辨 · 與夫通言之例, 分門類聚, 以便私觀, 而未就, 爾宜勉之."

인식하는 점이 주목된다. 경전의 '장'과 '절'이 지닌 의미를 간결하게 집약하고, 그 의미의 구조를 체계적으로 재구성하는 방법은 주자의 경전해석에서 영향을 받았지만 더욱 발전시킨 것으로 보인다. 『예기』의 해석에서도 편차의 과감한 재구성을 시도하고 있다.

나아가 그의 경학은 성리학적 이념에 근거하여 경전해석을 심화하면서, 동시에 경전적 이해를 다양한 현실적 문제에 응용하는 시각이 주목된다. 여기서 그는 경전의 이념적 해석을 현실의 구체적 문제인식에 연결시키고 있음을 보여준다. 그는 「오경체용합일지도」에서도 전체와 대용의 체용구조로 분석하면서, 동시에 전체가 대용을 통하여 현실화되는 조건을 강조한다. 곧 체용관계는 강(江: 用)과 달(月: 體)의 관계에서처럼 '작용으로 말미암아 그 본체의 근원을 찾아가는' 접근과 '본체로 말미암아 그 작용의 현실에까지 통달하는' 접근의 양방향이 동시에 있음을 중시하고 있다.[41]

6. 조선초 전환기 주자학이 지닌 의미

14세기 말 조선왕조가 건립되는 혁명과정에는 주자학이 조선왕조의 통치원리로 확인되고 뿌리를 내리는 활착(活着)단계라 한다면,

41 『陽村集』, 권14, 15-16, '江月記', "夫江月也, … 其互稱自分體用, 江月則由用而源其體, 曰月江則由體而達其用, 體用一源, 上下無間."

이에 앞선 고려말 주자학이 도입되는 과정은 파종(播種)단계에 해당하고, 그 후 조선시대의 도학-주자학이 꽃이 피는 개화(開花)단계는 조선왕조가 개국하고나서 100년 이상 지난 뒤인 16세기 중반에 퇴계와 율곡이 출현하면서부터라 할 수 있다. 그렇다면 조선초 왕조교체가 일어나는 전환기가 도학-주자학의 사상사에서 차지하는 위치가 분명하게 드러나게 된다.

조선왕조 초기는 도학의 사유체계가 아직 제대로 자리잡지 못하여, 도학이념의 성격이 충분하게 드러나지 못하고, 사회적 역량이 충분하게 발휘되지 못하였던 시기이다. 이러한 시기에 새로 건설된 조선왕조에 가장 먼저 요구되는 주자학의 과제는 주자학 이념의 사회체제를 구축하는 것이고, 이 과제에 대한 대응이 정도전의 『조선경국전』을 비롯한 경세론의 저술로 나타났다. 이 점에서 사회체제가 정착된 다음에 도학-주자학은 심성내면의 문제로 성리학과 수양론의 문제에 집중되었던 것과는 뚜렷한 차이를 드러낸다. 주자학-도학이념의 조선왕조 건설은 경세론의 사회제도적 정립과 더불어 예법의 교화질서를 정착시키는 것이 시급한 선결과제였다. 따라서 권근은 『오경천견록』의 경전주석을 하면서도 다른 경전의 주석과는 비교될 수 없는 압도적 비중으로 『예기』(禮記)를 주석한 『예기천견록』을 저술하였던 사실을 볼 수 있다.

국가제도의 경세론과 예교(禮敎)질서의 예학이 주자학의 이념을 실현하기 위한 국가체제 구축의 핵심 과제였다면, 불교를 배척하는 벽불론(闢佛論) 내지 벽이단론은 주자학-도학의 사회적 확립을 위한 정지작업이요 주자학-도학의 정통성을 확보하기 위한 이념투쟁의 과제라 할 수 있다. 정도전 자신이 『불씨잡변』을 저술한 동기도 조선왕조 건설의 과정에 불교세력을 억압하는 것이 현실적으로 지극히 어려운 일이었으며, 따라서 불교 배척의 지속적 수행을 위한 대책이었음을 밝혔던 일이 있다.

경세론·예학·벽이단론이 국가체제 건설과 사회적 정착을 위해 당면한 일차적 과제였다면, 성리학과 경학의 문제는 근원을 밝히고 기준을 수립하는 장기적 근본과제였다. 실지로 성리학의 심화는 16세기에 가서 본격적으로 일어나고, 경학의 연구는 오히려 더 늦게 17세기 이후에 활발해지는 사실을 볼 수 있다. 그러나 이 시기에 권근에 의해 제시된 성리학과 경학의 인식은 16세기에 성리학이 융성하게 일어나는 단초를 제공해주고 있는 것이다.

권근이 『입학도설』에서 제시한 「대학지장지도」(大學指掌之圖)는 퇴계가 『성학십도』(聖學十圖)에서 수록하여 중시하였다. 또한 「천인심성합일지도」에서 보여준 성리학의 구조에 대한 인식은 16세기에 정지운(鄭之雲)의 「천명도」(天命圖)에서 연속성을 엿볼 수 있으며, 「천명도」를 계기로 '사단칠정(四端七情) 논쟁'이 일어나면서 조선시대 성리학의 수준이 획기적으로 향상되었던 사실을 볼 수 있다. 더구나 권근이 성리설과 경학을 '도상'(圖象)의 형식으로 제시한 집약적 인식의 방법은 조선시대 도학의 전통에서 지속적으로 계승되어

갔던 매우 중요한 특징의 하나로 중요한 의미를 지니는 것이다.

조선시대 도학자들은 조선초기의 대표적 학자인 정도전과 권근의 중요한 업적을 별달리 중시하여 평가하지 않았다. 그 원인은 조선시대 도학자들이 송대 도학자들을 학문적 기준으로 삼으면서 정도전과 권근이 조선초기에 이룬 업적들을 가볍게 보았던 측면도 있지만, 그보다 조선시대 도학의 정통을 사림파에서 찾는 의리론적 인식 때문이라 할 수 있다. 조선초기 사림파의 학문적 업적은 거의 없는 상태이지만 이들이 의리를 중시하고 있는 사실과 정도전·권근의 입장은 극명하게 대조를 이루는 것이다. 따라서 조선시대 도학의 전통에서 조선초기의 정도전·권근이 주자학-도학의 이념체제를 건립하는 데 결정적 업적을 이루었음에도 불구하고 거의 백안시하는 수준으로 망각 속에 버려두었다. 이러한 사실은 그만큼 조선시대 도학이 의리론을 도학정신의 중심으로 삼고 있다는 사실을 말해준다. 그러나 조선시대 도학의 원천과 전체적 성격을 이해하기 위해서는 조선초기 주자학의 과제와 학문적 성격에 대한 인식 소홀히 여길 수는 없는 것이다.

제 **2** 장

—

조선시대 도학의 사유체계와 쟁점의 성격

1. 조선시대 도학의 성격과 과제

'도학'(道學)은 '주자학'(朱子學) 내지 '이학'(理學)이라는 말과 같은 뜻으로 쓰인다. 고려말 중국의 원(元)나라에서 도입된 새로운 사상조류였던 '주자학'은 조선시대를 관통하여 국가의 체제를 정립하고 운영하는 통치원리로 확고하게 자리잡으면서 '도학'으로 확인되었다. 이 점에서 조선시대 도학의 성격을 이해한다는 것은 바로 조선사회가 지향하였던 이상으로서 가치체계를 확인하는 일이요, 동시에 조선사회를 유지해왔던 기반으로서 사회질서를 확인하는 일이 될 수 있다.

조선사회는 도학과 서로 분리될 수 없는 일체를 이루고 유지되어 갔던 것이 사실이다. 따라서 조선사회가 이루어낸 찬란한 문화의 업적은 기본적으로 도학의 공적이며, 동시에 조선사회가 빠져들었던 퇴락의 병폐는 모두 도학이 일차적 책임을 지지 않을 수 없는 것이다. 한마디로 도학은 '조선사회의 영혼'이요, '조선시대 역사의 중추'라 할 수 있다. 그렇다면 조선왕조를 이끌어간 생명력이요 영혼으로서 도학이 드러낸 성격과 역할을 이해할 수 있다면, 조선사회의 체질과 동력과 관습을 전반적으로 이해할 수 있게 될 것이다.

조선시대 도학을 규정하면서, 공허한 관념적 이론으로 성리설(性理說)을 천착한 것이라 평가하거나, 예설(禮說)의 형식적 의례절차를 고집하여 끝없는 분쟁에 빠졌다고 지적하는 것은 도학의 말기적 폐단만 보는 치우친 관점으로, 도학의 전체적 성격을 균형 있게 인식한 것이라 할 수 없다. 오히려 조선시대를 이끌어갔던 도학은 독자적인 세계관의 명확한 인식을 확보하고, 이를 통해 현실의 당면 문제를 해결하기 위한 대책을 진지하게 탐색하였던 사유체계라는 사실을 유의할 필요가 있다. 무엇보다 조선사회에서 도학을 천명하고 그 이념의 실천을 주도하였던 지식인집단으로서 '선비'공동체인 '사림'(士林)은 학문의 연마나 인격의 수련이나 신념의 정립에서 엄격한 자기각성과 실천태도를 보여주고 있음을 주목해야 할 것이다.

조선시대 도학은 성리설의 활발한 토론을 통해 우주와 인간의 기본구조를 인식함으로써, 사회질서와 인간의 도덕적 가치를 실현하기 위한 철학적 근거를 확립하고자 하였다. 따라서 도학의 기본과제는 인간의 마음(心)과 성품(性)을 정밀하게 해명하는 '성리설'의 이론적 분석을 기초로, 인간의 품격을 성인(聖人)에 이르도록 극진하게 향상해가는 '수양론'(修養論)의 인격실현 방법을 계발하였으며, 도덕적 정당성을 사회적으로 실현함으로써, 불의(不義)에 저항하는 '의리론'(義理論)의 강인한 신념을 확립하는 데 진력하였다. 나아가 인간관계와 사회체제의 질서를 정립하기 위한 의례의 절도를 규정하는 '예설'에 세밀한 관심을 기울였고, 왕도(王道)정치의 이상을 사회적으로 실현하기 위한 '경세론'(經世論)에 대해서도 깊은 관심을 기울였던 사실을 확인할 수 있다. 그렇다면 조선시대 도학은 결코 성리설의 논쟁에만 매몰되거나 예설의 논쟁에만 집착하였던 것은 아니다.

도학에서 성리설 · 수양론 · 의리론 · 예설 · 경세론의 기본과제들은 유기적으로 연결되어 있는 것이다. 인간의 신체에 비유하자면 성리설이 머리에 해당한다면, 수양론은 심장에 해당하는 것이요, 의리론은 척추에 해당한다면, 예설과 경세론은 사지와 그 활동에 해당하는 것이라 할 수 있다. 따라서 한두 가지 과제로 도학의 전체적 성격을 규정하려 한다면 부분으로 전체를 삼는 오류에 빠지지 않을 수 없다는 사실을 유의해야 할 것이다.

문제는 도학의 사유체계 속에서 성리설 · 수양론 · 의리론 · 예설 · 경세론이라는 기본과제들이 어떻게 상호작용하며 유기적으로 연결되고 있는지를 파악하는 것이 중요하다. 이와 더불어 이러한 도학의 기본과제들이 그 시대의 현실에 어떻게 대응하고 있는지를 이해하지 못하면, 도학이 시대현실에서 유리된 관념적 이론으로 보일 수밖에 없다. 성리설이나 예설의 다양한 쟁점이 첨예하게 대립하고 있는 사실도 그 시대 사회에 대응하는 논리를 확인하는 것으로 해명되어야 하고, 수양론이나 의리론의 주제도 사회변동과 역사적 현실에 깊이 연결되고 있다는 사실을 확인하는 것이 바로 조선시대 도학의 성격을 올바르게 인식하는 기본과제라 하겠다.

2. 조선시대 도학의 사유체계

'도학'은 여러 가지 명칭으로 일컬어졌다. 그 이념의 성격에 따라 '도학'(道學)이라 하고, 그 궁극 존재의 개념에 따라 '이학'(理學)이라 하며, 그 이념을 정립한 중심인물에 따라 '주자학'(朱子學) 혹은 '정주학'(程朱學)이라 하고, 그 이념이 중국에서 제시되고 실현되었던 왕조의 시기에 따라 '송학'(宋學) 혹은 '송명이학'(宋明理學)이라 일컬어진다. '이학'은 경전의 뜻(經義)을 밝히고 명목과 도리(名理)를 탐구한다는 의미에서 '의리지학'(義理之學)으로 일컫기도 한다. '송학' 내지 '송명이학'에 포함되는 사상들에 여러 유파가 있는데, 특히 주자에 의해 집대성되었던 '도학'은 형이상학적 근원을 '이'(理)로 인식하는 점에서 '이학'(理學)이라 일컬음으로써, 다른 유파와 구별하기도 한다. 곧 '기'(氣)를 우주의 근원으로 확인하는 소강절(邵康節)·장횡거(張橫渠) 등의 학풍을 '기학'(氣學)이라 하고, 마음을 우주의 궁극적 근원으로 확인하는 육상산(陸象山)·왕양명(王陽明) 등의 학풍을 '심학'(心學)이라 하여, '도학'과 구별하기도 한다. 그러나 이렇게 구별하는 학풍의 명칭들은 상당히 혼동되어 쓰여지기도 하는 것이 사실이다.[01]

01 理學을 '道學'과 '心學'으로 대비시키기도 하고, 心卽理說로서의 陽明學을 '心學'이라 하지만, 道學의 心性修養論도 '心學'이라 일컫기도 한다. 『宋史』「道學傳」에는 周敦頤·程顥·程頤·張載·邵雍·朱熹 등을 수록하고 있으니, 張載·邵雍은 氣學으로 일컬어지면서도 道學에 속하니, 때로는 理學 속에 道學과 氣學과 心學까지 포함시키기도 한다. 그러나 일반적으로 道學을 대표하는 중심인물은 程子와 朱子이고, 철학적 이론의 기준은 理學으로 받아들여지고 있다.

조선시대 도학의 사유체계가 제시하는 기본과제를 세 가지로 집약시켜 본다면, 그 하나는 '우주론적 근원의 일원(一元)에 따른 통합의 논리'요, 또 하나는 '도덕적 인격의 배양과 정당성의 사회적 실현을 위한 신념의 확립'이요, 다른 하나는 '사회적 질서를 추구하는 예법과 치도(治道)의 실현'이라 할 수 있다. 우선 이 세 가지 과제의 의미를 음미해 볼 필요가 있을 것이다.

(1) 우주론적 근원의 '일원'(一元)에 따른 통합의 논리

도학의 형이상학적 이론을 제시하는 것은 성리학(性理學)이다. 성리학에서는 존재의 기본양상은 '하늘'(天)-'인간'(人)-'만물'(物)로 파악하고, 존재의 기본구조를 '이치'(理)와 '형기'(氣)의 틀로 파악한다. 하늘과 인간은 '상하'(上下)의 질서를 이루고, 이치와 형기는 '본체와 작용'(體用)의 관계로 제시되고 있다. 유일의 궁극 존재로서 '천'(天) 내지 '이'(理)는 모든 존재영역을 통합하는 하나의 근원 곧 '일원'(一元)으로 인식된다. 이에 따라 인간을 포함하여 온갖 다양한 사물이나 일들은 모두 '천' 내지 '이'의 '일원' 속에 예속되고 통합되는 것으로 본다. 나아가 사회적 다양성도 '일원'을 근거로 통합되어야 한다는 '일통'(一統)의 논리를 확립하고 있다.

근원으로서의 일원을 통합과 일치의 기준으로 확립한다는 것은 인간과 만물의 모든 존재영역이 하늘을 근원으로 삼고 이치를 근거로 삼아 전개되고 있음을 확인하는 것이요, 인간사회에서는 천하의 모든 나라가 중국을 중심으로 그 아래에 통합되고, 관료와 백성의 모든 사회구성원이 임금을 기준이요 중심으로 삼아 통합되는 질서를 확인하는 것이다. 개인에서도 마음의 다양한 표출들(감정·의지 등)은 하늘이 부여한 '성품'(性)을 기준으로 삼아 따라가야 하며, 가정에서도 처와 자손들은 가장을 중심으로 삼아 순종하고 화합하여야 한다고 본다. 하나의 중심으로서 '일원'을 기준으로 전체가 결합한다는 것은 '상하'의 수직적 통합구조를 제시하는 것이다.

도학의 형이상학적 사유체계로서 '성리설'은 모든 존재양상을 '이치'(理)와 '형기'(氣)를 근원의 본체(體)와 현상의 작용(用)이라는 '체-용'(體用)구조로 인식하며, 바탕인 근본(本)과 구체적으로 드러나는 실상인 말단(末)의 '본-말'(本末)구조로 파악한다. 곧 감각으로 경험할 수 있는 다양한 현상으로서 작용에는 그 근원에 경험할 수 없는 하나의 이치로서 본체가 내재하고 있다. 또한 구체적으로 드러나는 모든 사태로서 말단에는 그 바탕에 하나의 근본이 내재되어 있다는 말이다. 그렇다면 높은 가지 끝에서 땅으로 떨어지는 모든 열매가 만유인력(萬有引力)이라는 하나의 물리적 법칙에 지배되고 있는 것처럼, 온갖 다양한 현상은 하나의 본체에 의해 지배되고 있다는 것이다. 마찬가지로 무수히 많은 가지를 뻗어 꽃이 피고 열매가 맺는 나무도 하나의 같은 뿌리에서 터져나온 것처럼, 구체적으로 드러나는 온갖 사실들은 모두 하나의 뿌리(근본)에서 파생되어 나오는 것이라 본다. 모든 신하들이 제각기 다른 임무를 수행하더라도 한 임금의 명령에 따라 행동하는 것이요, 많은 자손들이 제각기 다른 생활을 하더라도 같은 조상으로부터 갈라져 나왔음을 각성하도록 요구한다. 이처럼 도학은 본체가 하나요 근본이 하나라는 인식을 근거로 현실세계에서 만나는 온갖 다양한 개체나 사실들이 하나의 근원으로 통일되고 결합되어야 한다는 통합의 논리를 기본전제로 삼고 있는 것이다.

도학에서 제기하는 통합의 논리로서 '체용'구조는 '체'(본체)가 주체요 근원이 됨을 확인하는 것이라면, '본말'구조는 '본'(근본)이 기초요 모체가 됨을 확인하는 것이라 할 수 있다. 또한 그것은 '체'와 '본'을 근원이요 기준으로 삼고, '용'과 '말'을 그 응용이요 전개로 삼는 상-하(上下)구조를 이룬다. 하늘이 인간과 만물의 본체가 되고, '이'(理)가 '기'(氣)의 본체가 되며, '성품'이 '마음'이나 '감정'의 본체가 되고, 임금이 신하와 백성의 본체가 된다. 위에 있는 하나의 본체가 아래에 있는 무수히 많은 현상들을 거느리는 '상-하'구조를 이루고 있음을 보여준다. 하나가 모든 것을 거느리는 '상-하'구조는 하나를 중심으로 통합의 질서를 제시하는 것이다. 존재론적으로는 '일원'(一元)의 본체가 모든 다양한 현상을 통합하고, 사회적으로는 '일통'(一統)의 중심이 모든 사회적 구성요소들을 거느리고 통합하며, '일통'의 진리로서 '도통'(道統)은 모든 지식과 이론을 이끌어가는 기준이라는 통합의 논리이다. 곧 일원의 본체는 우주의 모든 현상을 통합하는 근거요 기준이라는 인식에 따라, 일통의 군주는 천하와 국가를 거느리고, 일통의 종자(宗子)는 집안의 모든 구성원의 중심을 이룸으로써 사회체제도 수직적 상하질서로 통합을 이루어야 하는 것으로 본다. 이처럼 성리설에서 '천'(天)·'이'(理)·'태극'(太極) 등 궁극 개념으로서 '일원'은 사회적 통합질서로서 '일통'의 근거요 원형으로 받아들여지고 있음을 보여준다.

(2) 도덕적 인격 배양과 정당성의 사회적 실현을 위한 신념의 확립

도학은 먼저 인간의 성품이 본래 선하다는 성선(性善)의 도덕적 근거를 인식함으로써, 안으로 선한 성품을 실현하는 과제요 인격의 배양을 위한 방법으로서 '수양론'을 제시한다. 이와 더불어 인격 내면의 선한 가치를 근거로 밖을 향해 사회적 정당성을 실현하는 신념으로서 '의리론'을 제시한다. 인간의 성품이 선하다는 인식은 인간존재의 본체로서 '성품'(性)은 우주론적 근원으로서 '하늘'로부터 부여된 것이요, 본체로서 '이치'와 일치시킴으로써 '성품이 곧 이치'(性卽理)라는 '일원'의 근원을 전제로 한다. 인간이 따라야 하는 '일원'의 기준이 '하늘'이요 '이치'라 하면, '하늘' 내지 '이치'를 따르는 것이 선이요 정당한 것이며, 이에 어긋나는 것이 악이요 부당한 것이기 때문이다.

수양론의 과제는 인격의 주체로서 마음의 올바른 상태를 유지하고(存心), 선을 실현할 수 있는 근거로서 하늘로부터 부여받은 선한 성품을 배양하는(養性)는 것이다. 마음을 올바르게 간직하고 성품을 배양함으로써, 선한 인격을 온전하게 실현하여 완성할 수 있다면, 그것이 바로 수양의 이상이요 목표인 '성인'(聖人)을 이루게 된다. 곧 도학은 성인을 실현한다는 수양론의 이상으로서 '성학'(聖學)이라 일컫는다. 또한 이 '성학'은 누구나 인격을 완성하여 성인을 이루어야 한다는 수양론으로서 '성인의 학문'인 동시에, 사회적으로는 통치자인 제왕이 성인의 인격을 배양해야 한다는 수양론으로서 '성왕(聖王)의 학문'을 의미한다.02

인격의 선을 배양하는 '수양'의 실천을 위해서는 먼저 인간존재의 내면으로서 마음(心)과 성품(性)의 구조나 기능에 대한 올바른 인식에 기반하지 않을 수 없다. 그렇다면 수양론은 '이치와 형기'(理-氣)의 개념으로 '마음과 성품'(心-性)의 구조를 해명하는 성리설(理氣心性論)에 근거하고 있는 것이요, 성리설은 마음을 간직하고 성품을 배양하는 수양론(心性修養論)을 위한 기초의 역할을 한다는 말이다. 여기서 성리설은 근원적 세계에 대한 이해이지만 이론적 지식으로 제시되는 것이라면, 수양론은 인격적 주체의 실현을 위한 행위로 드러난다. 곧 성리설은 수양론을 위한 인식체계요, 수양론은 성리설에 기초한 실천방법이라 할 수 있다. 따라서 성리설과 수양론 사이

02 退溪의 저술에서 대표작은 『聖學十圖』이고, 栗谷의 저술에서 대표작은 『聖學輯要』라 할 수 있다. 이 두 저술의 표제에서 제시된 '聖學'은 이 두 저술이 모두 宣祖임금에게 올려져 제왕의 학문적 기준을 제시하였다는 점에서 '聖王의 학문'을 의미하지만, 동시에 모든 인간이 추구해야 할 수양론이요 도학정신을 제시하고 있다는 점에서 '聖人의 학문'을 의미하는 것이라 할 수 있다. 조선시대 도학을 대표하는 두 학자의 대표적 저술이 '聖學'을 표제에 내걸고 있는 사실은 조선시대 道學의 중심에 수양론이 자리잡고 있음을 확인할 수 있게 한다.

는 앎과 행위로서 '지-행'(知行)관계를 이루어 서로 분리될 수 없는 긴밀한 구조로 연결되어 있음을 보여준다. 성리설의 이론이 세계의 '근원'을 밝혀주는 것이지만, 수양론의 실천은 인격주체의 '중심'을 세우는 것이라면, 어떤 의미에서는 성리설과 수양론은 도학의 핵심을 이루는 두 축이라 할 수 있을 것이다.

그러나 도학의 사유체계에서 성리설이나 수양론은 기본적으로 인간의 내면적 세계를 인식하고 실현하는 것이라 할 수 있다. 그렇다면 도학의 사유체계가 인간의 내면세계에 사로잡혀 있는 것이 아닌 만큼, 바깥으로 드러나고 실현되어야 하는 것이 필수적이다. 바로 이 점에서 '수양론'의 내면적 인격의 배양을 전제로 하여 밖으로 사회현실 속에 도덕적 가치의 정당성을 실행하는 과제가 '의리론'이다. 성리학에서는 의로움(義)을 네 가지 덕의 하나로 마음에 내재하는 것이라 하지만, 동시에 정이천(程伊川)이 "사물에 있는 것은 이치요, 사물에 대처하는 것은 의로움이다"(在物爲理, 處物爲義.〈『伊川易傳』〉)라 언급한 것처럼, 마음이 밖으로 대상의 사물에 대처하는 데서 드러나는 것으로 의로움이 이해되고 있다. 그만큼 의리론은 인격의 내면에 뿌리를 두고 밖으로 사회의 현실에 대처하는 안과 밖(內-外)의 긴장된 연속성이 선명하게 드러나는 과제이다. 이 점에서 의리론은 우리가 살아가는 현실 속에서 '의리와 이해'(義-利)가 충돌하는 가운데 선택이 요구되고, 사회에 진출할 때에 시대적 현실에 따라 '나아갈지 물러날지'(出-處)의 갈림길에서 결단이 요구되며, 국제사회의 관계 속에서 '중화와 이적'(華-夷)의 엄격한 분별과 대결의식이 요구된다. 이러한 의리론의 과제들은 현실의 첨예한 대립상황 속에서 선택과 결단과 대결의식이 요구되는 행동의 과제이면서, 동시에 의리론의 결단과 행동은 언제나 내면의 확고한 신념이 정립되어 있어야 가능한 것으로 확인되고 있다. 그만큼 의리론은 인격 내면의 신념이 사회현실의 문제에 대응하는 행동으로 나타나는 것이요, 앎과 행위(知-行)가 일관하고, 안과 밖(內-外)이 긴장된 연속성을 유지하고 있는 것이다.

(3) 사회적 질서를 추구하는 예법과 치도의 실현

마음과 성품을 '이-기'(理氣)의 개념으로 해명하는 성리설이나 '존-양'(存養)의 수행으로 연마하는 수양론이 인간의 도덕성을 각성하는 내면적 인식의 과제요 자신의 인격을 배양하는 개인적 과제라면, 이에 상응하여 안에서 밖으로 나가고 개인에서 사회로 확장되는 실천의 과제가 요구된다. 곧 밖으로 사회현실 속에서 실현되는 도학의 중심과제를 '예법'(禮法)과 '치도'(治道)라 할 수 있다.

예법은 인간이 사회 속에서 행동하는 양식의 기준(人事之儀則)이지만 우주론적 근원의 이치가 현실에서 행동하는 절도(天理之節文)로 구체화된 것이라 한다〈『論語集註』, 學而〉. 곧 예법은 인간이 사회 속에서 구체적으로 행동하는 절도이지만, 그 근원은 보편적 원리인 이치에 근거한다는 것은 '예법'이 '성리'에 기반하고 있음을 말해준다.

'예법'은 '성리'에 근거함으로써 그 정당성을 확보하고, '성리'는 '예법'으로 구현됨으로써 그 현실성을 확보할 수 있게 된다. 또한 인격을 연마하는 '수양'의 방법이 공경함 내지 경건함으로서 '경'(敬)이라면, 구체적 절도에 따라 행동하는 '예법'의 정신도 '경'이라 언급되고 있다.[03] '예법'은 신(神)에게 제사를 경건하게 드리는 일이나, 윗사람을 섬기고 이웃과 교류하며 백성을 다스리는 일이나 나라 사이에 교류하는 외교에서도 공경하여야 하니, 모든 행동에서 '공경하지 않음이 없어야 하는 것'(毋不敬)이니, '경'으로 일관하는 행위의 절도이다.

'예법'의 절도는 인간관계나 사회체제에서 상하의 차례를 규정함으로써 사회공동체에 질서를 실현하는 방법으로 중요한 기능을 하고 있다. 따라서 도학의 체제에서 가정과 나라를 안정시키고 나라를 다스리는 '치도'의 기본과제로서 '예법'이 중시되어 왔다. 나라를 다스리는 일이 '예법'으로 질서를 이루는 것이라는 입장에서 도학은 나라를 다스리는 일에서도 형벌이나 정치제도에 앞서서 도덕과 예법으로 대중을 교화하는 것을 우선해야 할 과제로 삼았다. 이런 의미에서 도학의 '치도'는 예법으로 대중을 교화하는 것 곧 '예교'(禮敎)요 '예치'(禮治)로 제시되고 있다. 그것은 '치도'의 근본방법이 '예법'임을 보여주는 것이다.

03 『論語』, 八佾, "爲禮不敬, 臨喪不哀, 吾何以觀之哉.", 『孟子』, 離婁下, "有禮者敬人."

'치도'는 나라를 다스리는 구체적 원리와 방법으로서 세상을 경륜하는 '경세'(經世)의 과제이다. '치도'는 기본적으로 군왕이 백성을 다스리는 일이요, 백성을 보호하고(保民) 백성을 돌보아(爲民) 백성이 잘 살아갈 수 있게 하는(生民) 도리이다. 도학에서는 '치도'의 근본조건으로 군왕이 도덕적 인격(君德)을 갖추도록 요구한다. 따라서 군왕은 무엇보다 먼저 인격의 '수양'을 통해 '덕'을 닦아야 하고, 법률이나 제도에 앞서 '덕'으로 나라와 백성을 다스리는 '덕치'(德治)를 실행해야 한다는 것이다. 이 점에서 도학의 '치도'는 법률과 제도에 의한 통치로서 '법치'(法治)와 구별하여 도덕적 인격에 기반을 두는 통치로서 '덕치'를 강조한다.

도학의 통치원리로서 '덕치'는 '수양'과 '치도'가 안과 밖의 관계요, '본-말'구조를 이루고 있음을 말하며, '예치'도 '예법'과 '치도'가 또 하나의 '본-말'구조를 이루는 것임을 보여준다. 문제는 '덕치'의 원리에서는 치도의 과제가 도덕으로 백성을 이끌어가고 백성을 자식처럼 사랑으로 돌보는(愛民) 어진 정치 곧 '인정'(仁政)을 제시하는데, 이에 비해 '예치'는 사회의 질서를 수립하기 위해 상하와 귀천으로 분별하는 신분체제를 강조하고 있다는 점이다. 이 점에서 도학의 치도는 '덕치'의 이상을 제시하였지만, 동시에 '예치'에 따라 신분의 엄격한 분별과 제약을 중시하는 '명분'(名分)의 상하질서로서 봉건적 신분제도를 뒷받침하였던 시대적 한계를 지니고 있는 것이 사실이다.

그렇다면 도학의 사유체계는 '성리'와 '수양'이 '체-용'구조로 연결되어 있고, '수양'과 '의리'가 '본-말'구조로 연결되며, '수양'과 '예법'이나 '치도'가 '본-말'구조를 이루고 있다면, '성리'와 '예법'이 '체-용'구조를 보여주고, '예법'과 '치도' 사이에서도 '본-말'구조를 확인할 수 있다. 이처럼 도학의 기본적 사유체계는 결코 서로 단절되고 유리된 것이 아니라, 서로 겹겹이 상-하와 안-밖의 관계로 결합되어 있는 것이다. 달리 말하면 '성리'가 관념적 사유에 고립된 것이 아니고, '치도'가 '성리'나 '수양'과 분리되지 않는 사실을 기본성격으로 확인할 필요가 있다.

3. 도통(道統)의 정통의식과 이단비판 논리

(1) '도통'의 중시와 조선의 '도통'인식

도학은 '도'(진리)의 정통성에 대한 신념을 핵심정신으로 한다. 도학의 사유체계에는 다양한 문제를 내포하고 있지만, 그 기본전제는 옛 성현의 '도'를 전승하는 계보로서 '도통'의식을 확립하는 것이다. 바로 이 점에서 주자는 『중용장구』(中庸章句)의 서문 첫머리에서 "상고시대로부터 성인이 하늘을 이어 궁극의 준칙을 세우니 도통의 전승이 유래하게 되었다"(蓋自上古聖神, 繼天立極, 而道統之傳, 有自來矣)고 밝히고, 요·순 이래 도통이 이어오는 사실을 지적하였다. 따라서 도학은 요(堯) → 순(舜) → 우(禹) → 탕(湯) → 문왕(文王) → 무왕(武王) →

주공(周公) → 공자(孔子)의 옛 성인으로 이어지는 계보를 '도통'으로 선언하고, 공자 이후 증자(曾子) → 자사(子思) → 맹자(孟子)로 이어오는 계보만을 '도'의 올바른 계보로 확인하고 있다. 나아가 맹자 이후는 도통이 끊어졌다가 송대(宋代)에 와서 주렴계(周濂溪) → 이정(二程: 程明道·程伊川) → 주자(朱子)가 도통의 올바른 맥을 계승하였다는 것이 도학의 '도통'의식이다.

도학을 기반으로 하면서 조선후기 실학의 학풍을 일으킨 이익(星湖 李瀷)은 '도통'의식이 발생하는 과정을 해명하면서, "도통이란 말은 『논어』와 『맹자』의 끝편으로부터 시작되었다. … 주자도 위로는 복희(伏羲)에서 아래로 정자(程子)형제까지 미루어 이야기하고 자신을 그 뒤에다가 붙여 놓았다"[04]고 하였다. 옛 성왕이 제시한 유교의 '도'를 집대성한 공자에서 '도통'의식이 이미 밝혀지고 있음을 확인하고 있는 것이다. 고려말 주자학이 전래되면서 '도통'의식이 자주 언급되기 시작하였지만, 도학이 통치이념으로 정립된 조선시대에 오면서 도통에 대한 논의는 바로 자신의 학문과 신념의 근원성과 정당성을 확인하는 매우 중요한 과제로 떠올랐다.[05]

04 『星湖僿說』, '人事門: 道統', "道統之說, 肇自論語及孟子篇末, … 朱子又上推於羲皇, 下及於程夫子兄弟, 竊自附於其後焉."

05 여기서 星湖가 『논어』와 『맹자』의 끝편에서 道統이라는 말이 시작되었다는 지적하고 있는 것은, 『논어』의 마지막편인 「堯曰」편에서 堯 → 舜 → 禹 → 武王으로 道의 계승을 언급하고 있는 사실("堯曰, '咨, 爾舜, 天之厤數在爾躬, 允執其中. 四海困窮, 天祿永終.' 舜亦以命禹曰, '予小子履敢用玄牡, 敢昭告于皇皇后帝, 有罪不敢赦. 帝臣不蔽, 簡在帝心. 朕躬有罪, 無以萬方, 萬方有罪, 罪在朕躬.' 周有大賚, 善人是富. '雖有周親, 不如仁人. 百姓有過, 在予一人.'….")과, 『맹자』「盡心下」의 마자막 장에서 堯·舜에서 湯 사이의 5백 년간과 湯에서 文王 사이의 5백 년간과 文王에서 孔

조선말기 도학자인 김평묵(重菴 金平黙)은 청나라의 웅사리(熊賜履)가 저술한 『학통』(學統)을 검토하여 저술한 「학통고」(學統考)에서 자신의 '도통'에 대한 인식을 보여주고 있다. '학통'은 도학의 계보라는 의미에서 '도통'의 한 형식이라 할 수 있는데, 김평묵은 웅사리가 '학통'을 정통(正統)·익통(翼統)·부통(附統)·잡통(雜統)·이통(異統)이라는 다섯 가지로 나누어, '정통'의 개념을 더욱 엄격하게 한정하고 있는 분류체계를 인정하고 있다. 여기서 공자 → 안자·증자 → 자사 → 맹자 → 주렴계 → 정명도·정이천 → 주자로 이어지는 학통을 '정통'으로 한정시키고 있는 웅사리의 견해를 받아들이고 있다. 이에 따라 웅사리는 도학에서 '도통'으로 인정하고 있는 주렴계·정명도·정이천·소강절·장횡거·주자의 '송조6현'(宋朝六賢) 가운데 장횡거를 '정통'으로 인정하지 않고 한 단계 낮추어 '익통'에 소속시키고 있는 사실에 대해, 김평묵은 동의하였며, 소강절도 '정통'에서 배제하고 있음을 보여준다〈『重菴集』, 권33, '學統考'〉. 그것은 조선시대 도학자들 사이에서는 후기로 갈수록 '도통'의 정맥으로서 '정통'에 대해 주자의 성리설을 기준으로 엄격한 입장을 밝히고 있는 경우이다.

子까지의 5백 년간에 道가 見聞으로 이어지는 사실을 밝히고, 孔子 이후 백여 년이 지난 맹자 자신의 시대에 도의 계승이 끊어져 있음을 언급하고 있는 사실("孟子曰, 由堯舜至於湯, 五百有餘歲, 若禹·皐陶, 則見而知之, 若湯, 則聞而知之, 由湯至於文王, 五百有餘歲, 若伊尹·萊朱, 則見而知之, 若文王, 則聞而知之. 由文王至於孔子, 五百有餘歲, 若太公望·散宜生, 則見而知之, 若孔子, 則聞而知之. 由孔子而來至於今, 百有餘歲, 去聖人之世若此其未遠也, 近聖人之居若此其甚也, 然而無有乎爾, 則亦無有乎爾.")을 말한다.

조선후기 도학자들은 주자 이후 중국에서 끊어진 '도통'이 조선에서 이어지고 있다는 '조선도통' 의식을 제기하고 있는 사실이 눈에 띈다. 조찬한(趙纘韓)은 『고봉집』(高峯集)에 붙인 발문(1629)에서 우리나라에 '도통'이 성립된 과정을 서술하면서, "기자(箕子) 이후에 신라와 백제를 지났는데도 능히 변화하지 못하여 '도'와 거리가 날로 더욱 멀어졌다. … 고려말기에 이르러서 비로소 포은(圃隱 鄭夢周) 등 여러 분이 나왔으나, 국운이 침체되고 정치가 잘못됨으로 말미암아 완비하지 못하였다. 다행히 성조(聖祖: 太祖)가 즉위하심에 힘입어 … 문화를 널리 밝힌 뒤에야 차례로 오현(五賢)이 서로 계승해 나왔는데, 퇴계(退溪 李滉)에 이르러 비로소 완비되었다. 그리고 또 선생(高峯 奇大升) 같은 서너 분이 따라서 '도'를 천명하니, 이에 사문(斯文)이 융성하게 일어나서 '도통'이 마침내 동방으로 오게 되었다"〈『高峯集』, '高峯集跋'(趙纘韓)〉고 하였다.

오현(五賢: 金宏弼·鄭汝昌·趙光祖·李彦迪·李滉)은 조선시대의 도학자로 1609년(광해군 2년) 가장 먼저 문묘(文廟)에 종향(從享)된 인물들이고, 16세기에 활동하던 퇴계는 도학의 학풍을 크게 일으켰던 인물이다. 여기서 퇴계를 전후하여 도학의 학풍이 크게 일어났던 사실에 대해, "'도통'이 마침내 동방으로 오게 되었다"는 언급을 하고 있는 사실이 주목된다. 공자에서 맹자로 이어진 도통이 천년동안 단절되었다가 송대에 주렴계·정자·주자에 와서 끊어졌던 도통이 다시 이어졌는데, 이제 조선으로 '도통'이 넘어오게 되었다는 것이다.

그것은 유교사상의 전통에서 우리나라의 학문은 중국에 예속된 것이었지만, 퇴계를 전후한 시기에 조선이 예속에서 벗어나 독자적 '도통'을 확보하였다는 선언을 하는 것이다.

이에 앞서 율곡(栗谷 李珥)이 1575년 저술하여 선조(宣祖)에게 올렸던 『성학집요』(聖學輯要)는 5편(統說 · 修己 · 正家 · 爲政 · 聖賢道統)으로 구성되어 있는데, 마지막 편인 「성현도통」(聖賢道統)편에서 '성학' 곧 '도학'의 체제 전반에 연결되는 결론적 과제로서 '도통'문제를 집중적으로 논의하고 있다. 여기서 그는 주자의 견해에 근거하여 복희(伏羲)에서 시작하여 도통이 전해지는 과정을 차례로 서술하고서, '도통'을 주자(朱子)에서 끝맺으면서, "주자 이후에는 또 확실한 전통이 없었습니다. 이것이 제가 길이 한탄하고, 임금님께 깊이 기대하는 바가 있는 까닭입니다"[06]라 하였다. 주자의 뒤에는 남송의 진덕수(眞德秀)나 원나라의 허형(許衡)이 저명한 도학자였지만 출처와 절도에 논란의 여지가 있음을 들어 도통으로 수록하지 않았고, '이학'에 조예가 깊은 명나라의 학자들도 도통의 정맥으로 인정하지 않았다. 이에 따라 율곡은 '도통'이 조선에서 이어질 수 있다는 입장에서 선조임금에게 '도'를 밝히는 데 뜻을 두고 힘쓸 것을 권고하면서, "요 · 순을 따르며 본받아 학문으로 선을 밝히고 덕으로 자신을 성실하게 하여, 수기(修己)의 공부를 다하시고 치인(治人)의 교화를 베푸

06 『栗谷全書』, 권26, 38, '聖學輯要, 聖賢道統', "今臣謹因先儒之說, 歷敍道統之傳, 始自伏羲, 終於朱子, 朱子之後, 又無的傳, 此臣所以長吁永歎, 深有望於殿下者也."

시어 … 반드시 사도(斯道)가 크게 밝혀지고 크게 행해지게 하셔서, 도통의 전승을 이으십시오"[07]라 당부하고 있다.

17세기 도학자인 송준길(宋浚吉)은 조선의 '도통'인식을 분명하게 제시하고 있다. 그는 해주의 석담서원(石潭書院)에 성혼(牛溪 成渾)을 추가로 배향(配享)하는 고유문(告由文)에서, "문정공(文正公: 趙光祖), 문순공(文純公: 李滉), 문성공(文成公: 李珥) 같은 선생들이 (주자보다) 수백 년 뒤에 잇달아 출현하여 천만 리 밖에서 서로 공자의 '도'를 강론해 밝혀, 앞선 성인의 통서(統緖)를 계승하고 후세 학자들을 인도하였으므로 이미 문묘(文廟)에 종향(從享)하는 대열에 참여하였다"[08]라 하여, 정암(靜菴 趙光祖)·퇴계·율곡을 조선도통의 기준으로 확인하였던 것이다. 그러나 16세기 도학의 대표적 학자로서 퇴계·남명(南冥 曺植)·율곡은 모두 문묘(文廟)에 종향되고 조선도통의 정맥으로 인정되고 있지만, 세 학자들의 학맥을 이은 세 학파의 후학들 사이에는 자신의 스승을 높이면서 다른 인물들을 폄하하여 문묘에서 퇴출시킬 것을 요구하는 당파적 분쟁이 일어났던 사실도 드러나고 있다.[09]

'도학'의 사유는 '일원'(一元)의 통합성을 강조하고, 이에 따라 '도학'의 올바른 계승으로서 '도통'은 다양성을 허용하지 않는 일맥의

07 같은 곳, "追法堯舜, 學以明善, 德以誠身, 盡修己之功, 設治人之敎, … 必使斯道大明而大行, 以接道統之傳."

08 『同春堂集』, 권16, 41, '石潭書院追配牛溪先生告由文'(1661), "有若文正趙公·文純李公·文成李公, 迭起於數百年之後, 千萬里之外, 相與講明夫子之道, 以承前緖而牖後學, 肆已與從享之列矣."

09 이승환, '道統—유학의 참 정신을 잇는 계보,' 『조선유학의 개념들』, 예문서원, 2002, 471-478쪽.

계보만 강조하게 된다. '도'가 하나인 만큼 '도'를 계승하는 '도통'의 정맥도 하나의 흐름이라야 한다는 유일성의 신념은 도학의 진리를 순수하게 지키겠다는 순정성(醇正性)을 확보하는 논리인 것은 사실이다. 그러나 이러한 유일하고 순수한 '도통'의식은 교조적 사유로서 폐쇄성을 드러내게 되고, 끊임없는 대립적 논쟁과 격렬한 갈등의 원인이 되고 있는 것도 사실이다.

(2) 이단비판과 '정학'(正學)의 수호

도학에서는 '도'를 밝힌 성현의 올바른 계보를 계승하는 '도통'의 확립과 '도통'의 수호를 위한 '이단'(異端)의 비판이 근본과제가 되고 있다.[10] 여기서 '도통'의 올바른 계보가 바로 '정통'(正統)이요, 도학의 올바른 학설이 바로 '정도'(正道)요 '정학'(正學)이다. 그렇다면 '정통'을 확보하기 위해서는 '정통'에서 어긋나는 계보를 '이단'(異端)으로 지목하여 배척하게 되고, '정학'을 수호하기 위해서는 '정학'에서 벗어나는 학설을 '사설'(邪說)로 지목하여 비판하게 되는 것이다.

이단에 대한 비판의 이론과 엄격한 비판태도는 맹자에서 시작되고 있다. 전국시대에 활동하던 맹자는 그 시대에 풍미하던 양주(楊朱)의 위아설(爲我說)에 대해 '임금을 임금으로 여기지 않는다'(無君)고

10 朱子와 東萊 呂祖謙이 편찬한 송대 도학의 교과서라고 할 수 있는 『近思錄』은 14편으로 구성되어 있는데 제13편인 '辨異端類'는 이단비판의 이론을 제시한 것이요, 제14편인 '觀聖賢類'는 성현의 도통을 밝히고 있는 것으로 '이단'비판과 '도통'인식이 결론적 과제로 제시되고 있음을 보여준다.

비판하며, 묵적(墨翟)의 겸애설(兼愛說)에 대해 '아비를 아비로 여기지 않는다'(無父)고 비판하면서, "양주와 묵적의 도리가 소멸되지 않으면 공자의 도리가 드러나지 않으니, 이것은 사특한 이론이 백성을 속여서 어질고 의로운 덕을 막아버리는 것이다"[11]라 하였다. 이처럼 맹자는 '정도'(正道)를 드러내기 위해 '이단'을 배척해야 하는 것을 자신의 시대적 사명으로 제시하고 있음을 보여준다.

송대에는 도학이 정립되면서 맹자의 '정도'에 대한 신념과 '이단' 비판의 정신을 계승하여, '도통'을 확인하였다. 이에 따라 그 시대에 성행하는 노장(老莊)사상과 불교사상에 대해 '정도'를 해치는 '이단·사설'로서 본격적 비판이 일어났다. 송대 도학은 '이단·사설'에 대한 비판을 통해 '도통'의식을 확립하고 '도학'의 정체성을 더욱 선명하게 확인하였던 것이 사실이다. 실제로 송대 도학은 노장과 불교의 형이상학적 이론에 상당한 자극과 영향을 받으면서도 이에 맞서는 독자적인 '이기-심성'(理氣心性)의 형이상학 이론을 정립해갔던 것이다.

주자는 그 시대에 성행하는 노장과 불교를 이단으로 비판하면서, "이단의 이론이 날로 새로워지고 달로 융성해져서, 노장과 불교의 무리가 출현하는 데 이르니, 이치에 더욱 가까워질수록 진리를 크게 어지럽힌다"[12]고 언급하였다. 그것은 이단으로서 노장과 불교의

11 『맹자』, '滕文公下', "楊墨之道不息, 孔子之道不著, 是邪說誣民, 充塞仁義也."
12 「中庸章句序」, "異端之說, 日新月盛, 以至於老佛之徒出, 則彌近理而大亂眞矣."

이론이 정밀한 논리로 사람의 마음을 현혹시키고 있지만, 근본에서 '정도'에 어긋났기 때문에 진리를 더욱 크게 어지럽힌다는 비판이다. 이처럼 이단의 이론이 양주·묵적 보다 노장·불교로 내려오면서 더욱 정밀해졌다고 인식하면서, 그만큼 비판의 논리도 엄격하게 밝혀져야 함을 강조하고 있는 것이다.

조선시대 도학의 이단비판론은 크게 보면 두 가지 과제를 내포하고 있는 것으로 보인다. 하나는 도학이념을 정통의 유일한 기준으로 조선사회에 확립하고자 하는 것이요, 다른 하나는 도학이념의 정통을 정밀하게 인식하고 순수하게 확보하고자 하는 것이다. 여기서 '정통의 사회적 확립'은 밖으로 유교의 교화체계와 다른 모든 종교집단에 대한 배척으로 나타나고, '정통의 순정성 확보'는 안으로 유교적 학풍 안에서 도학의 엄밀한 정통에서 벗어나는 학풍에 대한 비판으로 나타나고 있다.

먼저 조선시대 도학은 '정통의 사회적 확립'을 위해서 그 시대에 사회적으로 영향을 끼치는 종교적 신념체계나 신앙적 풍조에 대해서는 무엇이나 비판의 대상으로 삼고 있다. 이에 따라 다른 종교나 신앙풍속에 대한 비판은 그 시대에 사회적 영향력을 크게 미치는 신앙집단에 이단비판이 집중되면서, 시대마다 이단비판의 대상이 달라지고 있는 사실을 볼 수 있다.

조선왕조가 성립하고 도학의 이념을 통치원리로 정립하면서, 도학을 표방하는 지식인들이 가장 먼저 당면한 과제는 고려시대 이래로 막강한 세력을 형성한 불교를 이단으로 강경하게 배척하는 것이었다. 조선왕조의 건국에 핵심적 역할을 하였던 정도전(鄭道傳)이 『불씨잡변』(佛氏雜辨, 1397)을 저술하였던 것도 도학의 강경한 불교배척 의지를 밝히고 불교비판의 정당성을 정밀한 이론으로 제시함으로써, 조선정부의 확고한 불교억압 정책을 이끌어내고자 하는 것이라 할 수 있다. 불교의 근원은 현실세계를 부정하는 허무적멸(虛無寂滅)의 공허한 세계요, 인륜의 질서를 파괴하는 반도덕적 가르침이라 규정하는 도학자들의 엄격한 비판논리는 결국 조선정부의 지속적 불교억압 정책을 확보함으로써, 도학이념을 국가통치원리로 확고하게 정립하는 데 성과를 거두었던 것이 사실이다.

조선초기에는 불교의 세력을 억압하고 배척하는 것이 이단비판의 중심과제였다면, 16세기 초 조광조는 당시 정부기구에 남아 있던 도교의례를 행하는 기관인 소격서(昭格署)의 폐지를 추구하였다. 그것은 도학의 입장에서 보면 이단의 큰 세력인 불교를 먼저 배척하고, 그 다음에 극히 미약한 세력인 도교의례 기관까지 제거하여 도학의 유일한 정통성을 순수하게 확보하려는 활동이라 할 수 있다. 조광조는 소격서의 폐지를 요구하는 상소를 올리면서, "'도'가 오직 하나이면 '덕'이 밝아지지 않음이 없고, 정치가 오직 순수하면 나라가 다스려지지 않음이 없습니다. '도'를 하나로 하지 않고 정치를 순수하게 하지 않으면, 두 갈래가 되어 어두워지고 뒤섞여져서 혼란하게 됩니다"라 하였다. '도'의 유일한 정통을 수립함으로써 백성이 따르게 해야 '도'가 분열되지 않고 백성의 도덕성이 밝게 실현될 수 있다는 것이다. 그것은 바로 정치를 순수하게 하여 법도가 뒤섞이지 않게 해야 나라가 질서 있게 다스려지는 길임을 강조하는 것이다. 곧 유교에 어긋나는 이단을 배척함으로써 '정도'의 유일성을 확립하는 것은 한 나라 안에 상반된 교화의 법도가 뒤섞여 정치가 혼란에 빠지는 것을 막아주는 방법이 되는 것이요, 이단의 배척이 정치의 근본과제가 됨을 밝히고 있는 것이다.

도학의 이단비판론에서는 조선초기에 비판대상의 중심표적은 불교였고, 도교나 무속도 배척의 대상으로 확인하고 있었다. 이에 비해 조선후기에 오면 그 시대에 새로 전래하여 18세기 말부터 조선사회에 신앙조직의 뿌리를 내렸던 천주교로 이단비판의 중심표적이 이동하고 있는 사실을 볼 수 있다. 조선초기의 불교비판은 유교질서의 사회체제에 부담이 되는 불교교단의 세력을 엄격하게 억제하는 것이었다면, 조선후기의 천주교 비판은 유교적 교화질서에 정면으로 충돌하는 천주교도를 처형하는 '교옥'(敎獄)으로 나타났다.[13]

조선정부는 신유교옥(辛酉敎獄, 1801)과 기해교옥(己亥敎獄, 1839) 및 병인교옥(丙寅敎獄, 1866) 등 여러 차례 '교옥'으로 천주교도를 엄격하게 처벌하였지만, 이와 병행하여 18세기 이후의 도학자들 사이에서

13 조선후기의 천주교에 대한 이단비판은 많은 천주교도를 처형하였는데, 조선정부의 입장에서는 사교(邪敎)를 다스리는 獄事를 일으켰다는 점에서 '邪獄'이라 일컫지만, 천주교 교단의 입장에서는 '殉敎'요 '迫害'로 일컫는다. 중립적 입장에서 종교문제로 일어난 獄事라는 의미로 '敎獄'이라 한 것이다.

도 도학의 이단비판론 입장에서 천주교 교리를 이론적으로 비판하는 저술이 활발하게 제시되었다. 당시 천주교에 대한 도학의 이단비판 이론에 관한 저작으로는 신후담(愼後聃)의 「서학변」(西學辨, 1724)을 비롯하여, 안정복(安鼎福)의 「천학문답」(天學問答, 1785), 이헌경(李獻慶)의 「천학문답」(1785 頃), 이기경(李基慶)의 『벽위편』(闢衛編, 1800년대 초) 등 다양하게 이루어졌는데, 조선전기 도학의 불교비판 이론인 '벽불론'(闢佛論)에 관한 저술보다 엄청나게 많은 저술이 이루어졌던 사실은 그만큼 천주교 비판이 당시 도학자들에게 심각한 문제로 인식되고 있었음을 보여주고 있는 것이다.

도학의 천주교에 대한 이단비판은 천주교 교리의 신비적 신앙내용에 대해 허황한 것이라 지적하고, 천당·지옥설 등에서 불교와 유사한 교설로 대중을 현혹하는 거짓된 것이라 비판하며, 제사를 거부하여 유교의 예교(禮敎)질서를 파괴하는 반사회적이요, 서양과 결탁하여 나라의 안전을 위협하는 반국가적 집단이라 규정하여 격렬하게 배척하였다. 19세기 후반에 들어와 서양의 무력침략이 점차 구체화되면서 이항로(華西 李恒老)를 비롯한 한말 도학자들에 의해 천주교와 더불어 서양문물 전반에 대한 비판과 배척으로서 이른바 한말도학의 '위정척사'(衛正斥邪) 활동이 나타났다. '위정척사'란 유교를 '정도' 곧 '정학'으로 옹위하고, 천주교를 '사설'(邪說) 곧 '사술'(邪術)로 배척한다는 것이다. 이처럼 도학의 정통의식과 이단배척론은 그 시대마다 현실의 상황에 따라 이단의 대상을 확인하고 비판과 배척의 이론을 제시하고 있음을 보여준다.

다음으로 도학은 '정통의 순정성 확보'를 위해서 그 시대에 새롭게 제기되는 유교 내부의 학설이 도학의 정통에 어긋난다고 판단하면 이단비판에 준하는 엄격한 비판을 하였다. 심지어 도학 내부의 학설에서도 주자의 학설을 정통의 기준으로 내걸고 중요한 견해의 중요한 차이가 드러나면 엄격하게 비판함으로써 도학 정통의 순정성을 강화하였던 것이 사실이다.

16세기에 도학의 학문적 이해가 심화되고 정통의식이 강화되면서, '정학'인 도학-주자학에 벗어나는 유교 안의 학풍에 대한 비판이 활발하게 일어나고 있다. 가장 먼저 퇴계는 당시 명나라에서 성행하던 심학-양명학의 학풍을 주도하던 왕양명(陽明 王守仁)의 저술 『전습록』(傳習錄) 대해 「전습록논변」(傳習錄論辯, 1566)을 지어 조목별로 비판하였다. 여기서 그는 왕양명의 '심즉리설'(心卽理說)에 대해, "모든 사물과 모든 일을 일체 쓸어 없애고 모두 본심에 끌어들여 한데 말아서 말하니, 이것이 불교의 견해와 어떻게 다른가"[14]라 하여, 불교의 유심론에 귀결되고 마는 것이라 비판하고 있다. 또한 그는 육상산(象山 陸九淵)의 심학에 대해서도, "단지 단번에 뛰어넘어 갑자기 깨닫는 학문이며, 이치를 궁구하는 것이 정신을 피로하게 하는 것이라 여겨 묻고 배우는 공부를 하지 않으니, 불교의 '문자를 세우

14 『退溪集』, 권41, 26, '傳習錄論辯', "欲事事物物一切掃除, 皆攬入本心袞說了, 此與釋氏之見何異."

지 않는다'는 것이나 '자기 마음의 불성을 투철히 보아서 부처를 이룬다'고 하는 것과 무슨 다르겠는가. 이것은 상산이 우리 '도'와 다른 것이다"[15]라 하여, '정학'·'정도'에서 벗어나는 것이라 하여 불교와 같은 이단으로 비판하였다. 퇴계는 주자의 학풍을 '정학'의 기준으로 확인하는 입장에서, 주자가 '이'(理)와 '기'(氣)의 관계를 사물에서 본다면 하나로 결합되어 있지만 근원에서 본다면 두 가지로 분별됨을 지적한 사실에 근거하여, 화담(花潭 徐敬德)의 '기'일원론에 대해, "일찍이 시험삼아 화담의 이론을 가지고 성현의 이론을 헤아려 보면 하나도 부합하는 곳이 없었다"고 하여, '정학'에 어긋남을 비판하였다. 또한 명나라 유학자 나흠순(整菴 羅欽順)이 '이'와 '기'가 하나라는 '이기일물설'(理氣一物說)에 대해서도 "잘못 들어간 곳이 바로 '이'와 '기'가 둘이 아니라는 이론에 있다"[16]고 하여 근본의 인식에서 오류에 빠진 것으로 비판하였다. 이처럼 주자의 이론에 어긋난 것을 '정학'에서 벗어나는 것임을 명확히 지적함으로써, '정학'의 기준을 엄격하게 밝히고 수호하는 '정통'의식을 제시하고 있는 것이다.

또한 율곡은 명나라 진건(陳建)이 『학부통변』(學蔀通辨)을 저술하여 '정도'를 수립하기 위해 육상산·왕양명의 심학을 비판한 공적을 높이 평가하면서, 우리나라의 학자들이 주자의 학문도 육상산·왕양

15 李瀷, 『李子粹語』, 권4, '異端', "只是一超頓悟之學, 以窮理爲疲精神, 不做問學工夫, 正如釋氏不立文字·見性成佛何異, 此象山之所以異於吾道也."

16 『退溪集』, 권41, 22-23, '非理氣爲一物辯證', "嘗試以花潭說, 揆諸聖賢說, 無一符合處, … 羅整菴 … 誤入處正在於理氣非二之說."

명의 학문도 하지 않고 이익을 탐내는 욕심에 빠져 있는 현실을 비판하여, "'이단'의 말이란 어찌 반드시 불교나 노장이나 선학과 육학(陸學: 陸象山의 心學)만이 그런 것이겠는가. 세상에서 옛 성왕의 '도'를 그르게 여기고 나 한 몸의 욕심만을 따르는 자는 이단 아닌 것이 없다"[17]고 하였다. 겉으로는 '도학'을 한다고 내걸고 있으면서, 실지로는 바른 도리를 외면하고 이욕(利欲)에 빠져 있는 통속의 타락한 학풍 곧 속학(俗學)을 모두 '이단'으로 비판하는 것은 그만큼 '정학'의 철저한 자각을 요구하는 것이다.

조선후기 도학자들 사이에는 같은 도학-주자학에 종사하면서도, 성리설에서 '이'와 '기'의 분별을 강조하는 퇴계의 이원론적 견해와 '이'와 '기'가 서로 분리되지 않음을 강조하는 율곡의 일원론적 견해를 각각 지지하면서, 상대편의 견해가 '정학'에 어긋난 것으로 비판하는 대립이 일어나기도 하였다. 이러한 현상은 도학의 정통에 지나친 자기중심적 확신과 이단비판의 배타적 태도가 강화되면서, 도학 '정통'의 확립이 사회통합의 기능을 하는 것이 아니라, 도리어 당파적 대립과 사회분열의 폐단을 일으키는 역기능을 하였던 사실을 보여주는 것이다.

17 『栗谷全書』, 권13, 33-34, '學蔀通辨跋', "異端之言, 豈必佛老禪陸爲然乎, 世之非先王之道, 循一己之欲者, 莫非異端也."

4. '심-성'(心性)의 인식과 수양

(1) '심-성'의 이기론적 인식과 현실적 대응

유교전통에서는 도덕성의 근원를 확보하기 위해 인간 내면의 마음(心)과 성품(性) 곧 '심-성'에 대한 이해에 일찍부터 깊은 관심을 기울여 왔다. 『중용』의 첫머리에서 "하늘이 명령한 것을 성품이라 한다"(天命之謂性)고 하여, 인간의 '성'(性)이 하늘에서 부여된 것임을 확인하였고, 맹자는 당시 전국시대에 성이 선한지 악한지에 대한 활발한 논의과정에서 '성'이 선하다는 성선설(性善說)을 명확히 제시하였다. 송대의 도학은 맹자의 성선설을 정통으로 삼아 계승하면서, 인간 심성의 근원과 현상을 '이-기'(理氣) 개념의 구조로 해명하는 '성리설'의 이론을 체계적으로 정립하였다.

조선시대 도학에서는 초기에 권근(陽村 權近)은 『입학도설』(入學圖說, 1390) 첫머리에서 「천인심성합일지도」(天人心性合一之圖)를 통해, 성리학의 '천-인'관계와 '심-성'구조를 한 장의 도상(圖象)으로 제시하여, '심-성' 개념의 인식을 성리설의 핵심으로 삼는 단초를 열어주었다. 그 후 16세기에 들어와서 성리설에 관한 논의가 본격적으로 전개된 이래 조선말기까지 조선시대 도학의 성리설은 '심-성' 개념의 문제를 핵심과제로 삼았으며, 여기서 거의 벗어나지 않고 있음을 보여준다. 이 점에서 조선시대 도학은 송대 도학의 성리설에서 보다 더욱 선명하게 '심-성'문제에 집중하였던 사실이 하나의 중요한 특징이라 할 수 있다.

조선시대 도학에서 전개되었던 성리설에 관한 여러 주제의 논쟁이 있었지만, 크게 보면 가장 중요한 논쟁은 세 가지를 들 수 있다. 먼저 16세기 중반에서 시작된 '사단칠정 논쟁'(四端七情)과, 다음으로 18세기 초에 활발하게 일어났던 '인물성동이논쟁'(人物性同異論爭)이 있고, 마지막으로 19세기 말에 일어났던 '심주리주기논쟁'(心主理主氣論爭)이 조선시대 성리설 논쟁의 중심주제를 이룬 가장 큰 쟁점이라 할 수 있다.

장횡거의 '심통성정설'(心統性情說)은 성리학의 기본명제로 받아들여지는 '심-성' 개념에 대한 해석이다. 이 '심통성정설'은 인간의 '마음'(心)이 '성품'(性)과 '감정'(情)을 통섭한다는 '심-성-정'의 연결구조를 제시하고 있는 것이다. 그것은 인간의 주체인 '마음'에서 '성품'은 마음속에 있는 본체요, '감정'은 성품이 속에서 겉으로 드러나는 작용의 현상이라는 설명이다. 그렇다면 조선시대 도학의 성리설 논쟁을 돌아보면, 16세기 이후의 '사단칠정 논쟁'은 감정(情)의 문제에 관한 토론이었고, 18세기를 전후하여 시작된 '인물성동이논쟁'은 본성(性)의 문제에 관한 토론이었으며, 19세기 말의 '심주리주기논쟁'은 마음(心)의 문제에 관한 토론이었던 것이다. 이렇게 토론이 전개된 순서는, 먼저 겉으로 드러난 '감정'의 문제에서 시작하여, 다음에는 속에 있는 본체인 '성품'의 근원을 찾아 올라가는 방향을 보여주고, 마지막에는 겉과 속을 전체로 포괄하여 '마음'의 주체에 관한 토론을 하였던 것이다. 따라서 토론의 전개순서는 '정 → 성 → 심'의 과정을 보여준다.

조선시대 도학은 성리설의 중심주제는 한마디로 '마음'의 문제였고, '성품'과 '감정'을 중심으로 정밀하게 '마음'의 구조를 분석하였던 것이다. 그만큼 조선시대 도학의 성리설은 인간내면의 근원과 작용현상에 대한 형이상학적 이론이라 할 수 있다. 그러나 성리설에서 인간내면의 '심-성-정'을 해명하는 것은 결코 관념적 이론의 분석에 폐쇄된 것이 아니라, 인간내면의 '심-성-정'을 해명함으로써 현실사회 속에서 당면하는 문제에 대해 대응하는 논리의 근거를 확립하기 위한 것이라는 점을 확인할 필요가 있다. 현실의 당면문제에 대해 인간주체가 판단하고 대응하는 논리는 인간내면에 대한 올바른 인식이 없이는 불가능하다는 사실을 전제로 하고 있는 것이다. 따라서 조선시대 도학의 '심-성-정' 개념에 대한 성리학적 인식은 그 시대의 현실과 어떻게 연관되고 있는지를 밝히는 것이 성리설의 진정한 의미를 드러내는 길이라 할 수 있다.

① '사단칠정 논쟁'과 16세기의 시대상황

16세기 중반에 정지운(鄭之雲)이 그린 「천명도」(天命圖)를 발단으로 퇴계와 기대승(高峯 奇大升) 사이에 '사단-칠정'의 문제에 대한 일대 성리설 논쟁이 벌어졌고, 이어서 율곡과 성혼(牛溪 成渾) 사이에 이 논쟁이 이어졌다. 퇴계와 율곡의 '사단-칠정'에 대한 인식의 차이가 양립하면서, 그 이후 퇴계학파와 율곡학파가 형성되어 '사단칠정 논쟁'이 확산되고 심화되어 갔다. '사단칠정 논쟁'의 기본과제는 인간의 '심-성'에서 감정(情)의 표출양상으로서 맹자가 말하는 '사단'(四端: 惻隱之心·羞惡之心·辭讓之心·是非之心)과 『예기』(「禮運」편)에서 말하는 '칠정'(七情: 喜·怒·哀·懼·愛·惡·欲)이 도덕적 선을 실현하는 방법에서 어떻게 기능하는지의 문제라 할 수 있다.

성리학에서 '사단'과 '칠정'이라는 '감정'의 문제를 포함하여 인간의 '심-성-정'을 해석하는 이론의 틀은 그 전체를 우주론의 기본형식인 '이치'(理)와 '형기'(氣)의 개념에 두고 있다. 그래서 '이기론'과 '심성론'의 두 주제를 묶어서 '이기심성론'(理氣心性論)이라 말하기도 한다. '이-기' 개념에 대한 인식의 기본 전제는 두 가지로 요약해볼 수 있다. 먼저 도덕적 성격에서 보면 '이치'는 선의 근거요 순수한 선(純善)이며, '형기' 곧 인간의 '기질'은 악이 발생하는 근거요 선과 악이 함께 드러나는 것(兼善惡)이라 한다. 다음으로 존재양상에서 보면 근원적으로는 본체인 '이치'와 작용인 '기질'은 본질적으로 구별되어야 하는 두 가지 존재이므로 '서로 뒤섞어 놓을 수 없는 것'(理氣不相雜)이다. 그러나 동시에 현실적으로는 '이치'가 '기질' 속에 내포되어 있으니 두 가지가 아니라 하나의 존재로 드러나므로 '서로 분리될 수 없는 것'(理氣不相離)이라 한다.

여기서 '사단-칠정'에 대한 해석의 차이에 따른 논쟁은 '이-기' 개념의 인식이 달라지는 것과 연결되는 것이다. 곧 이치와 기질이 '서로 분리될 수도 없고, 서로 뒤섞어 놓을 수도 없다'(不相離而不相雜)는 것을 공통으로 인정하면서, '서로 뒤섞어 놓을 수 없음'(不相雜)을 강조하는 이원론적 입장과 '서로 분리될 수 없음'(不相離)을 강조하는 일원론적 입장이 갈라진다. '이치'와 '기질'을 근원적으로 두 가지라 보는 퇴계의 이원론적 입장에서는, 감정의 양상에 따라 '이치'와 '기질'이 각각 '사단'과 '칠정'이라는 발동하고 서로 발동의 주체가 된다는 것으로, '이발설'(理發說)·'호발설'(互發說)·'주리설'(主理說)로 일컬어진다. 이에 비해 '이치'와 '기질'을 현실적으로 하나라 보는 율곡의 일원론적 입장에서는 감정의 어떤 양상에서도 '이치'는 발동하지 않으며 '기질'만 발동하는 한 가지 길만 있다는 것으로, '기발설'(氣發說)·'일도설'(一途說)·'주기설'(主氣說)로 일컬어진다.

'사단-칠정'에 대한 퇴계의 해석은 기대승과의 논쟁을 거치면서 '사단'은 '이치가 발동하고 기질이 따르는 것'(理發而氣隨之)이요, '칠정'은 '기질이 발동하는데 이치가 타고 있는 것'(氣發而理乘之)이라 대비시키고 있다. 이에 비해 율곡의 해석은 '사단'이나 '칠정'이 모두 '기질이 발동하는데 이치가 타고 있는 것'(氣發而理乘之)이라 통합시키고 있다. 이러한 '사단-칠정' 개념에 대한 해석의 차이에 따라, 퇴계의 견해를 '사단'과 '칠정'에 따라 발동의 주체가 이치와 기질이 서로 바뀐다는 의미에서 '이기호발설'(理氣互發說)이라 하고, 율곡의 견해를 '사단'이거나 '칠정'이거나 기질이 발동의 주체가 되는 한 가지 길만 있다는 의미에서 '기발일도설'(氣發一途說)이라 한다. 또한 퇴계의 입장은 '사단'과 '칠정'을 상대시켜 파악한다는 점에서 '대설'(對說)이라 하고, 율곡의 입장은 '사단'과 '칠정'을 결합시켜 파악한다는 점에서 '인설'(因說)이라 일컫기도 한다.

퇴계와 율곡의 '사단-칠정'에 대한 해석은 뚜렷한 차이를 드러내고 있으며 다음 시대의 퇴계학파와 율곡학파에서 각각 사설(師說)을 수호하여 격렬하게 대립하였지만, 이 두 학설은 이론의 전제인 '이-기' 개념을 서로 다르게 끌어다 쓰고 있으니, 어느 쪽이 옳다는 평가는 처음부터 성립하지 않는다. '사단-칠정'의 논쟁에 대해 조선후기에 가장 의미 있게 종합적으로 인식하였던 인물은 정약용(茶山 丁若鏞)이다. 그는 「이발기발변」(理發氣發辨, 1801)에서, "퇴계는 오로지 인심(人心)에 나아가서 숨김없이 밝게 드러낸 것이요, … 율곡은 태극 이래의 이·기(理氣)를 전체로 붙잡고 공정하게 논한 것이다"[18] 라 하였다. 곧 퇴계는 인간의 '심성'에 집중하여 가리킨 '전지'(專指)요, 율곡은 우주론적 보편성에서 전체를 가리킨 '총지'(總指)로 대비시켜 제시하였다. 여기서 정약용은 '사단-칠정'의 문제는 기본적으로 인격의 수양을 추구하는 데 있는 것임을 강조하여, "군자는 고요할 때 존양(存養)하고 활동할 때 성찰하니, 무릇 한 생각이 발동하면 곧 두려워하여 맹렬하게 성찰하면서, '이 생각이 천리의 공정함에서 발동한 것인가? 인욕의 사사로움에서 발동한 것인가? 도심인가?

18 『與全』[1], 卷12, 17, '理發氣發辨(1)', "退溪, 專就人心上, 八字打開, … 栗谷, 總執太極以來理氣, 而公論之."

인심인가?'라 하고, 세밀하고 절실하게 추구하여, 과연 천리의 공정함이면 배양하고 확충하며, 혹 인욕의 사사로움에서 나온 것이면 막고 꺾어서 극복한다. 군자가 입술이 마르고 혀가 닳도록 독실하게 이발(理發)·기발(氣發)을 변론하는 것은 바로 이를 위함이다"[19]라 하였다.

정약용이 예리하게 지적하고 있는 것처럼 '사단-칠정' 논쟁은 성리설의 쟁점에 사로잡혀 있는 것이 아니라, 올바른 인격실현을 지향하는 수양론의 문제에 연결되는 것이 분명하다. 여기서 한걸음 더 나가 퇴계와 율곡의 '사단-칠정'에 대한 견해의 차이는 그 시대의 현실에 대한 인식이 달라지는 것에 긴밀하게 연결되고 있음을 유의할 필요가 있다.

퇴계는 16세기 전반에 탐욕적 집권세력이 도학의 이상을 추구하는 선비들을 탄압하여 많은 선비들이 희생당하는 '사화'(士禍)의 시대를 살았다. 따라서 그는 선한 세력과 악한 세력 내지 인간의 감정에서 선의 근원과 악의 근원을 엄격히 분별하고 대립적으로 인식함으로써, 인격의 선을 보호하고 배양하는 것을 자신의 학문적 과제로 삼았던 것이다. 따라서 그의 학문적 관심에서도 수양론이 중심을 이루고 있다. 이에 비해 율곡은 16세기 후반에 선비들이 권력의

19 『與全』[1], 권12, 18, '理發氣發辨(2)', "君子之靜存而動察也, 凡有一念之發, 卽已惕然猛省曰, 是念發於天理之公乎, 發於人欲之私乎, 是道心乎, 是人心乎, 密切究推, 是果天理之公, 則培之養之, 擴而充之, 而或出於人欲之私, 則遏之折之, 克而復之, 君子之焦唇敝舌而慥慥乎, 理發氣發之辯者, 正爲是也."

전면에 나서는 '사림정치'(士林政治) 시대를 살았다. 따라서 그는 사회적인 선한 세력과 악한 세력이나 인간 감정에서 선의 근원과 악의 근원 사이에 대립적 구도가 아니라 국가체제나 인격의 주체 속에 전체를 통합하여 이끌어나가야 하는 시대적 과제를 안고 있었던 것이다. 그만큼 그의 학문적 관심에서도 경세론이 중심을 이루고 있다. 달리 말하면 퇴계의 성리설은 수양론을 지향하는 것이고, 율곡의 성리설은 경세론을 지향하는 것이며, 양쪽 모두 자신의 시대에서 현실 문제를 해결하기 위한 대응의 논리로 제기하였던 것이라 할 수 있다.

② '인물성동이논쟁'과 조선후기의 시대이념

16세기 중반부터 인간의 감정으로서 '사단-칠정'이 논쟁이 중심 주제로 등장하고나서 백년 남짓 지나서 17세기 말과 18세기 초에 이르자, 감정의 근원인 본성에 관해 '인성-물성'이 새로운 논쟁의 초점으로 떠오르기 시작하였다. 그것은 인간의 본성(성품)이 도덕성의 근원으로 순수한 선인데, 그렇다면 인간에 부여된 본성과 동물을 비롯한 사물에 부여된 본성이 같은 것인지 다른 것인지 확인하는 문제이다.

인성과 물성이 같다는 이른바 '인물성동론'(人物性同論)은 주자가 "하늘이 명령한 것을 성품이라 한다"(天命之謂性)는 『중용』 첫머리의 구절을 해석하면서, "성품(본성)은 이치이다. 하늘은 음·양과 오행으로 만물을 조화하고 생성하는데, 기질이 형체를 이루고 여기에 이치가 또한 부여되니, 명령하는 것과 같다. 이에 사람과 사물이 태어남에 각각 부여된 이치에 따라 건·순(健順: 강건함과 유순함 곧 음·양의 성질)과 오상(五常: 仁·義·禮·智·信)의 덕을 삼으니, 이른바 본성이다"[20]라 하여, 인간과 사물은 하늘로부터 하나의 이치로서 같은 본성을 부여받았다는 해석에 근거하고 있다. 이에 비해 인성과 물성이 다르다는 이른바 '인물성이론'(人物性異論)은 주자가 『맹자집주』(告子上)에서 "기질로 말하면 지각하고 운동함에 인간과 사물(동물)은 다르지 않은 것 같지만, 이치로 말하면 인·의·예·지를 부여받음에서 어찌 사물이 얻은 바가 온전하겠는가"[21]라 하여, 인간과 사물은 기질의 작용에서 차이가 없더라도 이치인 도덕성을 부여받은 성품에서 인간은 온전하게 선한 본성을 부여받지만 사물은 불완전하게 부여받는 차이가 있다는 해석에 근거하고 있다.

18세기 초 율곡학파 안에서 이간(巍巖 李柬)은 하늘에서 부여된 근원으로서의 성품인 '본연지성'(本然之性)을 본성의 기준으로 확인하여 '인물성동론'을 주장하고, 한원진(南塘 韓元震)은 인간과 사물의 기질 속에 부여된 현상으로서의 성품인 '기질지성'(氣質之性)을 본성의 기준으로 확인하여 '인물성이론'을 주장하여 논쟁을 벌였다. 이 논

20 『中庸章句』(1장), "性卽理也, 天以陰陽五行, 化生萬物, 氣以成形, 而理亦賦焉, 猶命令也, 於是人物之生, 因各得其所賦之理, 以爲健順五常之德, 所謂性也."

21 『孟子集註』, '告子上', "以氣言之, 則知覺運動, 人與物若不異也, 以理言之, 則仁義禮智之稟, 豈物之所得而全哉."

쟁은 율곡학파 전반에 확산되었는데, 이간과 한원진은 모두 호서(湖西)지방의 인물들이지만, 이간의 '인물성동론'은 근기(近畿)지역의 학자들이 주로 지지하였기 때문에 '낙론'(洛論)이라 일컫기도 하고, 한원진의 '인물성이론'은 호서지역의 학자들이 주로 지지하였기 때문에 '호론'(湖論)이라 하여 '인물성동이논쟁'은 '호락논쟁'(湖洛論爭)으로 일컬어지기도 한다.

'인물성동이론'의 쟁점은 '본성' 개념을 이치의 근원에서 인식할 것인지, 기질에 내재된 현상에서 인식할 것인지 관점의 차이에 따른 것이지만, 그 시대적 배경을 보면 17세기 중반 이후 멸망한 명나라를 '중화'의 정통으로 높이고 조선을 침략했던 만주족의 청나라를 오랑캐로 규정하여 배척하는 '숭명배청'(崇明排淸)의 의리를 조선후기 사회에서 시대이념으로 삼았던 사실과 연결되는 것으로 볼 수 있다. 곧 '인성'과 '물성'이 본질적으로 다르다는 '인물성이론'(湖論)은 오랑캐인 청나라를 금수(禽獸)에 가까운 것이라 하여 중화의 문명에 상반되는 것이니 배척의 대상으로 삼아야 한다는 '중화-이적'의 대립적 신념을 뒷받침하였다. 이에 비해 '인성'과 '물성'이 근원적으로 같다는 '인물성동론'(洛論)은 오랑캐인 청나라도 현실적으로 중국을 지배하는 세력으로 '중화'의 문명 속에 포함시킬 수 있다는 '중화-이적'을 문명의 기준 아래 수용하는 포용적 신념을 뒷받침하고 있다. 이 점에서 '인물성동론'(洛論)의 학맥 속에 청나라의 문명이 우수함을 현실적으로 인정하여, 북쪽으로 청나라의 문명을 배워야 한다는 '북학론'(北學論)의 실학사상이 등장하고 있었던 것이 사실이다.

③ '심주리주기논쟁'과 한말의 역사적 위기의식

퇴계는 마음을 이치와 기질의 결합이라 보는 '심합이기설'(心合理氣說)을 제시하고, 율곡은 마음을 기질이라 보는 '심즉기설'(心卽氣說)을 제시하여, '심' 개념의 인식에서 견해 차이를 드러내었다. 그런데 율곡학파에 속하는 19세기 말의 도학자인 이항로(華西 李恒老)는 마음이 이치를 주장으로 삼는다는 '심주리설'(心主理說)을 제시하여 율곡의 견해와 다른 새로운 이론을 주장하였다. 이에 따라 이항로의 제자로 선배인 김평묵(重菴 金平默)은 스승의 '심주리설'을 계승하였으나, 이항로의 제자로 후배인 유중교(省齋 柳重教)는 율곡의 견해로 돌아가 마음은 기질을 주장으로 삼는다는 '심주기설'(心主氣說)을 내세웠다. 이에 따라 화서학파 안에서 '심주리주기논쟁'(心主理主氣論爭)이 벌어졌고, 화서학파의 후학들 사이에 양쪽으로 갈라져 논쟁이 확산되었다. 19세기 말에 와서 율곡의 '심즉기설'을 고수하는 전우(艮齋 田愚)와 퇴계학파의 분파로서 '심즉리설'(心卽理說)을 주장하는 이진상(寒洲 李震相)의 제자인 곽종석(俛宇 郭鍾錫) 등 다른 학맥의 인물들도 논쟁에 참여하면서 한말도학의 성리설에서 중심 논쟁으로 자리잡게 되었다.

19세기 말의 한말(韓末) 도학에서 드러나는 특징적 현상은 화서학파에서만 아니라, 다른 학파에서도 '마음'을 이치로 보는 사실이 뚜렷하여 하나의 시대적 사상풍조를 이루는 것이라 할 수 있다. 이 시대에 율곡학파에 속하는 호남지역의 대표적 도학자인 기정진(蘆沙 奇正鎭)은 율곡의 '기발일도설'을 비판하고 기질은 이치 속에 있는 것이요 이치가 유행할 때의 손발(理流行之手脚)이라 하여, '유리론'(唯理論)의 입장을 제시하였다. 또한 영남의 이진상은 퇴계의 '심합이기설'도 근원적으로는 마음의 기준이 이치에 있음을 인정하는 것이라 하여, '심즉리설'을 제시하였다. 따라서 한말 도학에서 가장 큰 영향력을 미쳤던 율곡학파 후학인 이항로와 기정진 및 퇴계학파 후학인 이진상이 모두 마음을 이치로 보는 '주리론'의 입장을 제시함으로써 율곡학파의 전통적 입장인 '주기론'에서 벗어나고 있는 것이 사실이다.

이처럼 한말도학의 성리설에서 '마음'을 이치로 보는 '심주리론'(心主理論)적 경향이 강력하게 등장하고 있는 사실은 한말의 시대적 상황과 긴밀하게 연결되고 있음을 유의할 필요가 있다. 조선사회는 19세기 후반에 프랑스 함대의 강화도 침략(丙寅洋擾, 1866)과 미국 함대의 강화도 침략(辛未洋擾, 1871) 등 서양의 무력위협으로 조선정부가 위기에 처하게 되었다. 이어서 일본이 강화도를 포격하는 사건(雲揚號事件, 1875)을 계기로 1876년 조선정부가 일본과 수호조약(丙子修護條約: 江華島條約)을 맺으면서 문호를 열어 개항(開港)하였다. 잇달아 서양의 여러 나라들과 수호조약을 맺으면서 서양문물과 제도를 수용하는 개화(開化)정책을 채택하게 되자, 도학이념에 기반하는 유교전통의 사회체제가 근본에서부터 동요하는 역사적 격변기를 맞게 되었다. 결국에는 일본의 제국주의적 침략으로 조선왕조가 멸망하는 역사적 파국을 당하고 말았다.

이러한 역사적 격변의 위기 속에서 한말의 도학자들은 이치가 드러나는 보편적 기준인 본성이나 통치질서의 기준인 조선정부에 의지할 수 없는 혼란의 현실상황에서 이치의 기준을 인격적 주체인 마음에서 확보하고자 하였던 것이다. 이러한 혼돈과 위기의 상황에 대응하는 성리학의 논리가 '심주리설' 내지 '심즉리설'로 나타났던 것이라 할 수 있다. 한마디로 한말 도학에서 제기된 '심주리설'은 관념적 개념논쟁이 아니라, 도학체제의 보편적 질서가 붕괴되는 혼란의 위기에 대처하기 위해 마음의 주체를 이치의 기준으로 확보하는 성리학의 현실대응논리인 것이다.

(2) 심성의 수양론적 이해

도학의 사유체계에서 하늘의 이치가 인간의 '마음'에 부여된 순수한 선으로서 '본연지성'(本然之性)이 내재되어 있다는 성리학적 인식은 동시에 '심-성'의 선한 도덕성을 배양하여 인격을 실현해야 한다는 수양론의 문제로 제시되고 있다. 실제로 도학의 일차적 근본과제는 인간 '심-성'의 도덕성을 실현하는 수양론이요, 성리설은 이 수양론의 근거를 확보하기 위해 '심-성'의 도덕적 근원을 인식하는 이차적 과제라 할 수 있다. 수양론의 인격적 실현이 없는 성리설의 논의는 공허한 관념의 이론에 빠질 것이요, '심-성'의 도덕적 근원에 대한 성리학의 올바른 인식이 없는 수양론은 확고한 근거를 잃은 애매한 도덕적 준칙에 불과할 것이다. 그만큼 성리설과 수양론은 '근본과 말단'이나 '본체와 작용'의 구조로 긴밀하게 연결된 것이라 할 수 있다.

조선초기 도학의 정통 학맥으로 인정되어 왔던 사림파(士林派)의 인물들은 성리설에 대한 논의에 앞서서 일찍부터 수양론의 문제에 관심을 집중하고 있다. 김숙자(江湖 金叔滋)의 교학(敎學)방법에서 주자의 『소학』을 가장 먼저 공부해야 할 대상으로 제시된 사실에 대해, "어버이를 사랑하고 어른을 공경하며 스승을 높이고 벗과 친하는 일들 속에 종사함으로써, '본원'(本源: 근원인 성품)을 함양한다"[22]고 지적하였다. 그것은 학문이 인간관계의 일상생활 속에서 도덕적 실천을 통해 '심-성'의 수양을 하는 『소학』 공부에서 출발해야 할 것임을 강조하는 것이다. 또한 김숙자를 이은 김종직(佔畢齋 金宗直)이 제자를 가르치는 교학방법에 대해, "주자의 「학규」(學規: 白鹿洞規)에 의거하여, '본원'을 함양하는 것으로 덕을 향상시키는 기초로 삼고, 성리를 깊이 탐구하는 것으로 학업을 닦는 근본을 삼았다"[23]고 하였다. 여기서 수양의 실천으로 덕을 닦아가는 공부와 성리의 탐구로 학문의 근본을 다지는 공부가 '겉과 속'(表裏)의 관계로 두 축을 이루

22 『江湖先生實記』, 권4, 3, '請諡疏', "先入小學, 從事於愛親敬長隆師親友之間, 以涵養其本源."

23 『佔畢齋集』, '年譜'(『李朝名賢集』 2, 성균관대 대동문화연구원, 1977, 479쪽), "依朱子學規, 以涵養本源爲進德之基, 以窮探性理爲修業之本."

고 있는 것이라 제시하고 있지만, 조선초 사림파에서는 수양론의 실천이 성리설의 탐구보다 선행하는 과제로 더 중시되었던 것이 사실이다.

김굉필(寒暄堂 金宏弼)의 제자로 조선초기 사림파의 정맥을 이은 조광조(靜菴 趙光祖)는 먼저 치도(治道)의 근본으로서 임금의 덕을 강조하면서, 중종임금에게 덕을 닦는 수양론의 과제로서 '정밀함'(精)과 '한결같음'(一)을 제시하면서, "한결같으면 곧고 반듯하여 의리의 정당함을 지킬 수 있고, 정밀하면 순수하고 밝아서 사특함과 정당함을 변별할 수 있습니다. 이것(精·一)을 자신에게 쓰면 도리가 밝아지고, 일에 베풀면 정치가 잘 이루어집니다"[24]라 언급하였다. 곧 마음을 '한결같이' 하는 수양의 방법은 바로 의리를 실현하는 근거임을 확인하고 있으며, 마음을 '정밀하게' 하는 수양의 방법은 치도의 근거임을 밝히는 것이다. 이처럼 인격의 '수양'은 '의리'와 '치도'의 실천근거임을 확인하여, 도학에서 의리론의 신념과 치도론의 실천이 수양론에 근거하고 있음을 보여주고 있다.

16세기 도학의 융성기에 같은 영남에서 활동하던 동갑의 두 도학자로 퇴계와 남명의 학문적 중심과제를 보면, 퇴계는 성리설과 수양론에 중심을 두고, 남명은 수양론과 의리론에 중심을 두었다고 할

24 『靜菴集』, 권2, 11, '弘文館請罷昭格署疏', "一則直方, 而守義理之正, 精則粹白, 而辨邪正之分, 用之於身, 而道明, 施之於事, 而善政." '精'과 '一'은 舜이 禹에게 훈계한 말(人心惟危, 道心惟微, 惟精惟一, 允執厥中〈『書經』, 大禹謨〉)로서, 이 구절은 도학에서 '聖賢道統의 心法'으로 중시되어 왔다.

수 있는데, 이들은 모두 수양론을 가장 정밀하게 체계화하고 있으며, 수양론을 도학의 근본과제로 확인하고 있는 점에서 일치한다.

먼저 퇴계는 선조임금에게 『성학십도』(聖學十圖, 1568)를 올리면서, "마음은 비어 있고 신령하지만 주재함이 없으면 일이 앞에 닥쳐도 생각하지 않게 되며, 이치는 드러나고 진실하지만 밝게 살핌이 없으면 눈으로 항상 접하면서도 보지 못한다"[25]고 하였다. 곧 마음의 주재를 확립하는 수양이 이루어지지 않으면, 현실에서 당면하는 어떤 사무도 사려 깊게 판단하여 제대로 처리할 수 없게 되며, 밝게 살피는 마음의 각성이 없이는 어떤 이치도 올바르게 인식할 수 없게 된다는 말이다. 그렇다면 마음의 주재를 확립하고 밝게 통찰하는 능력을 배양하는 수양공부가 현실문제에 대처하고 성리를 인식하는 기반이 되고 있음을 강조하는 것이다.

여기서 퇴계는 마음의 주재를 확립하는 수양론의 핵심적 원리로 '경'(敬)을 강조하고 있다. 곧 "'경'을 지키는 것(持敬)은 배움과 생각함을 겸하고, 활동함과 고요함을 일관하며, 안와 밖을 합하고, 드러남과 은미함을 하나로 하는 도리이다. '경'을 지키는 방법은 반드시 이 마음을 '정결하고 엄숙하며 정밀하고 한결같음'(齋莊精一) 속에 간직하고, 이 이치를 '배우고 묻고 생각하고 분변하는'(學問思辨) 즈음에 궁구하며, 보아도 보이지 않고 들어도 들리지 않는 이전에 '경계하

25 『退溪集』, 권7, 7, '進聖學十圖箚', "心之虛靈, 若無以主宰, 則事當前而不思, 理之顯實, 若無以照管, 則目常接而不見."

고 두려워하기'(戒懼)를 더욱 엄격하고 더욱 공경하게 하며, 은밀하고 미미하며 그윽하게 홀로 있는 자리에서 '성찰'하기를 더욱 자세하고 더욱 치밀하게 해야 한다"[26]고 하였다. '경'은 마음을 '정결하고 엄숙하며 정밀하고 한결같이 함'(齋莊精一)으로써 공부와 삶과 행동의 모든 순간에서 시작부터 끝까지 관통하여야 하는 것임을 강조하고 있다. 한마디로 '경'의 수양방법은 '학문의 시작에서 끝까지를 관철하는 것'[27]이요, 도학의 근본을 이루는 것이다.

퇴계는 『성학십도』에서 '10도'의 구조를 밝히면서, 전반부 5도의 성격을 "천도에 근본하면서 공부는 인륜을 밝히고 덕업을 힘쓰는 데 있다"고 하였으며, 후반부 5도의 성격을 "심·성에 근원하면서 요령은 일상생활에 힘쓰며 공경하고 두려워함을 높이는 데 있다"고 하였다.[28] 곧 인륜과 도덕의 실천이 '천도'에 근본하고, 일상생활에서 공경하고 두려워하는 수양의 실천이 '심-성'에 근원하는 것임을 지적하였다. 이로써, 인간의 도덕이 하늘에 근본하고 수양의 실천이 성리에 근원하는 것이라 하여, 성리학과 수양론이 '근본과 말단'(本末)의 구조로 일체를 이루고 있음을 보여주고 있다.

26 『退溪集』, 권7, 8, '進聖學十圖箚', "持敬者, 又所以兼思學·貫動靜·合內外·一顯微之道也, 其爲之之法, 必也存此心於齋莊精一之中, 窮此理於學問思辨之際, 不睹不聞之前, 所以戒懼者, 愈嚴愈敬, 隱微幽獨之處, 所以省察者, 愈精愈密."

27 『朱熹集』, 권32, '答張敬夫', "敬者, 學之終始."

28 『退溪集』, 권7, '進聖學十圖箚(并圖)', 퇴계는 '聖學十圖'의 '1圖-5圖'(太極圖·西銘圖·小學圖·大學圖·白鹿洞規圖)를 "本於天道, 而功在明人倫懋德業"이라 하고, '6圖-10圖'(心統性情圖·仁說圖·心學圖·敬齋箴圖·夙興夜寐箴圖)를 "原於心性, 而要在勉日用崇敬畏"라 하였다.

다음으로 남명(南冥 曺植)은 만년에 산청(山淸)에 강학하던 산천재(山天齋)의 벽에 '경·의'(敬義) 두 글자를 크게 써서 붙여 놓았으며, 차고 다니던 칼에 새긴 「패검명」(佩劍銘)에도 "속으로 밝은 것은 '경'(敬)이요, 밖으로 결단하는 것은 '의'(義)이다"(內明者敬, 外斷者義)라 하여, '경'의 수양론과 '의'의 의리론이 겉과 속(表裏)의 관계를 이루는 것으로 확인하고 있다.[29] 그는 '경'과 '의'가 도학에서 차지하는 위치를 밝히면서, "'경'과 '의'를 아울러 가지면 아무리 써도 다하지 않는다. 나의 집에 이 두 글자가 있는 것은 마치 하늘에 해와 달이 떠 있는 것과 같아서, 만고(萬古)에 걸쳐 바뀌지 않을 것이요, 성현의 천 가지 만 가지 말씀도 그 요령과 귀결이 여기에서 벗어나지 않는다"[30]라 하였다. 또한 그는 임종의 자리에서도 "'경'·'의' 두 글자는 학자에게 가장 긴절하다. 그 요령은 익숙하게 노력하는 데 있으니, 익숙하면 가슴속에 한 가지 물건도 남아서 거리끼지 않는다"[31]고 하여, '경'의 수양론과 '의'의 의리론이 자신의 일생을 관철하는 도학의 중심 주제였음을 밝히고 있다.

또한 남명의 수양론에서는 '경'(敬)과 '성'(誠)의 두 개념이 긴밀하게 연결되어 두 초점을 이루는 것으로 제시되고 있음을 확인할 수

29 '敬·義'의 두 글자를 대비하고 있는 것은 『주역』(坤卦·文言)의 "敬以直內, 義以方外, 敬義立, 而德不孤"에 근거하고 있는 것이다.

30 『남명집』, 부록, 6, '編年'(25歲條), "敬義夾持, 用之不窮, 吾家有此二字, 如天之有日月, 亘萬古而不易, 聖賢千言萬語, 其要歸不出於此一意."

31 『남명집』, 부록, 45, '編年'(72歲條), "敬義二字極切要, 學者要在用功熟, 熟則無一物在胸中."

있다. 그는 『학기유편』(學記類編: 重刊本)에 수록된 「학기도」(學記圖: 十圖)의 「경성도」(敬誠圖)에서는 마음의 주재로서의 '경'을 위에 두고 태극으로서의 '성'을 아래에 두면서, 각각의 수양론적 실천과제를 체계화하여 제시고 있다.[32] 여기서 그는 마음을 주재하는 '경'이 본체로서 태극인 '성'에 기반하는 것임을 밝힘으로써 '경'과 '성'을 두 초점으로 제시하는 독자적인 수양론의 인식체계를 보여준다.

남명은 "'경'이란 성학(聖學)의 시작을 이루고 끝을 이루는 것이니, '경'을 주장하는 공부가 없으면 그 학문한다는 것이 거짓이다"[33]라 하여, '경'의 수양공부가 도학의 전체를 꿰뚫고 있는 기본과제임을 확인하고 있다. 이와 더불어 "사특함을 막아 '성'을 간직하고, 말씀을 닦아 '성'을 수립하며, 정밀하고 한결같이 하여 '성'을 구하되, '경'으로 말미암아 '성'으로 들어간다"[34]고 하여, '경'을 통해서 '성'을 이룰 수 있는 것임을 밝히고 있다. 이처럼 남명은 '성'의 거짓없는 진실의 천도(天道)를 실현하는 것도 '경'의 수양론적 실천인 인도(人道)를 통해서 가능한 것으로 보았다. 따라서 그는 의리의 실현이나 치도의 실현 등 도학의 모든 과제와 영역들이 수양론에 기초함으로써

32 『學記類編』(重刊本, 1894刊)의 「敬誠圖」(제6도)는 위의 '敬'圈에 '主一無適'(北)·'常惺惺'(南)·'整齊嚴肅'(西)·'不容一物'(東)의 네 가지 실천과제를 4방위에 날개로 붙여 제시하였고, 아래의 '誠'圈에 '無爲[靜虛/動直]'(南)·'知至意誠'(北)·'修辭立誠'(東)·'閑邪存誠'(西)의 네 가지 실천과제를 4방위에 날개로 붙여 제시하였다. 이와 더불어 '敬'圈과 '誠'圈 사이를 연결하는 개념으로 '敬義偕立'(右)과 '明誠并進'(左)을 적어넣어, '敬'과 '誠'을 두 초점으로 하는 수양론의 방법을 체계화하고 있다.

33 『南冥集』, 권4, 2, '示松坡子', "敬者, 聖學之成始成終, 學而欠主敬工夫, 則其爲學僞矣."

34 『南冥集』, 권5, 2, '誠箴', "閑邪存, 修辭立, 求精一, 由敬入."

비로소 이루어질 수 있는 것임을 확인하고 있다. 그만큼 수양론을 도학의 기반이요 중심으로 삼고 있음을 밝히는 것이다.

5. 의리(義理)의 신념과 치도(治道)의 실현

(1) 의리의 기준과 사회적 실현

공자는 인간의 덕으로 '인'(仁)을 강조하였으나, 맹자는 '인'과 더불어 특히 '의'(義)를 강조하여, 양혜왕(梁惠王)이 이익에 대해 말하자, "하필 '이'(利)를 말씀하십니까? 단지 '인'과 '의'가 있을 뿐입니다"[35]라 하였다. 주자는 '인'을 "마음의 덕이요 사랑의 이치"라 정의하여, 마음의 덕을 닦아 실현하는 수양론적 과제로 확인하고, '의'를 "마음의 재제(裁制)요 일의 마땅함"이라 하여, 마음이 일을 현실에서 마땅하게 처리하는 의리론적 과제로 확인하여 대비시키고 있다. 또한 맹자는 "생명과 의리를 아울러 얻을 수 없다면, 생명을 버려서라도 의리를 취해야 한다"[36]고 하여, 의리는 생명을 버려서라도 지켜야 할 신념적 가치임을 역설하였다.

조선왕조가 혁명으로 고려왕조를 무너뜨리고 건국하는 과정에

35 『孟子』, '梁惠王上', "何必曰利, 亦有仁義而已矣." 주자는 『맹자집주』에서 '仁'과 '義'를 정의하여, "仁者, 心之德·愛之理, 義者, 心之制·事之宜也"라 하였다.
36 『孟子』, '萬章下', "生亦我所欲也, 義亦我所欲也, 二者不可得兼, 舍生而取義者也."

서 고려왕조를 위해 충절(忠節)을 지킨 인물과 조선왕조의 혁명에 참여한 인물이 나누어졌을 때, 조선초기 도학자들은 고려왕조를 위해 충절을 지킨 인물들을 의리의 모범으로 인정하여 '절의파'(節義派)로 높였고, 오히려 조선왕조의 혁명에 참여하거나 그 후 조선왕조에서 권력을 잡았던 인물들을 '훈구파'(勳舊派)로 가볍게 보는 의리론적 평가를 하고 있다. '임금을 충성으로 섬긴다'(事君以忠)는 강상(綱常)의 가치를 의리의 실천기준으로 확인하여, 권력을 따르고 지조를 지키지 못하는 것을 의롭지 못하다 하여 비판의 대상으로 삼았던 것이다. 따라서 고려왕조에 충절을 지키다 죽은 정몽주(圃隱 鄭夢周)와 조선왕조에 벼슬하기를 거부하고 은둔한 길재(冶隱 吉再)를 도학의 정통으로 삼고 문묘에 종향하였으며, 혁명에 주도적 역할을 하고 학문적으로 큰 업적을 남겼던 정도전(三峯 鄭道傳)과 권근(陽村 權近)은 의리에 문제가 있는 것으로 백안시하였던 것이 사실이다.

같은 맥락에서 세조가 단종의 왕위를 찬탈하였을 때 단종을 위해 충절을 지킨 사육신(死六臣)과 생육신(生六臣)의 절의를 높이고, 정인지(鄭麟趾)나 신숙주(申叔舟)는 학문적으로 큰 공적을 남겼지만 세조에 추종하여 의리를 지키지 못한 인물로 경멸하는 태도를 보였던 것이다. 이처럼 조선초기 도학은 '절의'를 도학정신의 기준을 삼는 의리론적 신념을 분명하게 제시하고 있음을 보여준다.

조선초의 도학은 정몽주 → 길재 → 김숙자 → 김종직 → 김굉필·정여창 → 조광조로 이어지는 학맥을 '사림파'(士林派)라 하여, 의리론을 기준으로 '도통'의식을 정립하면서, 권력을 추구하는 '훈구파'와 대립시켜 '사림파'를 도학의 정통으로 확인하여 왔다. 더구나 연산군·중종·명종때 훈구파에 의해 사림파의 선비들이 희생되는 '사화'(士禍)를 잇달아 겪으면서, 사림파의 '선비'들이 의리를 수호하는 도학의 주체세력으로 그 위치가 확인되었다. 곧 도학을 담당하는 주체로서 '선비'의 신념적 가치기준은 '의리'요, 따라서 '선비정신'은 '의리정신'으로 확인되고 있음을 볼 수 있다. 도학의 선비가 지켜야 할 '의리'의 중요한 과제로는, ① 가치판단에서 '의리와 이익의 분별'(義利之辨)과, 그 인격에서 '군자와 소인의 분별'(君子小人之辨)이 있고, ② 사회적 처신에서 '나아가고 물러날 때의 분별'(出處之辨)이 있으며, ③ 국제질서에서 '중화와 오랑캐의 분별'(華夷之辨)을 들 수 있다. 이처럼 도학의 의리론은 정당한 가치인 '의'와 부당한 반가치인 '불의'를 엄격히 분별하여 대립시킴으로써, 생명을 바쳐 '불의'를 비판하고 '불의'에 저항하는 강인한 신념으로 드러나고 있는 사실이 조선시대 도학의 기본특징을 이루고 있는 것이다.

① '의리와 이익의 분별'(義利之辨)과 '군자와 소인의 분별'(君子小人之辨)은 "군자는 의리에 밝고, 소인은 이익에 밝다"[37]는 공자의 언급에서 제시되고 있다. 곧 의리론은 가치규범과 인격주체의 양면을

37 『論語』, '里仁', "君子喻於義, 小人喻於利."

기본조건으로 삼고 있는 것이다. 조선왕조가 도학이념을 통치원리로 삼았지만, 현실정치에서 권력을 장악한 훈구세력들과 척족(戚族)들은 이권(利權)의 탐욕에 빠졌다. 이에 따라 의리를 내세워 훈구세력을 비판하는 도학이념의 선비들을 혹독하게 억압하여 '사화'를 일으켰다.

16세기 초 조광조는 이러한 훈구세력과 사림파 선비들의 대립현실에 대해, "군자와 소인은 얼음과 숯이 서로 용납하지 못하는 것과 같습니다. 소인은 밤낮으로 생각하고 헤아려 날마다 군자를 공격할 것을 의도하여 반드시 모두 베어 죽인 다음에야 그칠 것입니다. 만약 소인의 술법을 쓰게 한다면 참혹한 화는 말로 다할 수 없습니다"[38]라 하였다. 여기서 그는 연산군 때 거듭된 사화가 이익을 탐하는 소인이 의리를 추구하는 선비를 살육한 것임을 지적하여, 깊이 경계하였던 것이다.

또한 그는 군자로서 선비의 의리정신을 밝혀, "무릇 자신을 돌보지 않고 오직 나라를 위해 도모하며, 일을 당해서는 과감히 실행하고 재앙을 헤아리지 않는 것이 '바른 선비의 마음 씀'이다"[39]라 하여, 진정한 선비란 자신의 이해관계나 재앙을 당하는 것을 헤아리지 않고, 오직 의리에 따라 임금과 국가를 위해 목숨을 바치는 자임을 강

38 『靜菴集』, 권3, 20-21, '參贊官時啓14', "君子小人, 如氷炭之不相容, 小人晝思夜度, 日以攻君子爲意, 必芟夷誅戮然後已, 若使之得售其術, 慘酷之禍, 可勝言耶."

39 『靜菴集』, 附錄 권5, 17, '年譜', "夫不顧其身, 惟國是謀, 當事敢爲不計禍患者, 正士之用心也."

조하였다. 그것은 의리의 실천주체로서 '군자·선비'의 강인한 의리론적 신념을 지적한 것이다.

조광조 자신은 중종이 일으킨 기묘사화(己卯士禍, 1519)로 투옥되었을 때, 옥중에서 올린 진술에서도, "망령되게도 나라의 병통이 이욕(利欲)의 근원에 있다고 헤아리고서, 나라의 맥을 무궁토록 새롭게 하고자 하였을 뿐, 전혀 다른 뜻은 없었습니다"[40]라 하였다. 곧 그는 '이욕'이 나라를 병들게 하는 원인으로 인식하고 '의리'를 밝혀 나라의 명맥을 살려내고자 한 것이 선비로서 자신의 신념이었음을 주장하고 있다. 그것은 바로 '인간의 욕심을 막아서 하늘의 이치를 보존하는 것'(遏人欲而存天理〈『孟子集註』〉)이 '이익'(人欲)과 '의리'(天理)를 분별하는 도학의 의리론적 과제임을 보여주는 것이다.

② '나아가고 물러날 때의 분별'(出處之辨)이란, "옛 사람은 뜻을 펼 수 있으면 은택이 백성에게 미치고, 뜻을 펼 수 없으면 자신을 닦아서 세상에 드러내니, 궁색하면 그 자신을 홀로 선하게 하고, 현달하면 천하를 아울러 선하게 하였다"[41]는 맹자의 언급에서 잘 드러나고 있다. 그러나 선비로서 벼슬길에 나갈 것인지 물러날 것인지를 판단하는 것은 자신의 뜻을 세상에 펼칠 수 있는가(得志) 없는가를 자신의 입장에서 살펴보는 관점이 있지만, 이와 더불어 세상이 나

40 『靜菴集』, 권2, 20-21, '獄中供辭', "妄料國家病痛, 在於利源, 故欲新國脈於無窮而已, 頓無他意."
41 『孟子』, '盡心上', "古之人, 得志, 澤加於民, 不得志, 修身見於世. 窮則獨善其身, 達則兼善天下."

갈 만큼 정당한지 나갈 수 없을 만큼 혼탁한지에 따른 현실적 조건을 살펴보는 관점도 있다. 도학의 의리론은 맹자의 말처럼 자신의 뜻을 펼칠 수 있는지의 주체적 관점보다는 세상이 정당한지 혼탁한지를 가려서 나아가고 물러남(出處)을 결단하는 것을 선비의 지조로 삼고 있다.

조선시대 도학에서는 고려왕조에서 벼슬에 나갔던 사람이 조선왕조 초기에 다시 벼슬에 나오는 것에 대해 지조를 잃은 실절(失節)이요, '출처'(出處)의 의리에 어긋나는 것으로 비판하였다. 16세기 전반기에 집권세력이 '사화'를 일으켜 선비를 살육하는 상황에 벼슬에 나갔던 것에 대해서도 '출처'에 문제가 있다는 의리론의 엄격한 비판이 제기되고 있다. 퇴계와 남명은 45세 때 을사사화(乙巳士禍, 1545)를 지켜보아야 했고, 65세 때 문정왕후(文定王后)가 죽을 때까지 외척들이 권력을 멋대로 휘두르는 혼란한 시대를 살았다.

퇴계는 이 시기에 벼슬에 나갔지만, 을사사화 이후 물러나기를 힘써서 자신의 호를 물러난다는 뜻의 '퇴'(退)로 지었던 것은 관직생활을 하면서도 항상 '나아감과 물러남'의 의리에 대한 인식이 개재되고 있었음을 보여준다. 이에 비해 남명은 여러 차례 벼슬이 내려왔지만 나가지 않음으로써, 산림(山林)의 선비로 지조를 지키는 '처사'(處士)를 자임하였다. 남명은 43세 때 경상도 관찰사로 내려온 이 시대 대표적 성리학자인 이언적(晦齋 李彦迪)이 초야의 선비인 남명에게 만나기를 청하는 편지를 보냈지만 그는 벼슬에 나간 이언적과 자신은 '출처'의 의리가 다른 점을 지적하여 만나기를 거부할 만큼 '출처'의 의리에 엄격함을 보여주었다.

명종 말년에 척족들의 전횡이 무너지고 선비들의 진출이 시작되었을 때 산림의 명망이 큰 선비들에게 벼슬이 내려졌는데 남명은 끝내 나가기를 거부하였다. 이때 퇴계는 남명에게 보낸 편지에서, 임금과 신하의 중대한 인륜을 폐지할 수 없는 것이라 하여, '벼슬하지 않는 것은 의리가 없는 것'이라는 원칙론적 입장을 전제로 밝히고서, 그런데도 선비가 벼슬에 나가기를 꺼려하는 이유로 '과거시험이 사람의 마음을 어지럽힌다'는 제도적 문제점과, '남이 알아주지 않는다'(人不知)는 임금의 신임이라는 조건과, '시기가 맞지 않는다'(時不可)라는 상황적 조건이 있음을 제시하였다.[42] 그중에서 '출처'의 의리로 가장 중시되었던 조건은 '시기'(時)라는 상황적 조건이다. 그 시대의 통치체제가 정당한지, 집권세력이 정당한지 시대상황의 정당성 여부를 판단함으로써 부당한 세력에 대립하지 않고 지조를 깨끗하게 지켜야 하는 것이 '출처'의 의리로서 중시되어 왔던 것이다.

③ '중화와 오랑캐의 분별'(華夷之辨)은 공자가 "오랑캐에 임금이 있는 것은 중국에 임금이 없는 것만 못하다"[43]라고 한 언급에서 오

42 『退溪集』, 卷10, '與曹楗仲(植)'(癸丑), "滉私竊以爲不仕無義, 君臣大倫, 烏可廢也? 而士或難於進用者, 徒以科舉溷人, … 吾子則竟不至焉, 何耶? 以爲人不知也? … 以爲時不可也."
43 『논어』, '八佾', "夷狄之有君, 不如諸夏之亡也."

랑캐(夷狄)와 중국(諸夏)을 대립시켜 제시하는데서 잘 보여준다. 여러 나라들 사이에 중국(諸夏 · 華夏)을 인륜과 예악의 문명으로 높이고 오랑캐를 인륜에 상반하고 예악이 없는 반문명으로 배척하는 중국 중심의 세계질서를 의리의 기본과제로 제시해왔고, 이른바 '춘추의리'도 중국은 안으로 간직하여 지키고 오랑캐는 밖으로 몰아 배척한다는 것이다.[44]

우리나라는 중국의 유교문명을 받아들임으로써 오랑캐에서 벗어나 '소중화'(小中華)의식을 형성하면서 중국의 체제에 편입되었다는 인식이 정착되었다. 중국에 소속된 나라는 아니지만 중국을 군주로 받드는 외신(外臣 · 藩臣)으로서 울타리 나라(藩邦)라 본다. 그래서 고려말부터 명나라가 세워지자 도학 지식인들은 친명파(親明派)로 자리잡고 명나라를 섬겨야 한다는 사대(事大)를 의리의 가장 중대한 과제로 삼았다.

송시열(尤庵 宋時烈)은 정몽주의 공적 가운데서도 특히 "오랑캐인 원나라를 배척하고 명나라에 귀의하여 '중화'의 제도로 오랑캐의 풍속을 변화시킴으로써, 우리나라를 중국의 속국이 되게 하여 성대하게 예법과 의리의 나라(禮義之邦)가 되게 한 것"[45]을 큰 공적으로 들

44 『朱子語類』(83:125), "正誼不謀利, 明道不計功, 尊王 · 賤伯, 內諸夏 · 外夷狄, 此春秋之大旨." 중국과 오랑캐를 대립구조로 인식하고 있는 사실은 『穀梁傳』(定公4년)의 "信中國而攘夷狄"이나 『公羊傳』(僖公 4년)의 "救中國而攘夷狄"에서 잘 보여주고 있다.

45 『圃隱集』, 속집 권2, '神道碑銘'(宋時烈), "其斥胡元歸皇朝, 用華制變胡俗, 使我東土爲中國之屬國, 而蔚然爲禮意之邦者, 是非先生之大功乎."

고 있다. 명나라 체제에 예속하는 '사대'는 조선왕조의 외교정책만 아니라 도학의 의리론에서 가장 큰 주제가 되어 왔다.

특히 임진왜란에 명나라가 원병(援兵)을 보내준 사실에 대해 '무너진 울타리 나라를 다시 세워준 은혜'(再造藩邦之恩)를 강조했다. 더구나 청나라가 침략한 병자호란에 인조(仁祖)가 청 태종에게 항복한 굴욕을 겪은 이후 만주족의 청나라가 명나라를 무너뜨리고 중국을 지배하는데도 불구하고 '명나라를 높이고 청나라를 배척함'(崇明排淸)을 '중화-오랑캐'(華夷)분별의 가장 큰 의리로 삼아, 조선후기의 사회적 이념으로 정착시켰다. 조선후기 도학자들은 멸망한 명나라의 연호(崇禎)를 쓰며 명나라 황제에 제사를 올리는 것(大報壇·萬東廟·大統壇)으로 '숭명'(崇明)의리를 삼았다. 이에 따라 청나라를 오랑캐로 배척하는 만큼, 그 시대에 중화의 정통은 청나라가 아니라 우리나라라 하여, 이른바 '조선중화주의'(朝鮮中華主義)가 성립하는 측면을 엿볼 수 있다.[46]

병자호란 이후 명나라를 높이고 청나라를 배척한다는 '숭명배청'의 의리론적 명제는 조선말기에 서양문물이 광범하게 침투해 오자 '정학'(正學)을 옹위하고 '사설'(邪說)을 배척한다는 '위정척사'(衛正斥邪)의 새로운 의리론의 명제를 제시하고 있다. 여기서 '정학'은 '도학'이지만, '사설'은 서양종교와 서양문물을 가리키는 것이다. 또한 서양

46 '朝鮮中華主義'에 대해서는 정옥자, 『조선후기 조선중화사상연구』(일지사, 1998) 및 김문식, 『조선후기 지식인의 대외인식』(새문사, 2009)에서 자세한 설명을 볼 수 있다.

과 일본의 무력 침략이 가중되어오자, '사설'을 배척하는 '척사'를 넘어서 서양을 전면으로 배척하는 '척양'(斥洋)과 일본을 배척하는 '척왜'(斥倭)로 시대의 당면문제에 따라 배척의 대상이 새롭게 규정되었다. 그러나 의리의 기준은 언제나 '정학'·'정도'에 있고, 도학이념에 상반되는 모든 사상과 세력을 '이단' 내지 '사설'과 '사술'로 비판하는 의리론적 신념을 제시하고 있는 것이다.

(2) 치도(治道)의 과제 — 예교(禮敎)와 경세(經世)

도학에서 뚜렷하게 드러낸 경전인 『대학』의 '명명덕'(明明德)과 '신민'(新民: 親民)이나, 『중용』의 '수신'(修身)과 '치인'(治人)은 도학적 사유에서 근본과 말단(本-末)의 구조를 이루는 두 주제이며, '수기'(修己)-'치인'(治人)의 구조로 제시되기도 한다. 곧 '수기'(修己: 修身·明明德)의 수양론적 과제를 학문의 근본으로 확인하면서, '치인'(治人: 新民·治人)의 치도론적 과제를 말단으로 파악하고 있음을 말한다. 그만큼 나라를 다스리는 '치도'의 문제는 조선시대 도학이 결코 외면하였던 것이 아니라, '수기'-'치인'이라는 학문의 기본 두 영역에서 한 축을 이루고 있는 것으로 인식되어 왔음을 알 수 있다. 다만 도학은 '근본을 먼저하고 말단을 뒤에 한다'(先本後末)는 근본중시의 입장에 따라 실천의 순서에서는 항상 근본인 심성의 '성리'와 도덕의 '수양'을 밝히는 데 관심을 우선 집중하다 보니, 결과적으로 말단인 '치도'의 '경세론'에 상대적으로 소홀하였던 것이 사실이다.

도학에서 '치도'의 기본원리는 통치자가 수양을 통해 도덕적 인격을 형성하여, 이를 바탕으로 도덕적 사회질서를 수립하는 것이다. 곧 인간의 도덕적 가치를 근거로 하는 정치라는 의미에서 '덕치'(德治)를 '치도'의 기본원리로 하며, '덕치'의 내용은 예법으로 대중을 교화하여 예법에 따른 사회질서를 실현하는 정치라는 의미에서 '예교'(禮敎)요 '예치'(禮治)이다. 여기서 나아가 '치도'의 구체적 과제는 가장 먼저 백성을 보살피는 일로서 '위민'(爲民)·'애민'(愛民) 내지 '보민'(保民)이 강조되며, 이를 시행하기 위한 국가의 법률·제도를 제정하고 운영하며 시대에 따라 보완하고 개정하는 것이 경세론의 문제이다. 따라서 '치도'는 근본원리에서 '덕치'요 '예교'이며, 민생을 위한 치도의 구체적 과제가 '경세론'이라 할 수 있다.

① '예교'(禮敎)의 사회질서와 예설의 쟁점

우리나라는 '예법'과 '의리'를 높인다는 의미에서 '동방예의지국'(東方禮義之國)으로 자부하여 왔으며, 특히 도학에서는 '예법'을 통한 개인의 행동과 인간관계의 절도를 중시하며, 이러한 '예법'은 개인이나 공동체의 차원을 넘어서 국가의 통치질서에 근본이 되는 것으로 중시해 왔다. 이익(星湖 李瀷)은 "세상에서 유교의 학설이라 지목하는 것은 두 갈레가 있는데, 독서하여 도리를 말하는 것을 '이학'(理學)이라 하고, 관·혼·상·제(冠婚喪祭)의 의례를 고증하는 것을 '예학'(禮學)이라 한다"[47]고 언급하였다. 그만큼 '예학'이 유교의 학문체계에서 큰 비중을 지니고 있는 사실을 잘 보여주고 있다. 실제로 조선시대 도학자의 저술이나 편지를 통한 문답에서 가장 많은 비중을 차지하는 학문적 주제는 '예설'(禮說)에 관한 것이었다. 이처럼 '예설'은 가족질서의 정립에서 나아가, 대중을 교화하는 '예교'의 과제는 사회통합을 실현하고 국가의 통치질서를 수립하는 기본방법으로 기능하였던 것이 사실이다.

'예법'의 '의례' 제도는 크게 가정의 의례인 '가례'(家禮)와 향촌에서 선비공동체의 의례인 '향례'(鄕禮)와 국가의 의례인 '국조례'(國朝禮)로 구분할 수 있는데, 조선시대 선비들은 주자의 '가례'(朱子家禮)를 의례의 실천규범으로 가장 중시하여, 특히 상례(喪禮)와 제례(祭禮)를 중심으로 온갖 경우에서 의례의 미세한 적용과 변화에 대한 토론을 활발하게 벌여왔다. 특히 17세기는 '예학시대'라 일컬어질 만큼, 퇴계학파의 정구(寒岡 鄭逑)와 율곡학파의 김장생(沙溪 金長生)을 비롯하여 많은 도학자들이 의례에 관한 저술을 하였으며, 국가의례로서 왕실의 상례(喪禮)에 관한 논쟁인 예송(禮訟)이 벌어졌는데, 당쟁과 얽혀 정치적으로 격렬한 갈등과 큰 파문을 일으켰다.[48]

17세기 도학자의 의례논쟁에서는 '가례'를 기준으로 '국조례'를

47 『星湖僿說』, '經史門·儒術', "世之目以儒術者, 有兩歧. 讀書談道, 謂之理學, 考據于冠昏喪祭之儀者, 謂之禮學."

48 玄相允은 『朝鮮儒學史』의 17장을 '禮學 중심의 유학'으로 제목을 붙이고, 17세기의 중요한 예학자들로 鄭逑·金長生·金集·鄭經世·宋浚吉·李惟泰·俞棨·朴世采를 소개하고 있다.

해석하는 '가례' 중심의 입장이 제시되고, 이에 맞서 '가례' '국조례'의 차별성을 강조하는 입장이 제시되어 쟁점을 심화해갔다. '예송'(禮訟)에서는 '가통'(家統)의 질서를 왕실의 '종통'(宗統)에도 일원적으로 적용하기를 요구하는 송시열을 비롯한 서인(西人) 예설에 맞서서 '종통'과 '가통'의 엄격한 차별성을 강조하는 허목(眉叟 許穆)을 비롯한 남인(南人) 예설이 대립하는 양상을 보여주었다. 이러한 '예설'의 논쟁은 성리설에서 '이-기'의 일원론적 세계관과 이원론적 세계관의 대립에 상응하는 것으로, '예설'이 사회질서를 실현하는 논리가 일원적 통합을 중시하는지 명분적 질서를 중시하는지에 따라 대립 양상을 보여주는 것이라 할 수 있다.

특히 17세기에 '예학'에 관한 저술과 '예설'의 논쟁이 가장 활발하게 일어났던 이유로, 도학체계의 학문적 배경에서 보면, 16세기에 성리설과 수양론·의리론의 도덕적 근원과 신념의 기준이 확인되었던 사실을 들 수 있다. 이러한 학문적 업적에 기반하여 그 사회적 실천을 추구하게 되자, 이에 학문적 관심의 새로운 초점이 '예학'으로 확장되었던 것으로 보인다. 이와 더불어 시대상황적 배경에서 보면, 임진왜란(1592)과 병자호란(1636) 이후 조선사회는 심각한 사회기반의 파괴로 혼란이 격심해진 현실에서 사회통합을 이루고 사회질서를 안정화시키기 위한 도학의 시대적 과제가 '예교'의 강화에 있었던 것이다. 그것은 실학에서 사회제도와 생산기술의 개혁을 탐색하였던 것과는 다른 방향이었지만, 이 시대 '예학'은 도학의 현실

대응논리로서 중요한 의미가 있는 것이라 할 수 있다.

② '덕치'(德治)의 경세론적 과제

도학의 통치원리는 '덕'으로 다스리는 '덕치'요, 그 덕의 중심을 '인'(仁)으로 인식하는 '인정'(仁政)이며, '인정'의 '덕치'가 바로 '왕도'(王道)이다. 덕으로 다스리는 '왕도'는 세력으로 지배하는 '패도'(霸道)와 상반된 것으로 제시되고 있다. '왕도와 패도'(王霸)의 대립적 인식은 『맹자』(公孫丑上)가 '패'(霸)를 '힘으로 인(仁)을 가장하는 것'(以力假仁)이라 하고, '왕'(王)을 '덕으로 인(仁)을 행하는 것'(以德行仁)이라 하여,[49] '왕도·패도'를 대립시켜 제시한 것에 근원한다.

조광조는 중종임금에게 국가의 통치원리로서 왕도와 패도의 차이를 대비시키면서, "'패도'를 숭상하면 비록 부국강병(富國强兵)의 효과를 쉽게 이룰 수 있더라도, 어찌 '인·의'(仁義)의 도리가 다시 있겠습니까? '왕도'를 행하면 비록 효과가 신속하게 드러나지는 않을지라도, 장구하게 지속되어 크게 이룰 수 있습니다"[50]라 하였다. 국가통치의 목표를 '부국강병'이라는 경제적·군사적 힘을 추구하는 데 두는 것이 아니라, '인·의'라는 도덕적 가치를 실현하는 데 둘 것을 강조하는 것이다. 도학의 '치도론'은 사회의 도덕적 실현을 통치

49 『맹자』, '公孫丑上', "以力假仁者霸, … 以德行仁者王."
50 『靜庵集』, 권2, '元子輔養官時啓 2', "自古人君多好霸功, 鮮行王道, 尙霸者雖易致國富兵强之效, 豈復有仁義之道乎, 行王道, 雖未見朝夕之效, 悠久而大成矣."

원리의 이상으로 확인하는 '왕도'의 정치인 만큼, 민생을 넉넉하게 하는 현실의 대책을 찾는 데 소홀히 하여 폐단을 초래할 수 있는 문제점이 있다. 그러나 민생의 경제적 문제를 거부하는 것이 아니라 사회의 도덕적 기반을 먼저 확립해야 한다는 근본중시의 관점을 관철하고 있음을 보여준다.

조선시대 도학자로서 경세론의 문제에 가장 정밀하고 구체적인 대책을 제시한 인물은 율곡이다. 그는 "정치에는 '때를 아는 것'(知時)이 귀중하고, 사무에는 '실지에 힘쓰는 것'(務實)이 요긴하다. 정치를 하면서 '때의 마땅함'(時宜)을 알지 못하고, 사무를 담당하면서 '실지의 공적'(實功)에 힘쓰지 않으면, 비록 성왕(聖王)과 현신(賢臣)이 만나더라도 효과가 이루어지지 않을 것이다"[51]라고 강조하였다. 곧 정치의 핵심조건으로 '때를 안다'(知時)는 것은 원칙이나 관습에 사로잡히지 말고, 현실상황을 정확히 인식함으로써 상황에 맞게 적응하는 개혁을 할 수 있어야 함을 강조한 것이다. 또한 '실지에 힘쓴다'(務實)는 것은 명목이나 법규에 사로잡히지 말고, 사무의 실질적 효과를 얻어야 함을 강조한 것이다. 이 점에서 율곡은 도학의 기본논리인 '근본에서 보는'(從本而言) 원칙론적 시각과 더불어 '사무에서 보는'(從事而言) 현실적 시각의 두 가지 시야의 통합을 요구하는 것이다. 그것은 그의 성리설이 지닌 '이-기' 일원론적 통합의 논리가 그

51 『栗谷全書』, 권5, 12, '萬言封事', "政貴知時, 事要務實, 爲政而不知時宜, 當事而不務實功, 雖聖賢相遇, 治效不成矣."

의 경세론에서 '근본-사무'(本-事) 일원론적 통합의 논리로 관철되고 있음을 보여준다.

율곡은 '치도'의 근본으로 임금이 덕을 닦아야 하는 '군덕'(君德)의 중요성을 강조하면서, 동시에 시대현실의 폐단(時弊)을 명확하게 지적하고 폐단이 누적된 사회제도의 개혁을 요구하는 경장(更張)의 방책을 제시하였다. 여기서 그는 경세론의 실무로서 백성의 생존기반(民生)의 확보가 중요함을 역설하여, "백성은 식량에 의존하고, 국가는 백성에 의존하니, 식량이 없으면 백성이 없고, 백성이 없으면 국가가 없다"[52]고 역설하였다. 이치에서 보면 도덕이 근본이지만, 현실에서 보면 백성이 먹고사는 것이 국가의 근본임을 지적하여, 도덕을 근본으로 하는 도학적 인식 위에 식량을 근본으로 하는 현실적 인식을 받아들이고 있는 것이다. 『대학』에서 "도덕이 근본이요, 재물은 말단이다"(德者本也, 財者末也)라는 '근본-말단'의 구조를 제시하였다. 여기서 원리적 시각과 현실적 시각에 따라 선행해야 할 과제가 뒤바뀔 수 있다는 현실의 논리가 율곡을 통해 제시되는 경세론의 특징적 인식으로 주목된다.

52 『栗谷全書』, 권4, 17, 「擬陳時弊疏」, "民依於食. 國依於民, 無食則無民, 無民則無國."

6. 조선시대 도학의 기능과 역기능

도학의 사유체계는 심성의 인식으로서 '성리설'에 근원을 두고, 심성을 함양하여 인격을 닦는 '수양론'은 하늘과 인간(天人)에 상응하는 상하구조를 보여준다. 또한 안으로 수양론의 정립은 밖으로 옳고 그름을 판단하고 정당성을 실현하는 '의리론'과 사이에 안과 밖(內外) 내지 겉과 속(表裏)의 관계를 이루고 있다. 나아가 수양론과 의리론을 중심으로 삼아 사방으로 행동의 양상과 실천의 과제를 보여주는 것이 '예학'과 '경세론'이라 할 수 있다.

그렇다면 도학의 다양한 학문영역으로서 성리학·수양론·의리론·예학·경세론 등은 상하·사방으로 연결된 입체적 그물망의 구조를 이루고 있다. 따라서 조선시대 도학을 균형 있게 이해하기 위해서는 도학의 다양한 학문영역의 상호관계를 유의하여 파악할 필요가 있다. 도학자의 개인적 관심은 어느 한 영역에 초점이 맞추어져 있다고 하더라도 결코 다른 영역들과 단절된 인식이 아니라는 것이다. 그만큼 도학의 성리설에 대한 논의도 결코 추상적 관념의 이론체계가 아니라, 상하·사방의 공간과 왕래고금의 시간이라는 현실과 역사에 얽혀 있음을 확인할 필요가 있다.

조선시대 도학은 조선사회의 체제를 안정시키고 유지하는 데 기여하는 중요한 기능을 하였지만, 동시에 상당히 많은 폐단을 일으키는 역기능을 하였던 것이 사실이다. 조선시대 도학의 핵심적 사유가 조선사회의 현실 속에서 드러내는 기능과 역기능을 ① '정통' 의식과, ② '근본중시'의 사유와, ③ '중화-이적 분별'의 의리를 중심으로 검토해 볼 수 있다.

① '정통'의식은 '도학'의 신념이 기반하는 근본정신이다. '정통'의식은 도학을 '정학'·'정도'로 확인하면서 이에 어긋나는 모든 다른 사상을 '이단'이나 '사설'(邪說)로 엄격하게 배척하는 태도를 보여주고 있다. 이러한 '정통'의식은 도학의 신념을 확고하게 정립하는 동력이 되고, 사회체제를 도학 중심의 통합질서로 확립하는 데 강한 힘을 발휘하였다. 그러나 '정통'에 대한 신념은 도학을 진리의 유일한 기준으로 확인하면서, 독선적 신앙체계처럼 어떤 다른 사상도 용납할 수 없는 배타적 폐쇄성에 빠지고 말았다. 그뿐 아니라 '정통' 의식이 더욱 엄격하게 강화되면서, 유교전통 안의 다른 학풍은 물론이고, 같은 도학 안에서도 견해의 차이가 드러나면 엄격하게 배타적 비판을 제기하였다. 이에 따라 도학의 '정통'의식은 더 이상 사회통합기능이 아니라, 성리설·예설·의리론 등의 미세한 해석의 차이를 확인하면서 끊임없이 자기분열과 대립을 일으키는 역기능을 하였으며, 당쟁의 고착도 도학의 '정통'의식과 의리론의 독선적 폐쇄성에 가장 큰 책임이 있는 것이라 하겠다. 또한 '정통'의식의 독선적 폐쇄성으로 인하여 시대의 변화에 대한 적응능력을 잃고 새로운 사상의 수용역량도 상실하여 조선말기의 시대적 격변 속에 '수

구파'(守舊派)에 머물러 스스로 고사(枯死)하는 한계를 드러내었던 것이 사실이다.

② '근본중시'는 도학적 사유의 기본방법이다. 조선시대 도학의 사유체계는 세계를 '본체와 작용'(體用)이나 '근본과 말단'(本末)의 구조로 파악하면서, 본체와 근본을 중시하고 작용과 말단을 가볍게 보며, 근본을 먼저하고 말단을 뒤로 미루는 '선본후말'(先本後末)의 실천순서를 강조하는 '근본중시'의 성격을 드러내었다. 도학적 근본중시의 태도는 인간의 도덕적 인격성을 근본으로 확립하는 높은 품격의 가치관이나 풍속과 사회질서를 확립하는 데 크게 기여하였던 점이 인정된다. 그러나 '근본중시'의 사유방식은 '근본'을 확립하여 '말단'을 건강하게 지키는 데까지 나가지 못하고, '근본'의 강조에 매몰되면서, 말단의 현실이 방치되어 황폐하게 되는 폐단을 초래하고 말았다. 도덕을 근본으로 강조하였지만, 사회는 극심한 빈곤에 빠지게 되었고, 학문을 근본으로 강조하였지만 외침에 국가를 방어할 수 있는 무력은 공허한 상태로 방치하고 말았던 것도 도학의 '근본중시' 사유방법이 드러낸 한계라 할 수 있다.

③ '중화-이적(華夷) 분별'의 의리는 도학에서 가장 중시된 의리론적 신념이다. 조선시대 도학의 의리론은 '중화-이적'의 분별을 강조하면서, 중국 중심의 '일통'(一統) 논리에 따라 중국을 섬기는 '사

대'(事大)를 의리의 큰 주제로 삼았다. '사대'의 의리는 중국 중심의 국제질서 안에서 조선왕조의 안정을 유지하는 데 중요한 기여를 하였던 것은 사실이다. 그러나 '사대주의'에 젖어 자주의식이 극도로 쇠퇴하고, 우리의 역사와 문화조차 가볍게 여기며 무시하는 예속적 의식에 안주하는 폐단을 초래하고 말았다. 상당부분에서 '조선 도통'의 의식을 수립하기도 하고, 조선후기에는 멸망한 명나라를 높이고 청나라를 배척하는 '숭명배청'의 의리론에서 '조선중화주의' 의식을 제기하였던 것이 사실이나, '사대'의 예속의식은 국가체제의 예속뿐만 아니라 역사적·문화적 예속에 젖어 자주의식을 확보하지 못하는 심각한 문제점을 남겼던 것도 사실이다.

따라서 조선사회를 지탱하고 이끌어갔던 조선시대 '도학'의 이해에서는 도학의 다양한 영역의 연관관계 속에 전체적으로 균형을 잡고 바라보는 시야가 중요함을 강조할 필요가 있으며, 또한 '도학' 정신이 조선사회에서 수행한 역할과 영향에서 긍정적 기능의 측면과 부정적 역기능의 측면을 양면적으로 파악하는 것이 우리 시대에서 정당한 평가와 올바른 이해를 위해 중요한 과제임을 지적하고자 한다.

제 3 장

조선후기 실학의 세계관과 현실인식의 과제

1. 조선후기 실학사상의 과제

도학은 실천을 중시하고 진실한 학문이라는 의미에서 스스로 '실학'이라 일컬었다.[01] 그것은 불교나 노장이 공허한 관념에 빠진 거짓된 학문으로서 '허학'(虛學)이라 파악하는 대립적 관점을 보여주는 것이라 할 수 있다. 그러나 조선후기에 새롭게 일어난 학풍은 이치의 근원을 밝히는 데 치중하다가 현실을 소홀히 한 '이학'(理學)으로서의 '도학'과 차별화하여 현실을 중시하는 학문이라는 뜻에서 '실학'이라 일컬어진다.

임진왜란(1592-1598)을 겪고난 17세기 이후의 조선후기사회에서, 통치이념을 뒷받침해온 도학은 '의리론'의 이념을 가치기준으로 강화하고, '예론'(禮論)의 의례절차를 사회질서의 근간으로 확립하여, 붕괴된 사회체제를 유지하여 사회적 동요를 막아보려고 도모하였다. 그러나 사회체제의 유지를 추구하는 '도학'의 방어적 대응책은 시대변화에 적응하지 못하면서 사회적 폐단을 심화시켰던

01 程伊川은 "治經實學也, … 如中庸一卷書, 自至理便推之於事, 如國家有九經, 及歷代聖人之迹, 莫非實學也"(『二程遺書』, 1-5)라 하였고, 朱子는 "聖門實學, 貴於踐履隱微之際, 無非眞實"(『朱熹集』, 권31, '與張敬夫論癸巳論語說31')라 하여, '道學'을 '實學'으로 확인하고 있다.

것이 사실이다. 이러한 시대상황에서 현실의 당면문제를 해결하기 위한 대응책을 찾아가는 다양한 시도를 묶어서 '조선후기 실학'이라 일컫는다.

따라서 실학은 도학의 경우처럼 주자학을 학문적 기준으로 삼는 통합적 중심이 있는 것이 아니라, 서로 다른 관심과 방법으로 현실문제에 대응하는 논리를 탐색하는 다양한 경향들을 묶어서 가리키게 된다. '실학'의 대강을 말하면, 그 내포는 기본적으로 현실문제에 대한 관심이고, 그 외연은 도학과의 차별적 특징으로 실학의 정체성이 확인되고 있다.

현실문제에 대한 관심에서 실학이 도학과 차이를 드러내는 대목에 대해 오광운(藥山 吳光運)은 유형원(磻溪 柳馨遠)의 『반계수록』(磻溪隧錄)에 붙인 서문에서, 하늘에 근원하는 도덕으로서 형이상(形而上)의 '도'(道)와 현실의 정치제도로서 형이하(形而下)의 '기'(器)가 원래 서로 분리되어 있는 것이 아니요, 삼대(三代: 夏·殷·周)의 이상사회에서는 '도'와 '기'가 온전하게 갖추어져 있었으나, 주(周)나라 말기와 진(秦)나라 이후로 '도'와 '기'가 붕괴되었다고 한다. 여기서 그는 "여러 군자(송대 도학자)의 마음은 이 '도'에 급급하여 '기'를 돌아볼 겨를이 없었다. … 후세의 군자(조선후기 실학자)가 옛 성왕의 '도'·'기'를 안고서, 정자·주자가 돌볼 겨를이 없었던 것을 보완하고자 하여, 마땅히 이 '기'에 급급하였던 것이니, 또한 정자·주자가 이 '도'에 급급하였던 것과 어찌 다르겠는가"[02]라 하였다. 곧 도학자가 무너진 이념적 기반으로서 '도'를 회복하는 데 전념하다가 '기'를 소홀히 하게 된 것을 보완하는 역할이 바로 실학자가 현실의 정치제도로서 '기'를 회복하는 데 관심을 집중하고 있는 것이라 한다. 따라서 도학과 실학은 추구하는 과제가 달랐지만, 전체적으로 상호보완적 역할을 하는 것이라는 견해를 제시하고 있다.

실제로 조선후기에 실학의 학풍이 발생하는 과정에서 실학자들의 학문적 관심은 도학에서 소홀히 하였던 정치제도나 생산기반 등 현실의 구체적 문제였지만 철학적 기반은 여전히 도학의 성리설에 두고 있었던 것이 사실이다. 17세기의 한백겸(久菴 韓百謙)·이수광(芝峯 李睟光)·유형원 등 초기 실학자들과 18세기 초 실학의 학파를 형성하였던 이익(星湖 李瀷)도 성리학에 깊은 이해를 가졌던 인물들이다. 그러나 관심의 대상이 달라지면서 그 이론의 철학적 기반에서 도학과 차이가 드러나기 시작하였다. 17세기에 활동하던 윤휴(白湖 尹鑴)와 박세당(西溪 朴世堂)은 주자의 경전해석에 이견을 제시하면서 정통주의 도학자로부터 사문난적(斯文亂賊)으로 공격의 대상이 되기도 하였다.

조선후기에는 청나라를 통해 도학의 학풍과 다른 새로운 학풍으로 서양문물과 천주교를 포함하는 '서학'(西學)이 전래하면서, 실학

02 『磻溪隨錄』, 卷1, '隨錄序'(吳光運), "諸君子之心, 汲汲皇皇於斯道, 而於器則未遑焉, … 後之君子, 抱皇王之道器, 補程朱之未遑者, 宜其汲汲皇皇於斯器, 亦何異於程朱之汲汲皇皇於斯道也."

자들 사이에 주자학의 세계관에서 벗어나 새로운 세계관을 형성하는 계기를 열어주었다. 서학에 대한 관심과 이해는 이익이 처음 주도적 역할을 하였지만, 18세기 후반에 이익의 제자인 성호학파의 신서파(信西派) 계열에서 심화되었고, 북학파(北學派) 실학자의 선구적 인물인 홍대용(湛軒 洪大容)에서 깊이 침투되고 있음을 보여준다. 18세기 초에는 성호학파의 신서파 계열의 계승자인 정약용(茶山 丁若鏞)이 실학사상을 집대성하면서 실학의 독자적 철학기반을 확고하게 정립하는 데 이르렀다. 또한 19세기 중엽의 최한기(惠岡 崔漢綺)는 당시에 새롭게 전래된 근대서양문물과 과학지식을 수용하면서 또 하나의 독자적 철학으로 '기학'(氣學)을 제시하여 도학으로부터 완전히 벗어난 실학의 사유체계를 구축하고 있다.

청나라에서 전래해 온 새로운 사상조류로서 '서학'은 '도학'전통의 세계관을 뒤바꾸어놓는 충격이었다면, '고증학'은 경전과 사료(史料)의 해석에서 실증적 방법을 제공해주면서, 실학의 독자적 학문기반 형성에 뒷받침이 되었다. 또한 당시 청나라를 통해 선진 생산기술이 도입되면서, 실학의 현실문제에 대응하는 관심도 정치제도의 개혁을 추구하는 '경세치용'(經世致用)의 관심과는 별도로, 생산기술의 향상을 추구하는 '이용후생'(利用厚生)의 실용적 과제로 더욱 구체화되었던 것이다.

실학의 관심대상이나 이론기반은 시대가 내려올수록 도학과 차이를 더욱 뚜렷하게 보여주고 있으나, 여전히 유교적 사유체계 안에 있는 것이다. 바로 이 점에서 근대의 개화사상이 현실의 제도적 개혁을 위해 적극적 관심을 기울였지만, 개화사상의 상당부분이 이미 유교를 이탈하였던 것과 유교적 사회체제 안에 있는 실학과의 차이도 분명하게 드러나게 된다.

2. 조선후기 실학의 세계관

17세기의 초기 실학자들은 도학의 정통성을 긍정하는 바탕 위에서 도학의 관심에서 외면되었던 현실문제의 영역에 관심을 가지거나, 도학의 현실인식에 한계가 있음을 자각하는 수준에서 실학적 문제의식을 제기하기 시작하였다. 한걸음 나아가 실학은 현실의 정치제도 개혁이나 생산기술의 개선에 관심을 돌리기 시작하면서, 도학의 의리론이나 예학에 대해 그 판단의 적합성을 비판적으로 반성하고 현실적 효용성을 검토하여 개혁의 대책을 제시하는 단계로 나아갔다. 그 다음은 성리학의 '이-기'(理氣) 개념에 근거하는 세계관에서 벗어나 경험적이고 실용적인 합리성을 추구하면서 점차 도학에서 벗어난 실학의 독자적 철학기반을 수립하게 되었다.[03] 이처럼

03 千寬宇는 16세기 중엽부터 17세기 중엽에 이르는 동안을 新思潮의 '準備期'라 하고, 17세기 중엽부터 18세기 중엽에 이르는 동안을 '萌芽期', 18세기 중엽에서 19세기 중엽에 걸치는 동안을 '全盛期'로 나누었다. 千寬宇, 『近世朝鮮史硏究』, 330쪽.

조선후기 실학은 도학의 세계관에서 벗어나 새로운 시야를 열어가면서 형성된 것이다. 그렇다면 조선후기 실학의 세계관은 도학의 세계관에 대비시켜 차별성을 확인할 수 있다. 실학의 세계관이 지닌 특성을 '열린 정신'과 '현실중심의식'과 '개혁의식'이라는 세 가지 주제로 파악해 볼 수 있을 것이다.[04] '개혁의식'은 '열린 정신'에 따라 사상적 세계관의 개혁의식으로 나타날 수 있고, '현실중심의식'에 따라 사회제도와 생산기술의 개혁의식으로 나타날 수도 있다. 그렇다면 실학의 세계관은 그 시대에 새롭게 접할 수 있는 다양한 지식에 관심을 보이고 섭취하는 개방적 포용성으로서 '열린 정신'과 그 사회가 당면한 현실의 문제를 해결하는 데 관심을 집중하면서 전개되어 왔던 '현실중심의식'을 기반으로 실학적 세계관의 성격을 해명해볼 수 있을 것이다.

① 먼저 기본성격에서 보면, 도학의 사유가 지닌 핵심적 특성은 '정통주의' 의식을 확립하여 일원적 통합질서를 추구하는 것이요, 이에 따라 배타적 폐쇄성을 드러내는 닫힌 세계관을 보여주는 것이라 할 수 있다. 이에 비해 실학은 도학의 '정통주의' 의식에서 거부되었던 다양한 사상과 지식을 받아들이는 개방적 포용성을 드러내는 '열린 정신'이라 확인할 수 있다.

04 千寬宇는 「磻溪柳馨遠研究」(『近世朝鮮史研究』, 일조각, 1979, 332쪽)에서 실학파의 공통적 기반으로 ① 분방한 지식욕을 구사하여 비판하고 독창하고 권위를 부정하는 '自由性'(實正), ② 경험적이요 실증적이요 귀납적인 태도, 즉 '科學性'(實證), ③ 실지와 유리된 모든 空疎한 관념의 유희를 경멸하고 현실생활에서 우러나오는 불만과 정열을 토대로 하는 '현실성'(實用)을 들고 있다.

② 다음으로 사유구조에서 보면, 도학의 사유체계는 하늘의 '이치'(理)를 본체로 인간과 만물의 '형기'(氣)를 작용으로 보는 '체-용'(體用)구조의 인식이다. 따라서 불변하는 '이치'를 본체로 확립하여 끊임없이 변동하는 '현실'의 작용을 통제하게 하는 '원리중심'의 세계관을 특징으로 드러내고 있다. 이에 비해 실학의 관심은 근원의 '원리'가 아니라 현실의 '작용'을 지향하고, 끊임없이 변동하는 현실의 변화에 대응하는 방법을 찾아가는 '현실중심의식'을 기본방향으로 삼는 것이라 확인할 수 있다.

(1) 실학의 '열린 정신'과 포용적 자세

홍대용은 인간의 미혹 가운데 '도술의 미혹'(道術之惑)은 천하를 어지럽히는 것임을 지적하여, 당시 고착된 관념에 사로잡힌 도학의 사상적 타락을 비판하였다. 곧 "정학(正學)을 붙들어 세운다는 것은 사실상 자랑하는 마음(矜心)에 말미암고, 사설(邪說)을 물리친다는 것은 사실상 이기려는 마음(勝心)에 말미암고, 세상을 구제한다는 어진 덕이란 사실상 권력을 잡으려는 마음(權心)에 말미암고, 자신을 보전한다는 밝은 지혜란 사실상 이익을 얻으려는 마음(利心)에 말미암는다. 이 네 가지 마음이 서로 따르니 참뜻은 날로 없어지고 천하는 물 흐르듯이 날로 허망한 데로 치닫는다"[05]라 하였다. 한마디로

05 『湛軒書』, 內集 권4, 17, '毉山問答', "正學之扶, 實由矜心, 邪說之斥, 實由勝心, 救世之仁, 實由權心, 保身之哲, 實由利心, 四心相仍, 眞意日亡, 天下滔滔, 日趍於虛."

도학이 내걸고 있는 다양한 의리와 가치들이 모두 거짓된 허위의식일 뿐이요 진실을 상실하고 있음을 지적하여 정면으로 비판한 것이다. 따라서 그는 "'도'를 들으려거든 너의 옛날에 들은 것을 씻어내고, 너의 이기려는 마음을 버려라"[06]고 요구하고 있다. 낡은 관념에 사로잡히지 말고 배타적 정통의식에서 벗어나 새로운 눈을 뜨고 마음을 열라는 말이다. 실학정신으로서 '열린 마음'을 가장 분명하게 제시해주고 있다.

조선후기의 도학 지식인들은 배청(排淸)의리론에 따라 청나라의 문물을 무시하는 배타적 태도를 보였는데, 박제가(楚亭 朴齊家)는 "진실로 백성에게 이롭다면 비록 그 법이 오랑캐에게서 나왔다고 하더라도 성인은 취할 것이다"[07]라 하였다. 청나라를 오랑캐라 하여 그 유용한 문물까지 배척하는 것은 성인의 법도가 아님을 밝힘으로써, 도학의 폐쇄적 '배청'의리론의 맹목성을 비판하며, 유용한 지식이라면 어디에서나 배워야 한다는 열린 자세를 강조하고 있다. 따라서 박제가는 청조문물의 수용을 주장하는 북학론의 열린 자세를 밝히면서, "중국의 서적을 읽지 않는 것은 스스로 구획을 지어 갇히는 것이요, 온 천하가 다 오랑캐가 되었다고 하는 것은 사람을 속이는 것이다"[08]라 하여, 도학의 '정통'의식과 '배청'의리론이 지닌 폐쇄적

06 『湛軒書』, 内集 권4, 20, '毉山問答', "爾欲聞道, 濯爾舊聞, 祛爾勝心."
07 『貞蕤閣全集』(여강출판사, 1986), 下, 464쪽, '北學議外編: 尊周論', "苟利於民, 雖其法之雖出於夷, 聖人將取之."
08 같은 책, 下, 439-440쪽, '北學議外編: 北學辨', "不讀中國之書者, 自畫也, 謂天下盡胡也者, 誣人也."

이고 기만적인 문제점을 비판하였다.

또한 도학의 '정통'의식에서는 '정학'(正學)의 지식체계에서 벗어나는 것을 '이단'이나 '사설'(邪說)로 비판하는 것이 아니라면 '잡학'(雜學)으로 경멸하는 태도를 보여준다. 이에 비해 실학은 '정학'의 체제에서 벗어나서 '잡학'이나 '이단'에 관한 지식에까지도 열린 자세로 관심을 기울이면서 '박학'(博學)의 백과전서적 학풍을 보여주고 있다. 곧 이수광의 실학적 열린 정신은 그의 대표적 저술인 『지봉유설』(芝峯類說)에서 '박학'의 학풍을 선명하게 드러내고 있다.[09] 그는 "박학(博)이 잡박스러운 데 흐르기 쉽고, 집약(約)이 고루한 데 돌아가기 쉽다"[10]라 하여, 박학하면서 잡박하지 않고, 집약하면서 고루하지 않는 길, 곧 박학과 집약이 전체로 조화를 이루는 참된 집약을 지키는 것(守約)은 고루하지 않은 것임을 강조하였다. 따라서 박학이 단순한 지식의 양적 확대에 그치는 것이 아니라, 질적 기준의 정립을 위한 관심을 잃지 않으려는 그의 학문적 관심을 보여 준다. 그것은 도학에 기반을 두고 있으면서도 구체적 현실의 세계로 시선을 돌리면서 실학의 세계를 열어갔던 것이라 할 수 있다.

도학의 '정통'의식에서는 주자의 경전해석을 '정학'의 기준으로

09 『芝峯類說』은 天文·地理·君道·官職·儒道·經書·文章·人物·技藝·宮室·服用·食物·卉木·禽蟲 등 25부 속에 3,435조에 걸친 다양한 문제를 광범하게 다루고 있을 뿐 아니라, 348종의 문헌과 2,265명의 인명을 수록한 해박한 지식의 집성을 이루었다. 실학자의 백과전서적 저술은 『芝峯類說』 이후로 金堉의 『類苑叢寶』, 李瀷의 『星湖僿說』, 安鼎福의 『雜同散異』, 李圭景의 『五洲衍文長箋散稿』 등으로 이어지고 있음을 보게 된다.

10 『芝峯集』, 권27, 1, '秉燭雜記', "博者易流於雜, 約者易歸於陋."

삼아, 이와 다른 견해를 엄격하게 거부하였다. 그러나 17세기에 윤휴(白湖 尹鑴)는 주자의 경전주석을 벗어난 경전해석의 독자적 체계를 제시하면서, "주자는 경전들을 해석하면서 여러 학설을 모아 절충하여 자신의 학설을 이루었다. … 그러고도 반드시 토론하여 수정하기를 죽는 순간까지 그치지 않았다. … 그 좋은 것을 취하고 옳은 것을 찾기 위해 잘못을 고치기를 꺼리지 않음이 또한 이와 같았다. 바로 이 점을 내가 본받아 힘쓰고자 하는 것이다"[11]라 하였다. 그것은 주자를 진리의 기준으로 받드는 것이 아니라 진리를 밝힘으로써 주자를 넘어서는 것이 주자의 정신임을 확인하는 것이다. 그만큼 도학의 폐쇄적 정통주의를 벗어나 경전해석에서 실학의 열린 정신을 밝혀주고 있는 것이다.

홍대용도 주자의 경전주석에만 얽매인 조선사회 도학의 폐쇄적 경전해석 태도를 비판하여, "오직 주자를 숭봉하는 것만을 귀한 것으로 알면서, 경전의 뜻에 의심스럽거나 의논할 수 있는 점에 있어서는 부화뇌동하여 한결같이 엄호하기만 하고, 세상 사람의 입을 틀어막으려고만 한다"[12]라 하였다. 주자와 다른 견해를 봉쇄하려 드는 도학의 폐쇄적 정통주의 학풍이 지닌 폐쇄적 독선과 허위성을

11 『白湖全書』(下, 1447), 권36, '讀書記: 中庸序', "晦翁之釋諸經書也, 旣集衆說而折衷之, 有成說矣, … 又必爲之討論更定, 不住修改, 至于屬纊而末已焉, … 其取善求是, 不憚遷徙, 又如此, 此又余之所則效而思勉焉者也."

12 『湛軒書』, 外集 권3, 37, '乾淨錄後語', "惟知崇奉之爲貴, 而其於經義之可疑可議, 望風雷同, 一味掩護, 思以箝一世之口焉."

비판함으로써, 열린 정신의 실학적 경전해석의 길을 확인하고 있다. 이러한 열린 정신으로 주자의 경전해석에서 벗어난 실학의 경학체계를 이루어낸 대표적 인물이 정약용이라 할 수 있다.

실학의 열린 정신은 도학의 정통의식에서 비판되고 배척되었던 다양한 사상과 지식을 폭넓게 수용하는 포용자세를 보여준다. 먼저 도학에 맞섰던 양명학-심학에 대해 실학에서는 긍정적이거나 비판적이거나 폭넓게 열린 관심을 보여주고 있으며, 도학의 정통의식에서 일찍부터 이단으로 배척되었던 노장(老莊)사상에 대해서도 박세당의 경우에서처럼 긍정적 관심의 해석이 이루어지고 있으며, 불교에 대해서도 김정희(秋史 金正喜)가 백파(白坡 亘璇)선사와 선학(禪學) 논쟁을 벌이기까지 하는 열린 관심이 실학의 성격을 잘 보여준다.

무엇보다 조선후기 실학은 17세기 초부터 중국을 통해 전래한 서양의 과학기술과 천주교 신앙에 관한 지식인 서학(西學)을 수용하면서 실학의 세계관을 형성하는 데 큰 영향을 받았던 사실이 주목된다. 서학의 지구설(地球說)은 도학의 천원지방설(天圓地方說)의 우주론에서 벗어나게 하였고, 서학에서 제공한 세계지도는 중국 중심의 세계관에서 벗어나는 새로운 세계관을 열어주었다.

홍대용은 서양 천문학을 수용하면서, 세계를 보는 시야의 다양성을 제시하면서, "사람으로써 사물을 보면 사람이 귀하고 사물이 천하지만, 사물로써 사람을 보면 사물이 귀하고 사람이 천하며, 하늘로부터 보면 사람과 사물이 균등하다"[13] 하였다. '사람으로써 사물을 보는'(以人視物) 도학의 인간중심적 세계관에서 벗어나, 우주에서 사물을 보는 '이천시물'(以天視物)의 시야를 제시하여, 세계관의 전환을 극명하게 밝히고 있다. '이천시물'의 세계관에서는 우주 공간 안에는 무수한 별들 가운데 지구도 하나의 별이므로, 지구가 우주 공간의 중심이라는 의식도 탈피하게 된다. 그것은 하나의 중심으로 일통(一統)을 추구하는 도학적 '정통'의식에서 벗어나게 되는 것이다.

19세기의 서양 과학지식까지 부분적으로 섭취하였던 최한기는 세계관의 근원적 중심을 불변의 이치로 보는 '이학'(理學)을 벗어나 활발하게 움직이는 '신기'(神氣)를 근원적 실체로 인식하는 '기학'(氣學)을 제시하여, 도통의 계승이라는 과거를 향한 시야가 아니라, 과학기술의 진보를 추구하는 미래로 향한 시야를 열어가는 실학적 세계관의 한 유형을 제시하고 있다.[14]

(2) 실학의 '현실중심의식'과 개혁의 과제

실학의 '실'(實) 개념은 '실무'·'실용'을 강조하는 '현실'의 '실'이라면, 도학의 '실' 개념은 '이치'·'도덕'을 중시하는 '진실'의 '실'이라 대

13 『湛軒書』, 内集 권4, 18, '毉山問答', "以人視物, 人貴而物賤, 以物視人, 物貴而人賤, 自天而視之, 人與物均也."

14 千寬宇는 조선후기 實學의 성격으로 '近代志向(진보)의식'과 '民族(자주)의식'을 지적하였다. 千寬宇, 『한국실학사상사』 [『한국문화사대계』(6), 고려대 민족문화연구소], 964-968쪽.

비시켜 볼 수 있다. 이수광은 '도'를 바로 이 현실의 실무에서 확인하여, "'도'는 백성이 일상 생활하는 가운데 있다. 여름에 갈포 옷을 입고 겨울에 가죽 옷을 입으며, 배고프면 먹고 목마르면 마시는 것이 곧 '도'이다. 이 밖에서 '도'를 말하는 것은 그릇된 것이다. 장자가 '도'는 똥이나 오줌에도 있다고 말한 것은 비록 표현이 거칠지만 깨달은 바가 있는 것이다"[15]라 하였다. '도'를 '형이상'(形而上)의 근원적 이치로 보는 관점에서 벗어나 가장 비근한 일상의 현실 속에 있는 것으로 보는 관점의 전환이 바로 실학의 현실중심적 세계관이다. 이수광은 정치의 효과를 이루지 못하고 사회가 어지러워지는 것은 모두 '부실'(不實)이란 병 때문이라 진단하면서, "실심(實心)으로 실정(實政)을 행하고 실공(實功)으로 실효(實效)를 이루어야 한다"[16]고 '실'을 역설하였다. 이처럼 그는 모든 생각과 일에서 '실'에 힘써야 한다는 '무실'(懋實)을 정치하는 근본조건으로 강조하였다. 여기서 '실'은 현실의 실지에서 성실한 마음으로 사무를 처리하여 실제 효과를 거두기를 추구하는 '현실중심의식'의 실학적 세계를 열어주는 관건(關鍵)의 용어인 것이다.

실지의 '실'(實)은 명목의 '명'(名)과 대비하면서, '실'을 근본으로 중시한다. 공자가 말하는 '정명'(正名)도 명분을 바로잡는 것에 그치는

15 『芝峯集』, 권27, 12, '秉燭雜記', "道在於民生日用之間, 夏葛而冬裘, 飢食而渴飮, 卽道也, 外此而言道者非矣, 莊子所謂道在屎尿, 雖粗說 亦有見乎權也."

16 『芝峯集』, 권22, 13, '條陳懋實箚子', "以實心而行實政, 以實功而致實效."

명분주의가 아니라, 명목과 실제가 일치하도록 바로잡는 것으로 보는 견해가 바로 실학의 '현실중심의식'이다. 최한기는 "명칭(名)은 실지(實)에서 생기는 것이니, 그 실지가 있으면 그 명칭이 있고, 그 실지가 없으면 그 명칭도 없다"[17]고 하였다. 곧 명분의 도리보다 실지의 사무가 더 근원적으로 중요하다는 '현실중심의식'을 분명하게 밝히고 있다. 따라서 그는 "온갖 사무가 모두 진정하고 절실한 학문이다. 사무를 버리고서 학문을 찾으면 허공에 매달린 학문이다"[18]라 하였다. 실지의 사무가 진실성의 근거요, 사무를 떠난 이론은 공허한 관념에 불과함을 지적하고 있는 것이다.

박지원은 소설을 통해 당시 도학이 현실의 진실성을 상실하고 있음을 풍자하여 예리하게 비판하였다. 그는 「호질」(虎叱)에서 호랑이의 입을 빌려 위선적 도학자를 질책하면서, "선비란 아첨하는 것이다"(儒者, 諛也)라 비판하였으며, 인간의 간악함을 열거하여 도덕의 명분과 현실의 실상이 어긋나고 있음을 폭로하고 있다. 또한 「마장전」(馬駔傳)에서는 천하의 사람들이 세력(勢)을 따르고 명예(名)와 이익(利)을 도모하는데, 군자가 이 세력과 명예와 이익을 말하기를 꺼리는 것은 이것을 독점하기 위한 심술(心術)이라 지적하고 있다. 이것도 당시 도학의 명분적 도덕의식이 현실에 어긋나는 허위요 위선임을 비판한 것이다. 「허생전」(許生傳)에서도 당시 도학자들이 청나

17 『推測錄』, 권5, 16, '名實取捨', "名生於實, 有其實則有其名, 無其實則無其名."
18 『人政』, 권11, 1, 「事務眞學問」 1, "凡百事務, 皆是眞切學問, 捨事務而求學問, 乃懸空底學."

라를 치겠다는 북벌(北伐)을 의리로 표방하고 있지만, 무기의 제조나 군사의 조련이라는 실지의 사무에는 관심이 없고, 상투와 체면의 허식에만 사로잡혀 있는 허위의식에 사로잡혀 있음을 비판하였던 것도 실학의 '현실중심의식'을 구체적으로 밝히고 있는 것이다.

도학의 사유구조에서는 『대학』의 방법적 순서에 따라 인격의 덕을 근본으로 삼아 앞세우고, 물질적 대상인 재물을 말단으로 삼아 뒤로 미루는 '선본후말'(先本後末)을 기본원칙으로 삼고 있다. 여기서 나아가 근본적 가치기준인 의리(義)와 말단적 대상인 이익(利)을 대립적으로 파악하여, 이익(利)를 억제하고 의리(義)를 중시하는 '중본억말'(重本抑末)의 논리를 내세우게 된다.

실학의 '현실중심의식'에서는 근본과 말단의 구조에 대한 기본인식이 변하고 있음을 볼 수 있다. 유형원은 "이 세상의 모든 이치는 근본과 말단이나 큰 것과 작은 것이 서로 떠나는 일이 없다. '치'(寸)가 합당함을 잃으면 '자'(尺)가 '자' 노릇을 할 수 없고, '눈금'(星)이 합당함을 잃으면 저울(衡)이 저울 노릇을 할 수 없다"[19]고 하여, 부분의 미세함이 잘못되면 전체가 온전하게 성립할 수 없음을 지적하였다. 그것은 큰 원칙으로 '대체'(大體)를 중시하는 도학적 시각에서 벗어나 현실의 구체적 사무가 전체의 강령을 바로잡을 수 있는 근거임을 강조하는 것이다. 곧 '중본'(重本)의 도학적 사유가 아니라 '중말'

19 『磻溪隨錄』, 권26, 27, '書隨錄後', "天下之理, 本末大小, 未始相離, 寸失其當, 則尺不得爲尺, 星失其當, 則衡不得爲衡."

(重末)의 실학적 사유를 제시하고 있는 것이다.

또한 유형원은 실지 사무를 학문의 기반으로 확인함으로써, '본-말'구조의 인식에서도 토지를 가장 중요한 근본으로 확인한다. 곧 "토지는 천하의 큰 근본이다. 큰 근본이 이루어지고 나면 모든 일이 따라서 합당하게 되지 않는 것이 없으며, 큰 근본이 이미 문란해지면 모든 일이 따라서 그 합당함을 잃지 않는 것이 없다"[20]고 하였다. 따라서 근본이 되는 토지제도를 바로잡으면, 말단의 모든 일들이 바로잡아질 수 있다는 것이다. 그렇다면 토지제도를 바로잡지 않은 채, 임금이 마음의 덕을 닦아서 어진 정치(仁政)를 행할 수 있는 도학의 주장은 공허한 말에 지나지 않음을 비판하는 것이 된다.

실학이 현실의 당면문제로 관심을 기울이는 중요한 대상은 정치제도와 더불어 백성의 삶을 위해 필수적 조건인 재화의 생산이다. 조선후기 실학은 당시 사회가 당면한 현실의 문제로서 국가의 모든 병폐가 빈곤에 있음을 주목하고, 재화의 생산(生財)이 백성의 생존과 국가의 존립에 필수적 과제임을 강조하고 있다. 박지원은 『서경』(大禹謨)에서 언급한 정치의 기본과제인 '정덕'(正德)·'이용'(利用)·'후생'(厚生)의 세 가지 일(三事)에 대해, "이용을 이룬 다음에 후생을 할 수 있고, 후생을 이룬 다음에야 정덕을 이룰 수 있다"[21]고 하여,

20 『磻溪隨錄』(附錄), 15, '承旨梁得中疏', "土地天下之大本也, 大本旣擧, 則百度從而無一不得其當, 大本旣紊, 則百度從而無一不失其當也."

21 『燕巖集』, 권11, 12, '熱河日記: 渡江錄', "利用然後可以厚生, 厚生然後正其德矣."

도학에서 말단으로 삼는 '이용'·'후생'이 근본으로 삼는 '정덕'보다 선행해야 할 조건으로 강조하고 있다. 그것은 근본을 앞세우는 '선본후말'(先本後末)의 도학적 사유형식을 뒤집어 말단을 앞세우는 '선말후본'(先末後本)의 실학적 사유형식으로 '현실중심의식'의 세계관을 제시하고 있는 것이다.

도학에서는 도덕을 근본으로 삼으면서, 재물이나 이익은 말단으로 삼을 뿐만 아니라, 도덕을 해칠 수 있는 것으로 경계하고 억제하는 '도덕중심'의 세계관을 지키고 있다. 그러나 실학에서는 재물과 '이익'의 말단이 백성의 생존과 국가의 존립에 시급하고 중요한 선행과제로 보는 '현실중심의식'의 세계관을 제시하면서, '이익'(利)은 경계하고 거부해야 할 대상이 아니라 계발하고 확보해야 할 조건으로 중시한다. 이러한 실학의 '현실중심'적 세계관에서는 인간의 삶에서 이익이 중요함과 더불어 인간의 심성에서 욕망을 억제의 대상이 아니라 현실적 조건으로 긍정하는 인간관을 보여준다. 정약용은 인간의 내면에 본래 욕심이 있음으로써 모든 일을 할 수 있음을 강조하여, "어떤 사람이 있는데, 그 마음이 고요하여 욕망(欲)이 없어서, 선도 할 수 없고 악도 할 수 없으며, 문학도 할 수 없고 산업도 할 수 없다면 단지 이 세상에 버려진 물건이다. 사람이 어찌 욕망이 없을 수 있겠는가"[22]라 하였다. 이처럼 욕망을 도덕에 상반된 조

22 『與猶堂全書』[2], 권2, 39, '心經密驗', "余嘗見一種人, 其心泊然無欲, 不能爲善, 不能爲惡, 不能爲文詞, 不能爲産業, 直一天地間棄物, 人可以無慾哉."

건으로 억압의 대상이리 인식하는 도학적 시야에서 벗어나, 인간이 자기실현을 위한 동력으로 인정하는 실학의 현실적 인간이해를 제기하고 있는 것이다.

3. 제도개혁과 경세론의 과제

실학자들은 조선후기의 당시 사회가 지닌 사회적 모순과 제도의 폐단을 분명하게 인식함으로써, 개혁의 과제와 방향을 찾아가고 있었다. 모순을 지적하여 비판하고 있는 경우로, 북학파 실학자 박제가는 당시 조선사회의 허위성을 비판하면서, 재물을 생산할 생각은 않고서 백성의 가난함을 방치하는 '국가의 자기기만', 지위가 높을수록 사무를 천하게 여겨 아랫사람에게 맡겨버리는 '사대부의 자기기만', 과거시험 공부에 정신을 소모하면서 천하의 새로운 지식을 외면하는 '과거제도의 자기기만', 아버지를 아버지라 부르지 못하는 사람이 있으면서, 천하를 오랑캐로 보고, 스스로 예의(禮義)니 중화(中華)니 하는 '습속의 자기기만'의 '네 가지 자기기만'(四欺)을 지적하였다. 또한 그는 당시 조선사회의 폐단으로서, ① 사대부를 특권층으로 유지하는 것, ② 과거시험 제도로 인재 등용의 길을 무너뜨린 것, ③ 유학을 숭상해야 할 서원(書院)이 병역기피와 위법자의 소굴이 된 것의 '세 가지 폐단'(三弊)을 들고 있다.[23] 그만큼 제도의 개혁이 현실의 시급한 과제임을 확인하고 있는 것이다.

도학의 현실대응 논리는 도덕을 확립함으로써 사회질서를 실현한다는 것이지만, 조선후기 실학의 현실대응 논리는 불합리한 제도를 개혁하고 낙후한 산업을 향상시킴으로써 도덕의 기반을 확보할 수 있다는 발상의 전환으로 나타난다. 실학에서 현실문제에 대응하는 기본과제를 세 가지로 집약시켜 보면, ① 당시 사회제도 전반의 합리성과 효율성을 추구하는 '사회제도의 개혁'과, ② 특히 당시 사회의 경제적 기반인 토지를 균형 있게 분배하는 '토지제도의 개혁'과, ③ 신분계급의 극심한 차별을 해소함으로써 사회통합을 추구하는 '신분제도의 개혁'을 들 수 있다.

(1) 사회제도의 개혁론

조선후기 실학자들은 사회제도의 개혁을 위한 과제와 방책을 체계적으로 제시하는 중요한 저술들을 남기고 있다. 먼저 유형원의 『반계수록』(磻溪隨錄)은 모든 백성에게 이익이 균평하게 베풀어져야 한다는 전제 아래 토지제도를 비롯하여, 교육과 고시, 관료의 임무, 녹봉, 군사 등 국가의 정치제도 전반에 걸친 문제점을 점검하고 개혁방책을 제시하는 경세론의 체계이다. 그 후 여러 실학자

23 『貞蕤閣集』, 권3, 37-38, '丙午正月二十二日 朝參時, 典設署別提 朴齊家 所懷', "明者不自欺, 智者不自弊, … 國家誠能推四欺三弊之說, 而觸類而伸之, 剔瘼而牖迷, 則治國之事過半矣."

들의 사회제도 전방위의 개혁론을 체계화한 경세론의 저술이 이어졌다.[24]

조선후기 실학을 집대성한 인물로 인정되는 정약용은 사회제도 개혁의 과제를 제시하는 경세론을 체계화하였다.[25] 그는 사회제도의 개혁을 위한 전제로서 정치의 기본구조에 대한 전면적 성찰을 하면서, 먼저 '다스림'(治)이란 말의 의미부터 재해석하였다. 정약용은 『중용』에서 "사람으로 사람을 다스린다"(以人治人)라는 구절에서 '사람을 다스린다'(治人)는 말은 권력으로 백성을 지배하는 것이 아니라, "'사람으로 사람을 다스린다'는 것은 남에게 요구하는 것으로서 남을 섬기는 방법이다. … 부모를 섬기고 임금을 섬기는 것도 모두 '사람을 다스리는 것'이다"[26]라 밝혔다. '다스린다'(治)는 말 자체를 다스리는 자가 백성을 지배하는 것이나 위에서 아래로 내려오는 상하질서가 아니라 지적하였다. 곧 한 인간으로서 다스리는 자가 모든 다른 인간에 대해 섬기는 것이요, 아래에서 위로 향하는 것으로 뒤바뀐 상하질서를 제시하는 것이다. 이처럼 그는 '다스림'의 의

24 柳馨遠의 『磻溪隨錄』 이후 李瀷의 『藿憂錄』, 安鼎福의 『臨官政要』, 洪大容의 『林下經綸』, 丁若鏞의 『經世遺表』 등이 국가제도의 전반에 대한 실학자의 경세론 저술들이다.

25 정약용의 경세론의 방대한 저술은 『經世遺表』·『牧民心書』·『欽欽新書』의 '一表二書'로 구성되어 있다. 『經世遺表』는 국가의 정치제도 전반에서 개혁의 모형을 제시하고 있다면, 『牧民心書』는 수령이 백성을 다스리는 자세와 행정의 기본과제들을 구체적으로 규정한 것이요, 『欽欽新書』는 특히 옥사(獄事)를 판결하는 기본자세가 하늘을 공경하고 인간을 긍휼히 여기는 마음에 있음을 강조하고 있다.

26 『與猶堂全書』[2], 권4, 18, '中庸講義補', "以人治人者, 謂以所求乎人者以事人也, … 事親事君皆治人也."

미를 재해석함으로써 정치제도의 개혁을 위한 기본전제를 새롭게 인식하고 있는 것이다.

정약용은 '목민'(牧民)의 개념을 재음미하면서도, 다스리는 자인 '목'(牧)이 다스림을 받는 '민'(民)을 위해 존재하는 것이지, 결코 '민'이 '목'을 위해 존재하는 것이 아님을 강조하였다.[27] 백성이 통치의 도구나 대상이 아니라, 통치의 목적이요 중심이라는 인식을 확인하고 있다. 백성이 통치에서 자리잡는 위치에 대한 인식이 바뀌면 정치제도 전반에 대한 인식도 달라지지 않을 수 없다. 따라서 그는 "천자도 대중이 추대하여 된 것이다. … 옛날에는 아래에서 위로 뽑아 올렸으니, 아래에서 위로 뽑아 올리는 것이 이치에 순조로운 것인데, 오늘날에는 위에서 아래로 임명하여 내려보내니, 위에서 아래로 임명하여 내려보내는 것은 이치에 거슬리는 것이다"[28]라 하였다. 그것은 백성이 주권자요, 천자도 백성의 추대를 받아 권력을 위임받은 존재라는 인식이다. 그것은 천명을 받은 왕권의 절대적 권위를 전제로 하는 봉건군주체제의 통치구조를 넘어서기 위한 발상의 전면적 전환을 제시하는 것이라 할 수 있다. 통치원리에 대한 정약용의 인식에는 비록 아직 싹트지는 않았지만 근대적 민권의식의 맹아가 감추어져 있음을 유의할 필요가 있다.[29]

27 『與猶堂全書』[1], 권10, 4, '原牧', "牧爲民有乎, 民爲牧生乎, … 牧爲民有也."

28 『與猶堂全書』[1], 권11, 24, '湯論', "天子者, 衆推之而成者也, … 古者下而上, 下而上者順也, 今也上而下, 上而下者逆也."

29 趙珖 「丁若鏞의 民權意識硏究」, 『亞細亞硏究』 통권 56호, 1976, 81-118쪽. 정약용이 "천자도 대중

(2) 토지제도의 개혁론

백성의 생활을 넉넉하게 하고 안정시키는 것이 정치의 기본과제라 한다면, 정치제도의 개혁은 생산제도의 개혁에서 출발하지 않을 수 없다. 따라서 실학의 사회제도 개혁론은 농업사회의 생산기반인 토지제도의 개혁에 초점을 맞추고 있는 것이다. 가장 먼저 토지제도에 관심을 보인 인물은 한백겸(久菴 韓百謙)으로, 그는 「기전유제설」(箕田遺制說)에서 평양의 기전유제(箕田遺制)를 보고 은(殷)나라 때의 토지제도가 전자형(田字形)임을 밝히는 토지제도에 대한 고증을 하고 있다.[30]

실학의 토지제도 개혁론은 유형원에 의해 본격적으로 논의되기 시작하였다. 그는 "토지가 천하의 큰 근본이다"[31]라 하여, 정치의 모든 일이 토지제도가 바로잡히느냐 아니냐에 달려 있음을 강조하였다. 그는 당시 토지제도의 문란으로 토지의 겸병이 심화된 현실에 대해, "부자의 땅은 경계가 끝없이 잇닿았고, 가난한 자는 송곳 꽂을 땅도 없다. 그래서 부자는 더욱 부유해지고 가난한 자는 더욱 가

이 추대하여 되는 것"이라는 '제왕추대론'은 明末淸初의 黃宗羲가 『明夷待訪錄』에서 天下가 主人이고 임금이 賓인 古道와 임금이 主人이고 天下가 賓인 時俗을 대비하여, "천하가 어디든지 안녕을 얻지 못하는 것은 임금 때문이다"라고 언급한 논리와 일치한다. 여기서 丁若鏞은 民이 임금까지도 뽑아올린다는 選出權(推戴權)만을 인정하는 것이 아니라 한걸음 나아가 民에 의한 임금의 逐出權마저도 암시하고 있다.

30 韓百謙의 「箕田遺制說」이 朴世堂·李瀷·李家煥·朴趾源 등에게 받아들여진 점에서 실학파에 끼친 영향력을 확인할 수 있다. 南相樂, 「久庵遺稿解題」(1972, 悅話堂), 및 丁鍾俅, 「久庵 韓百謙」(『實學論叢』, 1975, 316쪽).

31 『磻溪隨錄』, 卷1, 1, '田制上', "土地, 天下之大本也."

난해진다"[32]고 하여, 토지제도의 붕괴가 사회전반의 붕괴를 가져오는 문제점을 심각하게 지적하고 있다. 그는 토지제도가 백성의 생활이나, 행정제도와 군사제도, 및 소송이나 풍속에 이르기까지 사회 전반의 문제에 기반이 되고 있음을 강조하였다. 여기서 그는 토지제도의 개혁방안으로서 '농사짓는 사람이 토지를 가져야 한다'(耕者有田)는 원칙을 전제로 하면서, 정전제(井田制)를 이상으로 인정하지만, 현실적으로 균전제(均田制)를 받아들이고 있다.[33]

정약용은 토지제도를 논의하면서, 백성의 삶을 위한 기본 방법이 백성의 이익을 보호해 주는 정책이어야 할 것을 강조하고, 또한 놀고먹는(遊食) 선비들을 생산에 종사하도록 할 것을 제안하고 있다. 여기서 그는 토지제도의 기본원칙으로 분배의 균등함을 중시하여, "그 산업을 고르게 마련하여 다 함께 살도록 하는 자는 임금과 수령의 책임을 다하는 자이지만, 그 산업을 고르게 마련하여 다 함께 살도록 하지 못하는 자는 임금과 수령의 책임을 저버린 자이다"[34]라 하였다. 부자는 더욱 부유해지고 가난한 자는 더욱 가난해지는(富益

32 『磻溪隨錄』, 卷2, 13, '田制下', "富者連絡阡陌, 貧者無立錐之地, 是以富者漸益富, 貧者漸益貧."

33 실학자들의 토지제도에 대한 개혁방안은 토지의 균등분배라는 '井田制'의 원리를 이상으로 하면서, 우리 사회의 현실에 맞게 조정하여 제안하는 것이다. 柳馨遠의 '均田制'는 신분에 따른 토지분배의 차등을 두면서 농민에게 1頃(100이랑)의 토지를 균일하게 분배하는 것이요, 李瀷의 '限田制'는 1戶에 분배되는 기준의 토지인 永業田은 매매를 금하고 나머지는 매매를 허용하는 것이요, 朴趾源의 '限田制'는 토지소유의 상한제를 실시하여 兼併을 막으려는 것이요, 丁若鏞의 '閭田制'는 30戶를 1閭로 하여 협동농업을 하는 제도이다. 신용하, 『조선후기 실학파의 사회사상연구』(1997, 지식산업사).

34 『與猶堂全書』[1], 권11, 3, '田論(1)', "能均制其產而竝活之者, 君牧者也, 不能均制其產而竝活之者, 負君牧者也."

富, 貧益貧) 불균형을 깨뜨리기 위해서는 '부자에게서 들어내어 가난한 자에게 보태어줌'(損富益貧)으로써 분배의 균형을 이루게 하는 것이 목민관의 책임임을 강조하고 있다.

정약용이 이러한 분배의 원리에 따른 토지제도의 개혁방책으로 농민이 농지를 소유하고 협동으로 영농하는 '여전제'(閭田制)를 제시하였던 것이다. 그는 공정하고 균형을 이룬 토지의 분배 위에 조세와 부역을 균평하게 할 수 있음을 강조하고, 이에 병행하여 생산기술의 도입으로 능률을 높이며, 공장(工匠)을 우대하고 수레 및 도로의 정비를 통한 유통시설에 이르기까지 국가의 기반시설이 갖추어지면서 국가의 부강과 민생의 향상이 가능한 것임을 정밀하게 검토하였던 것이다.

(3) 신분제도의 개혁론

실학자들은 조선사회의 신분계급이 사대부(양반)·중인·양인·천인의 4계급으로 고착되어 차별화가 심한 현실에 대해 사회적 모순으로 인식하고, 개혁이 시급한 과제임을 강조하였다. 신분의 차별은 경제적 불균등을 심화시키고, 사회적 진출의 기회가 제한되며, 비인간적 학대가 일어나는 문제점을 심각하게 제기하였던 것이다.

실학자들은 자신이 속해 있는 사대부 계층의 사회적 기능에 진지한 성찰을 하면서 신분계급의 차별을 해소하기 위한 대책을 제시하고 있다. 특히 사대부계급 곧 '사족'(士族)이 놀고먹는(遊食) 현상에 대해 비판하면서, 사족도 농·공·상의 생산활동에 종사할 수 있어야 함을 강조하고, 나아가 사족이 관직을 독점하는 데 따른 사회적 문제점을 제기하면서, 농·공·상에 종사하는 백성들 속에서도 관리를 선발할 수 있어야 함을 주장하기도 하였다.

유형원은 신분의 귀천이 문벌에 의해 세습되는 것을 비판하면서, "예법에는 나면서부터 귀한 자가 없다"[35]고 하여, 상하의 서열은 신분의 귀천이 아니라 재덕(才德)의 높고 낮음이나 연령이 많고 적음에 따라서 나누어야 할 것을 주장하였다. 또한 그는 노비제도가 반인간적이고 이치에 어긋나는 것임을 강조하여, "지금 우리나라는 노비를 재물로 삼는데, 사람이란 같은 종류이니, 어찌 사람이 사람을 재물로 삼는 이치가 있겠는가? … 비록 천자나 제후라도 단지 사람을 다스리는 임무인 것이지, 사람을 자기 재물로 삼지는 않는다. … 만약 임금이 하늘을 대신하여 사람을 다스린다면, 나라는 우리나라요, 백성은 우리 백성인 것이지, 어찌 다시 그 사이에 노비라는 것을 따로 만들어 우리 백성을 해치겠는가"[36]라 하였다. 곧 인간이 같은 종류라 하여 본질적으로 신분의 차별이 있을 수 없다는 전제 위에서 노비제도가 폐지되어야 한다는 것을 강력하게 주장하고 있다.

박지원은 「양반전」(兩班傳)에서 양반의 행동규범이 가식적인 것

35 『磻溪隨錄』, 권10, 5, '敎選之制下: 貢擧事目', "禮, 天下無生而貴者."

36 『磻溪隨錄』, 권26, 8-9, '續篇下: 奴隷', "今我國以奴婢爲財, 夫人者同類, 豈有人以人爲財之理. … 雖天子諸侯, 只是理人之任, 而未嘗以人爲己財物也, … 若夫人君則代天理人, 國是吾國, 民是吾民, 豈是更於其間 別作奴婢, 以害吾民乎."

이요, 지배계층으로서 이권이 남을 해치는 탐학적인 점을 조목조목 열거하여 폭로함으로써, 신분제도의 모순을 고발하였다. 그는 선비의 학문이란 고매한 이치를 궁구하는 것이 아니라, 농사의 경작기술을 밝혀주고, 상품을 원활하게 유통시키는 방법을 찾아주고, 공장(工匠)의 생산기술을 계발해주는 것임을 지적하여, "오늘날 농·공·상이 생업을 잃는 것은 선비가 실학을 하지 않은 과오이다"[37]라 하였다. 신분의 차별화는 백성의 생업과 선비의 학문이 전혀 동떨어지게 되는 결과를 낳았다면, 선비의 '실학'이 바로 백성의 생업을 향상시키는 기술과 지식의 계발을 담당함으로써, 신분의 차별을 넘어설 수 있는 길을 열어줄 수 있는 것이라 보았다. 한걸음 더 나가 박제가는 농업을 해치는 장애로서 생산을 천시하며 놀고먹는 계급인 유자(儒者)를 도태시켜야 한다는 '태유론'(汰儒論)을 제시하여 신분제도의 근본적 개혁을 요구하고 있다.[38]

정약용은 당시 조선사회에서 인재를 쓸 때에 서얼과 중인을 버리고, 서북인(西北人: 평안도·함경도 사람)을 버리고, 당파가 다르면 버려서, 수십 집의 문벌들이 권력을 독점하고 있으며, 소외된 사람들이 좌절감에 빠져 타락하는 현실을 통탄하였다. 따라서 그는 서북인이

37 『燕巖集』, 권16, 22, '課農小抄·諸家總論', "士之學, 實兼農工賈之理, 而三者之業, 必皆待士而後成, 夫所謂明農也, 通商而惠工也, 其所以明之通之惠之者, 非士而誰也, 故臣竊以爲後世農工賈之失業, 卽士無實學之過也."

38 『貞蕤閣集』, 권2, 9, '應旨進北學議疏', "今欲務農, 必先去其害農者, 而後其他可得而言矣, 一曰汰儒…."

나 중인·서얼에서 천인에 이르기까지 학문과 재능이 있는 사람을 추천받아 인재를 선발하는 '무재이능과'(茂才異能科)의 설치를 제안하기도 하였다.[39] 이처럼 그는 서얼과 천민에 이르기까지 능력에 따라 관리로 등용될 수 있는 길을 열어서 국가의 인재로 활용할 것을 강조함으로써, 당시 신분적 차별에 따른 사회적 모순을 해결하는 방책을 모색하고 있었던 것이다.

또한 정약용은 신분제도를 타파해야 한다는 자신의 꿈을 밝혀, "나의 소망이 있다면 온 나라 안이 모두 양반이 되게 하는 것이니, 곧 온 나라 안에 양반이 없어지는 것이다"[40]라 하였다. 그 자신이 신분제도 폐지를 위한 사회개혁운동을 벌였던 것은 아니지만, 양반이 세습신분으로 사회의 계급적 분리가 고착된 현실의 모순을 직시하면서, 봉건적 신분계급이 전면적으로 폐지된 평등한 사회의 이상을 제시하고 있는 것이다.

4. 서양 과학지식의 수용과 기술의 이용

조선후기 실학이 발생하고 전개되는 배경에는 조선사회의 모순

39 『與猶堂全書』[1], 권9, 31-32, '通塞議'.

40 『與猶堂全書』[1], 권14, 23-24, '跋顧亭林生員論', "若余所望則有之, 使通一國而爲兩班, 卽通一國而無兩班矣."

이 심화된 현실문제에 대한 각성이 내부적 요인이었다면, 당시 전래한 서양의 과학·기술과 천주교 교리를 포함하는 '서학'(西學) 지식의 수용이 외부적 계기였다고 할 수 있다. 16세기 말부터 예수회 선교사들이 중국에 전파한 '서학' 지식은 17세기 초부터 조선사회에 수입되기 시작하였고, 새로운 지식에 열린 자세를 지닌 실학자들은 서학에 대해 깊은 관심을 보여주었다. '서학' 지식은 17세기 초 이수광에 의해 서양 서적과 문물을 단편적으로 소개한 이후, 18세기 전반기에 이익(李瀷)에 의해 본격적으로 논의되기 시작하였다.[41]

이익은 서양 과학지식에 대해 적극적 수용자세를 밝히면서, 천주교 교리의 문제에 있어서도 천당지옥설이나 천주의 강생과 성육신(成肉身) 등 신앙적 내용에 대해서는 허황된 것이라 하여 거부하였다. 그러나 그는 서학의 윤리서인 『칠극』(七克)(Pantoja 著)에 대해, "조리에 질서가 있으며 비유가 절실하여 간혹 우리 유교에서 밝히지 못한 것도 있으니, 그것은 자기욕심을 극복하고 예법을 회복하는데 도움되는 공이 크다"[42]고 하여, 호의적 수용 태도를 보여주었다. 이익의 이러한 서학수용 입장은 그의 학맥을 이은 성호학파 안에서 양극적 양상으로 나타났다. 곧 신후담(愼後聃)·안정복(安鼎福) 등 서양 과학에 별다른 관심이 없이 천주교 교리비판에 적극적이었던 공

41 星湖가 읽은 서학 서적은 역산·지리·과학 등 19가지와 교리서 3가지의 목록이 보이고 있다. 李元淳, 「星湖 李瀷의 西學世界」 『敎會史研究』 제1집, 1977, pp.8-9 참조.

42 『星湖僿說』, '人事門: 七克', "條貫有序, 比喻切已, 間有吾儒所未發者, 其有助於復禮之功大矣."

서파(攻西派)와 서양 과학 수용에 관심을 기울이다가 천주교 신앙의 수용에까지 나갔던 이가환(李家煥)·권철신(權哲身) 등 신서파(信西派)로 분열되었던 것이다.

성호학파의 신서파는 서양 과학에 대한 깊은 관심에서 출발하였지만, 천주교 교리에 대한 이해와 수용으로 전개되면서, 권철신과 가까운 후학으로 이벽·이승훈·정약전·정약용 등은 천주교 신앙을 받아들이는 단계로 넘어가게 되였다. 이때 정약용을 예외로 하면 신서파들은 대부분 서양의 과학지식과 생산기술에 대한 관심을 잃고 말았다. 이 점에서 북학파의 실학자들은 천주교 신앙을 거부하면서 서양의 과학지식과 생산기술에 관심을 심화시켜, '이용·후생'의 실학적 현실대응책을 제시하였던 사실과 뚜렷한 대조를 드러내고 있다.

(1) 서양 과학지식의 수용

서양 과학기술 가운데서 지리학과 천문학의 지식이 일차적으로 도학의 세계관을 넘어서 실학의 새로운 세계관을 열어주는 데 중요한 계기가 되었다. 먼저 지리학의 수용으로 마테오 리치(利瑪竇)가 제작한 세계지도인 『곤여만국전도』(坤輿萬國全圖, 1602)가 중국에서 간행되자 중국 중심의 세계관에서 벗어나, 동서양의 전체를 내다보는 새로운 지리적 세계관이 열리게 되었다.[43] 다음으로 서양 선교사

43 『坤輿萬國全圖』는 선조 36년(1603) 李光庭이 중국에서 구해오자, 李睟光은 이 地圖의 정밀함을 인정하였다.

들이 중국에서 서양의 과학기술에 관한 많은 서적을 번역하여 소개하었는데, 우선 서양 천문학을 수용하면서 '하늘은 둥글고 땅은 모난 것'(天圓地方)이라는 전통적 우주관에서 벗어나, '하늘과 땅의 형체는 모두 둥근 것'이라는 새로운 과학적 우주관으로 전환하는 계기가 열렸다.

당시 중국의 역법(曆法)인 '대통력'(大統曆)이 일식·월식의 관측에 착오를 일으키자, 청나라는 1645년부터 서양역법에 따라 아담 샬(湯若望)이 제작한 '시헌력'(時憲曆)을 채택하였고, 조선정부도 효종 4년(1653)에 이 '시헌력'을 시행하였다. 이익은 "오늘날 시행하는 시헌력은 곧 서양인 탕약망(湯若望; Adam Schall)이 만든 것인데, 여기에서 역법은 극치에 이르렀다. 해와 달의 교차나 일식과 월식이 조금도 틀리지 않으니, 성인이 다시 나오더라도 반드시 이를 따를 것이다"[44]라 하여, 서양 역법의 우월성을 극찬하였다. 또한 그는 천문·역법의 계산 등 기수학(器數學)은 후대로 내려올수록 더욱 정교해지는 것이므로, 시대에 따라 계속적으로 발달하는 것임을 인식하여 과학지식의 진보를 강조하였다.[45]

이가환은 이익의 서양 과학을 수용한 학풍을 계승하여, 천문·역법의 연구를 통해 일식·월식의 계산과 황도·적도의 교차 도수

44 『星湖僿說』, '天地門: 曆象', "今行時憲曆, 卽西洋人湯若望所造, 於是乎曆道之極矣, 日月交蝕, 未有差謬, 聖人復生必從之矣."
45 같은 곳, "凡器數之法, 後出者工, 雖聖智有所未盡, 而後人因以增修, 宜其愈久而愈精也."

를 비롯하여 지구의 둘레와 지름에 대한 계산을 도설(圖說)로 제시할 수 있을 만큼 정밀한 이해의 수준에 이르렀다.[46] 또한 정약용은 당시 성호학파의 신서파 학자들 사이에 천문·역법의 이론과, 농정(農政)·수리(水利)의 기계와, 토지측량(測量)·천문계산(推驗)의 방법에 관해 논의가 일종의 풍조를 이루었음을 증언하고 있다.[47]

18세기 후반 서양 과학에 대한 관심을 보인 실학의 학풍으로는 남인계열의 성호학파와 더불어 소론계열의 서명응(保晩齋 徐命膺) → 서호수(鶴山 徐浩修) → 서유구(楓石 徐有榘)의 3대로 이어지는 가학(家學)에서도 뚜렷하게 드러나고, 노론계열의 북학파 실학자 가운데 홍대용에서 선명하게 드러나고 있음을 볼 수 있다.[48] 서호수는 "이마두(利瑪竇, Matteo Ricci)의 상수(象數: 수학)와 라아곡(羅雅谷, Jacobus Rho)·탕약망(湯若望, Adam Schall)의 역법(曆法), 남회인(南懷仁, Verbiest)의 의기(儀器: 천문관측기구)는 모두 천고(千古)의 절예(絶藝)이니, 중국의 선비들이 미치지 못하는 것이다"[49]라 하여, 서양 과학지식을 극진하게 높이고 있음을 보여준다.

46 『與猶堂全書』[1], 권15, 15-42, '貞軒墓誌銘' 및 '先仲氏墓誌銘'.

47 『與猶堂全書』[1], 권9, 43, '辨謗辭同副承旨疏', "此時原有一種風氣, 有能說天文曆象之家, 農政水利之器, 測量推驗之法者, 流俗相傳, 指爲該洽."

48 徐命膺의 아들 徐浩修와 그 아들 徐有榘에서 氣數之學 내지 天文·曆法·數理의 연구에 관해서는 조창록, 『楓石 徐有榘에 대한 연구』(2003, 성균관대 박사논문), 「조선조 開城의 학풍과 徐命膺 家의 학문」(『대동문화연구』 47, 2004), 및 「鶴山 徐浩修의 〈熱河紀遊〉—18세기 西學史의 수준과 지향」(『동방학지』 135, 2006)의 논문이 있다.

49 조창록, 「鶴山 徐浩修의 〈熱河紀遊〉—18세기 西學史의 수준과 지향」(『동방학지』 135, 2006, 191쪽) 재인용.

북학파의 홍대용은 서학의 자연과학을 자신의 사상체계 속에 더욱 깊이 심화시켰다. 그는 연경(燕京)에서 천주당을 찾아가 서양 선교사들과 만나 천문학에 관한 질문을 하고 관측기구들을 견학하였으며, 돌아와서는 자신의 집에 농수각(籠水閣)이라는 천문관측소를 세우고 자신이 제작한 혼천의(渾天儀)를 비치하여 깊이 연구하였다.[50] 이때 그는 월식을 보고 지구가 둥근 것임을 증명하는 지구설(地球說)과 더불어 당시에 서양 선교사들의 저술에서도 비판되었던 코페르니쿠스의 태양중심설까지 수용하고, 지구가 공중에서 돌고 있다는 지전설(地轉說: 地球自轉說)을 받아들일 만큼 서양 천문학의 이해가 깊었다.[51]

홍대용은 도학의 자연철학적 기반인 음양·오행설을 거부하면서, 일식과 월식을 음양의 부조화로 설명해 온 전통적 해석에 대해, 옛 유학자들이 음양설에 얽매여 이치에 막히고 천도(天道)를 살피지 못한 오류라 비판하고, 달과 해와 지구가 서로 가리는 데 따라 일식과 월식이 일어나며, 그것은 지상의 정치와 아무런 관계가 없는 것임을 밝혔다.[52] 그는 오행설에 대해서도 옛 사람이 만물의 전체를 대표시킨 것일 뿐이요, '다섯'이라는 숫자에 구속받을 필요가 없는

50 홍대용은 『籌解需用』을 저술하여 體積法·開方法·三角法을 포함하는 서학의 數學에 대한 이해를 바탕으로 天文·曆法·測量·律呂 등의 계산법을 정리하고 있다.

51 千寬宇, '洪大容 地轉說의 재검토', 『근세조선사연구』, 一潮閣, 1979, 367-378쪽.

52 『湛軒書』, 内集 권4, 27, '毉山問答', "拘於陰陽, 泥於理義, 不察天道, 先儒之過也, … 經緯同度, 三界參直, 互掩爲蝕, 其行之常也, … 此三界之常度, 不係於地界之治亂."

것이라 하였다. 곧 하늘은 기(氣)일 뿐이요, 태양은 화(火)일 뿐이요, 땅은 수(水)와 토(土)일 뿐이라 하며, 목(木)과 금(金)은 기(氣)·화(火)·지(地) 또는 기(氣)·화(火)·수(水)·토(土)에 병칭될 수 없다고 하였다.[53] 그것은 서학(西學)의 기(氣)·회(火)·수(水)·토(土)로 구성된 '사원설'(四元說)을 받아들이고 '오행설'을 부정하는 것이라 할 수 있다.

19세기 중엽 최한기(惠岡 崔漢綺)는 『만국경위지구도』(萬國經緯地球圖)를 간행하고, 당시 최신의 중국자료들(魏源의 『海國圖志』와 徐繼畬의 『瀛環志略』 등)을 이용하여 세계 각국의 자연·역사·인물을 서술한 인문지리서로서 『지구전요』(地球典要)를 편찬했던 것은, 그가 일찍부터 세계지리와 국제정세에 관심이 깊었음을 말해준다. 그가 천문현상을 수학적으로 해명한 『의상리수』(儀象理數)와 자연과학의 기초인 수학의 계산법을 해명한 『습산진벌』(習算津筏)을 저술한 것도 서학의 자연과학을 수용한 것이다. 여기서 그가 청년기에 17세기 서학의 과학지식을 받아들였다면 중년 이후에 19세기 당시의 서양 근대과학지식을 수용하였던 점에서 독특한 위치를 지닌다.[54]

또한 최한기는 "나라의 제도나 풍속은 고금이 각각 다르고, 역산

53 『湛軒書』, 內集 권4, 30, '毉山問答', "夫火者日也, 水土者地也, 若木金者, 日地之所生成, 不當與三者並立爲行也, … 天者氣而已, 日者火而已, 地者水土而已, 萬物者, 氣之粕糟, 火之陶鎔, 地之疣贅, 三者闕其一, 不成造化, 復何疑乎."

54 崔漢綺는 『星氣運化』(1867)의 천문학저술을 하면서 侯失勒(Herschel)의 『談天』(1858) 등 근대천문학서적을 이용하였으며, 『身機踐驗』(1866)에서도 19세기 改新敎宣敎師인 合信(Hobson)의 『內科新說』, 『西醫略論』 등 서양 근대의학지식을 받아들였다.

(曆算)과 물리(物理)는 후세로 올수록 더욱 밝아졌다”[55]고 하여, 과학의 진보를 확인함으로써 개혁의 정당성을 강조한다. 따라서 그 당시는 “바다에 선박이 두루 돌아다니고 서적이 서로 번역되며, 듣고 본 것이 전달되고 있으므로, 좋은 법제(法制)나 이로운 기용(器用)과 우량한 토산(土産)으로 우리보다 우월한 것이 있다면, 나라를 위하는 방법은 마땅히 취해서 써야 한다”고 주장하였다. 또한 “실용에 힘쓰는 자나 남에게서 이로운 것을 섭취하는 자는 이길 것이지만, 공허한 문장이나 숭상하고 남을 비난하면서 고루한 것을 지키는 자는 패배할 것이다”[56]라 하여, 서양의 과학기술과 제도의 수용이 경쟁에서 승패가 걸린 중대한 문제임을 지적하였다.

(2) 북학파의 기술 이용과 후생의 과제

실학자들이 청나라로부터 기술도입을 주장하는 것은 생산에 ‘이용’하려는 것이요, 생산의 증대를 통해 ‘후생’의 목적을 성취하려는 것이다. 또한 실학자들은 생산을 향상하기 위한 ‘이용’의 기술로서 서양의 과학기술 서적과 이를 수용한 청나라의 문헌들에 대한 연구에 세밀한 주의를 기울이고 있음을 확인할 수 있다.[57] 기술의 ‘이용’

55 「氣測體義序」, “至於國制風俗, 古今異宜, 歷算物理, 後來益明.”

56 『推測錄』, 권6, 61, ‘推物測事: 東西取捨’, “海舶周遊, 書籍互譯, 耳目傳達, 法制之善, 器用之利, 土産之良, 苟有勝我者, 爲邦之道, 固宜取用, … 惟在於務實用者勝, 尙虛文者絀, 取於人而爲利者勝, 非諸人而守陋者絀.”

57 박지원은 서양인과 중국인의 서양기계에 관한 저술인 등옥함(鄧玉函 J. Terrenz)의 「기기도설」(奇器圖說) · 강희제(康熙帝)의 「경직도」(耕織圖) · 송응성(宋應星)의 「천공개물」(天工開物) · 서광계(徐

문제에 가장 활발한 논의를 전개하였던 것은 홍대용·박지원·박제가로 이어진 18세기 후반의 북학파 실학자들이다. 이들은 연행(燕行)의 견문을 통해 청나라의 문물을 수용하면서 생산기술의 계발을 추구하는 '이용·후생론'을 전개하였으며, 나아가 농업생산기술의 향상을 넘어서 교역과 해외통상론을 제시하는 데까지 발전시켰던 것이다.

박지원은 압록강을 건너 연경(燕京)으로 가는 도중 새로운 것이면 무엇이나 정밀하게 관찰하여, 민가의 외양간과 돼지우리에서 거름더미에 이르기까지 이용의 실제를 확인하였다. 심지어 숙소의 방구들 제도와 아궁이·굴뚝의 제도를 관찰하고는 "겨울이면 우리나라의 무수한 형제들 코끝에는 항상 고드름이 달렸으니, 이 방법을 배워가서 겨울철에 고생을 면하게 하고 싶다"고 언급하기도 하였다. 특히 그는 벽돌을 제조하는 방법과 쌓는 법 및 그 장점을 정밀하게 파악하였으며, 벽돌 굽는 가마의 제도를 우리나라의 가마 제도와 비교하면서 연료의 효율까지 면밀히 분석하고 있다.

그는 연경을 다녀온 우리나라의 선비들이 중국의 장관을 말하라

光啓)의 「농정전선」(農政全書) 등의 문헌을 소개하여 서양 과학기술에 깊은 관심을 보여주었다. 정약용은 서양 과학기술에 깊은 이해를 가졌으며, 특히 화성(華城)을 설계하면서 테렌즈(鄧玉函)의 『기기도설』(奇器圖說)을 이용해 起重機 등 기계를 제작하여 이용함으로써 서양 과학기술의 실용에 중요한 공적을 이루었다. 또한 최한기는 明末 徐光啓의 『農政全書』와 우르시스(熊三拔)의 『泰西水法』, 테렌즈의 『奇器圖說』, 및 王徵의 『諸器圖說』 등 기계의 원리를 해설한 17세기 西學의 科學書를 폭넓게 섭렵함으로써, 농업기술에 관한 『農政會要』(1830)를 비롯하여, 灌漑用器機를 圖解한 『陸海法』과 起重機.引重機 등 기계에 관한 『心器圖說』을 저술하여, 이용을 위한 기술과 제도의 계발에 관심을 기울이고 있음을 보여준다.

면 명승지를 일컫는 것과 달리 그 자신은 기왓조각과 거름더미에도 장관을 볼 수 있다 하여, 청나라 기술의 '이용'을 높이 평가하고 있다. 또한 "오랑캐라 하더라도 법이 좋고 제도가 아름다우면 스승으로 삼고 배워야 한다"[58]고 하였다. 곧 백성에 이롭고 나라에 도움이 된다면 오랑캐에게서 나온 법일지라도 취하여 본받아야 할 것임을 강조하여 이용의 법도를 받아들일 것을 주장하였던 것이다.

박지원은 『열하일기』(熱河日記)에 「거제」(車制)편을 별도로 설정하여 수레 제도를 중요하게 다루면서, "나라의 가장 큰 실용으로 수레만 한 것이 없다"(有國之大用, 莫如車)고 언급하여, 수레의 제도를 본받을 것을 역설하고 있다. 그는 청나라에서 활용되는 각종 수레의 형태와 서양 기계제도를 소개하면서, 수레 제도를 이용함으로써 재화를 유통시키고 부유하게 할 수 있음을 강조하였다.[59]

박지원은 사방이 몇천 리 안 되는 우리나라의 백성이 빈곤한 것은 한마디로 수레가 다니지 못하기 때문이라 진단하면서, 수레의 제도를 씀으로써 유통을 활발히 하여 우리나라 백성의 빈곤을 구제할 수 있을 것이라는 신념을 밝히고 있다. 또한 그는 우리나라에 수레가 쓰이지 않는 것은 지형이 험하고 도로가 나쁘기 때문이라는 통념을 거부하고, 수레를 쓰지 않으니까 도로가 닦이지 않는다는

58 『燕巖集』, 권7, 5, '北學議序', "苟·使法良而制美。則固將進夷狄而師之."

59 朴趾源이 소개하고 있는 수레가 응용된 기계로는 논에 물을 대는 龍尾車, 불을 끄는 水銃車, 방아 찧는 牙輪, 가루 만드는 搖車, 고치 켜는 繅車 등이다.

적극적인 이용론을 강력히 주장하고 있다.

박제가(朴齊家)는 『북학의』(北學議, 1778)에서, '북학'(北學)이라는 말은 중국의 선진 문물을 배우는 것이요, 중국의 선진문물을 본받아 우리의 낙후한 제도를 개혁하는 것임을 밝혔다. 또한 '북학'은 중국의 풍속으로 우리나라에 실행할 만하고 일용에 편리한 것을 확인하여, 이러한 중국 문물과 제도를 실행할 때의 이로움과 실행하지 않을 때의 폐단을 밝히는 것이라 언명하였다.[60] 여기서 그의 북학론이 지닌 중국 문물의 섭취라는 범위와 더불어, 실용성을 추구하는 목적의식을 파악할 수 있다. 이러한 북학론의 과제는 그 배경에 "이용과 후생이 한 가지라도 정비되지 않으면 위로 정덕을 해치게 된다"[61]는 북학파 실학자들의 현실 중시와 실용성을 강조하는 방법론이 전제되어 있는 것이다.

박제가의 '북학론'은 빈곤을 해결하여 민생을 넉넉하게 하는 '후생'을 위해 먼저 기술의 '이용'을 통해 생산의 향상을 실현해야 하는 것을 기본과제로 확인하고 있다. 그는 이를 위한 조건으로서 기용(器用)의 편리함(기계)이 천시(天時)라면 경종(耕種)의 법식(기술)이 지리(地利)요, 상고(商賈)의 유통(교역)이 인사(人事)에 해당하는 상응관계에 있음을 주목하였다. 따라서 그는 기계와 기술의 '이용'을 통한 생

60 『貞蕤閣集』 附北學議, '北學議序', "輒隨其俗之 可以行於本國, 便於日用, 筆之於書, 並附其爲之之利 與不爲之弊, 而爲說也, 取孟子陳良之語, 命之曰北學議."

61 『貞蕤閣集』 附北學議, '北學議序', "夫利用厚生, 一有不修, 則上侵於正德."

산의 향상이 통상의 유통으로 연결되어야 함을 강조하고 있는 것이다. 여기서 그는 당시 국가의 가장 큰 폐단인 빈곤을 해결하기 위한 최선의 방법이 중국과 소통하는 것일 뿐이라 역설하고 있다.[62] 그것은 그의 북학론이 백성과 국가를 빈곤으로부터 해방시켜야 한다는 경제적 관심에서 출발한 것임을 말해 준다. 또한 중국의 기술을 도입하고 생산물의 교역을 통해 부강을 획득할 수 있다는 생산과 상업의 중요성을 강조하는 것임을 의미한다.

박제가도 농업 생산의 향상을 위해 수레를 사용해야 할 것을 역설하고 있다. 수레는 운반의 기본적인 도구이지만 수레를 이용해 유통을 활발하게 해주어 상업을 발달시키는 것이 농업의 발전을 위한 기반이 되는 것이라 하여, 수레를 혈맥(血脉)에 비유할 수 있는 것이라 강조하였다.[63] 그는 수레가 유통을 활발하게 하여 상업을 발달시킬 수 있는 조건이라는 점에서 중요시하면서, 유통수단으로 수레와 선박·도로·교량의 제도를 도입할 것을 강조하였다. 상업은 전통적으로 도덕에 상반된 이익의 추구에 빠지는 것을 억제하려는 경향이 지속되어 왔다. 그러나 그는 사치가 폐단이 크고 검소가 미덕임을 인정하더라도, 빈곤을 벗어나 부강을 실현하는 수단으로 통상이 중요하다고 강조하고 있다. 국내에서 사방의 재화가 교역되어

62 『貞蕤閣集』, 권3, 36, '丙午正月二十二日朝參時, 典設署別提朴齊家所懷', "當今國之大弊曰貧, 何以捄貧, 曰通中國而已矣."
63 『貞蕤閣集』, 권2, 10, '應旨進北學議疏', "車譬則血脈也."

백성의 의식을 풍족하게 하는 후생의 실현도 중요하지만, 나아가 중국을 비롯하여 세계 각국과 무역을 함으로써 국가의 부강을 도모할 뿐 아니라, 우리의 이목을 넓혀 천하가 크다는 것을 아는 현실 이해의 효과도 중요한 것임을 지적하였다.[64]

5. 고증학의 수용과 국학(國學)의 관심

(1) 고증학의 수용과 실증적 연구

청나라의 실학은 초기에 제도개혁의 경세론에 중심을 두었지만, 중기에 들어서면서 현실의식과 실용적 관심은 쇠퇴하였고, 주로 경학과 사학의 문헌고증적 연구로 성격이 변하였다. 따라서 청나라 실학은 초기의 실용적 관심에서 중기의 실증적 관심으로 문제의식이 이동한 것이다. 청나라 중기의 고증학(考證學)은 한나라 때의 훈고학(訓詁學)과 관심이나 방법이 같다는 점에서 고증학을 '한학'(漢學)이라 일컫기도 한다.

19세기 초 조선의 실학자들을 중심으로 청나라 중기의 고증학 곧 '한학'이 받아들여지기 시작하면서 성해응(研經齋 成海應)·신작(石泉 申綽)·정약용은 경학연구에서 고증학적 방법을 도입하여 중요한 업

64 『貞蕤閣全集』, 下, 452-456쪽, '北學議外編: 通江南浙江商舶議', "必通遠方之物而後, 貨財殖焉, 百用生焉, … 我乃學其技藝, 訪其風俗, 使國人廣其耳目, 知天下之爲大."

적을 남겼으며, 김정희(秋史 金正喜)는 고증적 방법으로 금석학(金石學) 연구를 개척하였다.

여기서는 청나라 고증학에 대한 자신의 견해를 분명하게 밝히고 있는 인물로 경학의 정약용과 금석학의 김정희의 경우를 살펴보고자 한다. 정약용은 성호학파의 신서파에 속하는 인물로 고증학의 실증적 방법을 받아들이면서 실학의 실용적 현실인식을 확립하고 있는 인물이요, 김정희는 박제가의 문인으로 북학파의 학맥에 속하지만 '이용·후생론'으로 발휘된 북학파의 실용정신은 상실하고 청나라 중기 고증학에 깊이 영향을 받았던 인물이다.

① 정약용의 한·송 비판적 종합

정약용은 자신의 경학체계 속에 고증학을 받아들였지만 경학과 사회현실 문제에 대한 관심을 더욱 정밀하게 다듬어 갔다. 그는 성리학의 이론체계를 근원적으로 비판하지만 성리학이 인간의 본질과 근원을 탐구하였던 문제의식은 높이 평가하였다. 그는 '한학'이 고고(考古)를 방법으로 삼았으나 명변(明辨)이 부족하여 '배우면서 생각하지 않는'(學而不思) 폐단이 있고, '송학'은 궁리(窮理)를 주장하였으나 고거(考據)에 소홀함으로써 '생각하면서 배우지 않는'(思而不學) 허물이 있음을 지적하였다.[65] 여기서 정약용이 지향하는 학문적 성

65 『與全』[2], 권7, 30, '論語古今註', "漢儒注經, 以考古爲法, 而明辨不足, 故讖緯邪說, 未免俱收, 此學而不思之弊也, 後儒說經, 以窮理爲主, 而考據或疎, 故制度名物, 有時違舛, 此思而不學之咎也."

격은 경전에 입각하여 '한학'의 훈고적 방법과 '송학'의 심성론적 과제를 비판적으로 수용하여 종합·지양하는 것이라 할 수 있다.

그는 경전의 해석 방법으로서 '전문'(傳聞)·'사승'(師承)·'의해'(意解)의 세 가지가 있음을 제시하고, 주자의 경전 주석에는 '전문'·'사승'을 벗어나서 시간을 넘어 의리에 따라 판단하는 '의해'가 중심임을 지적하였다. 이에 비해 '전문'이나 '사승'은 시대가 멀어질수록 확실성이 떨어지므로, 송나라 때보다 한나라 때를 향해 거슬러 올라갈수록 더 낫다는 것이다. 그러나 그는 「오학론」(五學論)에서 성리학(송학)에 대한 비판과 더불어 훈고학(한학) 양쪽 모두에 대해 그 문제점을 예리하게 비판하고 있다.

정약용의 학문관은 문헌적 증거를 광범하게 검토하면서 고증적 내지 실증적인 태도를 학문의 기초적 방법으로 중시하는 것은 사실이다. 그러나 실증에 머물지 않고 실증의 방법을 통해 실용의 목적을 추구하는 데 초점을 두고 있다. 따라서 경학의 체계에서도 고증학적 방법을 도입하지만, 청조 고증학에서처럼 문헌고증에 매몰되지 않고, 사회현실의 제도와 이용의 문제를 해명하는 데 활용하고 있는 것이다.

② 김정희의 한·송 불분론(漢宋不分論)과 금석학

김정희는 24세 때(1809) 동지사를 따라 연경(燕京)에 들어가, 당시 청나라 고증학과 금석학(金石學)의 대가인 옹방강(翁方綱)과 완원(阮

元)을 만나 직접 지도를 받음으로써, 청나라 고증학의 학풍을 수용하였다. 따라서 그는 현실과 실용에 대한 관심을 상실하고 문헌고증의 실증에 주력하였던 것이다. 그는 사실에 근거하여 옳은 것을 탐구한다는 '실사구시'(實事求是)가 학문에 가장 긴요한 방법임을 강조하고,[66] 옛 문헌과 자료를 간직하는 '존고'(存古)를 가장 시급한 임무로 강조하였다.[67]

김정희는 '한학'(훈고학)에서 '문견'(聞見)과 '사승'(師承)을 중시하는 태도를 지지하여, '한학'을 널리 종합할 것을 주장하였다.[68] 그러나 그는 옹방강의 견해를 따라, '한학'의 훈고적 방법을 중시하면서도 '송학'(도학)에 대한 긍정적 이해의 입장에서 '한학'과 '송학'을 절충하는 '한송절충론'(漢宋折衷論) 내지 '한송불분론'(漢宋不分論)의 입장을 받아들이고 있다. 그의 고증학적 방법의 성격과 내용은 우리의 사회현실에 대한 관심을 별로 보이지 않으면서, 철저히 당시의 청조 학풍을 직접 받아들였던 사실에 특징이 있다. 또한 고증학적 방법을 통한 자신의 본격적인 경학 연구의 체계화에까지 나가지도 못하고 말았던 한계를 엿볼 수 있게 한다. 그는 금석학을 실증적 역사연구

66 『阮堂全集』 권1, '實事求是說', "漢書河間獻王傳云, 實事求是, 此語乃學問最要之道."
67 이우성 선생은 조선후기 실학을 經世致用派·利用厚生派·實事求是派로 유파를 구분하면서 實事求是派의 중심인물로 김정희를 들고 있다. 李佑成, 「18세기 서울의 도시적 양상」(『한국의 역사상』, 창작과비평, 1982, 27쪽).
68 『阮堂全集』 권1, '實事求是說', "漢儒于經傳訓詁, 皆有師承, 備極精實, … 學者尊漢儒精求訓詁, 此誠是也."

에 적용함으로써, 금석학의 새로운 경지를 열어 주었다.[69]

(2) 국학(國學) 연구의 전개

조선후기 실학은 중국만 바라보던 도학의 시선에서 벗어나 조선의 현실에 관심을 기울이면서, 민족의 자주성을 자각하게 되었다. 이 점에서 조선후기 실학의 성격으로 '근대지향'(진보) 의식과 더불어 '민족'(자주)의식을 지적하기도 한다.[70] 이처럼 실학은 '민족'의식의 각성에 따라 우리나라의 사회제도·역사·지리·언어·풍속·생산기술 등의 영역에서 자기발견을 심화시켰으며, 고증학의 실증적 연구방법을 활용하면서, '국학'(國學)연구를 확장시켜갔다. 20세기 전반기 일제치하에서 민족의식이 고조됨에 따라 '국학'운동이 일어났을 때, 실학이 새롭게 조명되었던 사실도 실학의 '국학'연구가 주목되었기 때문이다.

① 우리 역사 연구

실학자의 대표적 우리 역사 저술은 18세기 후반에 이루어졌다. 강목체(綱目體)로 서술된 안정복(順菴 安鼎福)의 『동사강목』(東史綱目)과 기사본말체(紀事本末體)로 서술된 이긍익(燃藜室 李肯翊)의 『연려실기

69 金正喜의 金石學은 申觀浩·李尚迪·吳慶錫 등 門下를 통하여 金石學派를 형성하였다. 崔完秀 「金秋史의 金石學」, 『金秋史硏究草』, 1976.
70 千寬宇, 「한국실학사상사」 [『한국문화사대계』(6), 고려대 민족문화연구소], 964-968쪽.

술』(燃藜室記述)과 기전체(紀傳體)로 서술된 한치윤(玉蕤堂 韓致奫)의 『해동역사』(海東繹史)를 '실학삼사'(實學三史)라 일컫는다.

안정복의 『동사강목』은 주자의 강목체(綱目體)를 따르지만 도학의 의리론에 사로잡히지 않고 치밀한 고증작업을 전개하였다. 그는 고증을 역사에서 제일의 생명으로 여겨서 당파와 인물을 가리지 않고 자료들을 섭렵하였으나 거의 국내자료에 국한하였다. 이것은 한치윤의 『해동역사』가 외국자료를 통하여 한국사를 이해하려 하였던 것과 뚜렷하게 대조된다. 그는 연대를 기록하면서 중국 연호를 쓰지 않고 본국 연호를 기록하였던 것은 자주적 역사의식의 표현이라 볼 수 있다. 또한 서거정(徐居正)의 『동국통감』(東國通鑑)에서 신라 초기의 왕호에 거서간(居西干)·차차웅(次次雄) 등을 방언이라 하여 고쳐 쓴 것을 거부하고, "역사는 사실대로 기록하는 글이다"라 하여, 그대로 복원시키는 태도는 실증정신의 발휘이다. 또한 『동사강목』은 단군조선의 실재를 인정하면서도 신화적인 서술을 역사에 받아들이지 않고, 사료적 객관성을 인정할 수 있는 기자조선에서 기록을 시작하고 있는 것도, 그의 실증적 역사 인식의 입장을 보여준다. 또한 『동사강목』의 부록으로 실린 「지리고」(地理考)는 강역과 지명의 고증을 통해 실학의 실증적 역사지리 인식을 잘 보여주고 있다.

이긍익의 『연려실기술』은 원집(原集)에서 조선시대 각 군왕시대에서 일어난 중요사건을 편찬하면서 자신의 견해나 비평은 전혀 첨가하지 않았지만 사료의 출전(出典)을 밝히고 있다. 별집(別集)에서는 관직·전례·문예·천문·지리 등의 분류체제로서 각 사항의 연혁을 기술하면서 출전을 밝히고 있다. 그는 당시 역사서술에서 선현을 칭할 때 본명을 직서(直書)하지 않고 호·자·시호 등으로 기록해온 것을 비판하고 역사서술의 공정성을 위해서 성명의 직서를 강조하였다.

한치윤의 『해동역사』는 원편(原篇)만 끝냈을 뿐 마치지 못하였으나, 조카인 한진서(韓鎭書)가 이를 완성하고, 속편(續篇)으로 「지리고」(地理考)를 보완한 것이다. 『해동역사』는 정통론을 내세우지 않으며, 단군조선을 우리 역사의 시원으로 삼아 틀을 잡고, 발해에 관심의 비중을 크게 두었다. 또한 「지」(志: 星曆·禮·樂·兵·刑·食貨·物産·風俗 등)와 「열전」(列傳: 人物考·地理考)이 상세하며, 「지」(志)에 치중하여 문화사적인 면을 밝히는 데 노력하고 있다.[71]

그 밖에 이종휘(修山 李種徽)의 『동사』(東史)는 부여·발해를 중시하여 만주땅을 고토(故土)로 인식하며, 특히 고구려를 역사계승의 중심축으로 삼고 있다는 사실에서 민족사관의 단초를 보여준다. 동시에 역사와 지리를 결합하여 해석하고 고증해감으로써 실학파의 역사연구에 중요한 업적이 되고 있다.[72] 또한 김정희의 『금석과안록』(金石過眼錄)(「眞興二碑攷」)은 진흥왕의 순수비(巡狩碑)인 북한산비와 함흥

71 韓致奫이 고증에 이용한 사료는 중국자료 523종과 일본자료 22종이었고, 그의 按說에서는 우리 자료 수십 종을 들어서 외국자료와 대비하고 있다.

72 申采浩는 李種徽의 연사인식에 대해 "단군이래 조선의 고유한 독립적 문화를 노래하였으며, 金富軾 이후 史家의 노예사상을 갈파하였다"하여, 민족의식을 높이 평가하였다.

황초령비를 비교하면서, 건립연대·왕호·연호·직관·강계 등에 관해 고증을 하였다. 이 연구는 역사연구의 실증적 엄밀성을 유감없이 발휘하고, 금석학의 새로운 경지를 열어 주었다고 할 수 있다.[73]

② 우리 지리연구

초기 실학자인 한백겸은 『동국지리지』(東國地理志)를 지어 우리의 역사와 지리에 관한 객관적 인식을 새롭게 개척하였다. 실학의 우리 지리 연구로 먼저 성호학파인 이중환(淸潭 李重煥)의 『택리지』(擇里志)가 중요한 업적이다. 그는 당시 전국의 인심과 풍속 및 물화의 생산지·집산지 등을 파악하였다. 그의 기본 입장은 생산활동에 지리적 환경의 이용이 중요하다는 것이다. 그는 좋은 지리적 환경이란 땅이 기름진 곳이나 배와 수레 및 사람과 물자가 모여들어 필요한 것을 서로 바꿀 수 있는 곳이라 보았다. 그는 각 지방의 특수농작물에 대해서도 세심한 관심을 기울여 상업적 농업을 중시하였으며, 상업의 발달은 필연적으로 도시의 발전과 연결되는 것임을 주목하였다. 특히 우리나라의 지리적 환경이 상선의 운용에 가장 좋은 조건임을 지적하여, 운반수단의 개선을 주장하기도 하였다.

정약용은 우리 역사지리 연구의 역작인 『아방강역고』(我邦疆域考)에서 기자(箕子)조선부터 발해까지 나라마다 강역과 지명의 연혁을

73 崔完秀, 「金秋史의 金石學」, 『金秋史研究草』, 1976.

고증하였다. 또한 『대동수경』(大東水經)은 강의 역사지리적 고증의 중요한 업적이다.[74]

③ 우리 가요와 속담 수집

홍대용은 우리나라에 전해 오는 가요 천여 편과 별곡(別曲) 수십 편을 뽑아 『대동풍요』(大東風謠)를 편찬했는데, 여기서 그는 우리의 가요에 대해, "오직 그 입에서 나오는 대로 노래가 이루어졌다 하더라도 말이 마음에서 우러나왔고, 혹 곡조에 알맞게 되지 못했다 하더라도 천진(天眞)이 드러나니, 나무하는 아이나 농부의 노래라 할지라도 또한 자연에서 나온 것이니, 사대부들이 이것저것 주워 모아 애써 지어놓은 시가(漢詩) 말이야 비록 옛 것이지만 천기(天機: 天性)를 깎아 없앤 것보다는 도리어 나을 것이다"[75]라 하여, 우리 서민의 가요가 사대부의 한문시보다 진실함을 강조하고 있는 사실이 주목된다.

정약용은 서민의 생활 속에 뿌리내린 속담에 관심을 기울여, 우리말의 속담을 '운'(韻)에 맞도록 한문으로 고쳐서 241수의 속담을 수록한 『이담속찬』(耳談續纂)을 편찬하였다.[76] 그것은 경전이나 중국

74 1903년 張志淵은 丁若鏞의 『我邦疆域考』를 증보하여 『大韓疆域考』를 간행하였다.

75 『湛軒書』, 内集 권3, 27, '大東風謠序', "惟其信口成腔, 而言出衷曲, 不容安排, 而天眞呈露, 則樵歌農謳, 亦出於自然者, 反復勝於士大夫之點竄敲推, 言則古昔, 而適足以斲喪其天機也."

76 정약용의 『耳談續纂』은 王氏(未詳)가 고금의 속담을 모아 편찬한 「耳談」과 李瀷이 모은 우리나라 속담 「百諺解」를 토대로 누락된 것을 수집하여 보충한 것이다.

고전을 포함하면서도 주로 우리 사회에서 대중의 언어 속에 담긴 지혜를 한문으로 자세한 설명을 붙여서 집성하여 보존할 수 있게 하는 동시에, 한문화한 우리말을 다시 운문으로 수록함으로써, 유교 지식인들의 문자생활 속에 우리 속담이 쉽게 스며들 수 있도록 한 것이다.

6. 조선후기 실학의 성격과 의미

조선시대 도학은 여러 유파가 있어도 학문적 기준은 주자라는 점에서 '주자학'이라 일컬어지지만, 조선후기 실학은 학문의 기준이 따로 없으니 문제의식과 관심에 따라 다양한 양상을 드러내지 않을 수 없었다. 다만 유교 지식인들 속에 '주자학-도학'이나 '양명학-심학'의 경우처럼 특정한 학문전통이 아닌 학자들의 학풍 가운데 몇 가지 연관성을 찾아서 묶은 명칭이라 할 수 있다. 이 점에서 '도학'을 일원적 사유체계요, '실학'은 다원적 사유체계라는 성격의 기본적 차이를 드러낸다. 따라서 조선후기의 다양한 학문적 관심 가운데 어떤 공통적 연관성으로 실학의 성격을 규정한다면, 주로 조선사회의 통치체제를 뒷받침하는 도학의 학풍과 차이점에서 찾아질 수밖에 없다. 바로 이 점에서 실학의 세계관이 지닌 특징을 '열린 정신'과 '현실중심의식'으로 집약시켜 파악한 것이다.

도학의 '정통'의식에서 벗어나게 된 실학의 '열린 정신'은 도학에서 가볍게 여기거나 거부하고 배척하였던 사실에까지 포용적인 열린 자세를 보여주었다. 무시되었던 명물·도수(名物度數)의 잡다한 지식에도 관심을 보였고, 비판과 배척을 당하던 양명학이나 서학에도 우호적인 이해나 적극적 수용태도를 보여주기도 하였다. 당시 도학의 '배청'의리론에 따라 무시되었던 청나라 문물에 대해서도, 실학은 적극적인 관심과 수용태도를 보였다. 이러한 과정에서 서양의 과학기술지식이나 당시 청나라의 학풍인 고증학도 수용될 수 있었던 것이다.

실학의 '열린 정신'은 밖으로 향한 태도라 한다면, '현실중심의식'은 조선사회의 사회현실에 대해 안으로 향한 관심이다. 조선후기에 들어오면서 사회기강이 무너지고 민생이 극심한 빈곤 속에 고통을 당하고 있는 현실문제의 다급함을 각성하면서, '도덕중심의식'의 근본주의적 세계관에서 눈을 돌려, 현실의 당면문제 해결을 위한 대책을 찾으려는 것이 '현실중심의식'이다. 이에 따라 사회제도 전반의 모순과 불합리함을 재검토하면서 정치제도·생산제도·신분제도의 개혁을 위한 대책이 제시되었다.

밖을 향한 '열린 정신'이나 안을 향한 '현실중심의식'이 서로 다른 관심의 방향이 아니라, 안으로 현실문제에 대한 요구가 밖으로 새로운 지식을 향한 열린 태도를 촉진시키고 있으며, '열린 정신'이 밖으로 새로운 지식과 기술을 수용함으로써, '현실중심의식'이 안으로

부딪치고 있는 문제에 해결책을 제공하고 있는 것이다. 그렇다면 안과 밖이 서로 연결되어 상호작용하는 것이니, 실학의 '열린 정신'은 '현실중심의식'을 위한 방법을 제공하고, '현실중심의식'은 '열린 정신'에 방향을 제시하는 관계라 할 수 있다.

조선후기 실학자들의 관심은 매우 다양하여 학풍에서 상당한 차이를 나타내는 것이 사실이다. 사회제도의 개혁에 관심을 집중한 유형원의 경우와 생산기술의 개혁에 관심을 집중한 북학파의 경우가 같은 현실문제에 접근하면서도 서로 다른 방향에서 접근하는 것으로 보이며, 같은 서양 과학지식을 수용하면서도 주자학의 기반을 유지하는 이익과 세계관의 근원적 전환을 추구하는 홍대용의 사이에는 상당한 거리가 있다. 도학의 세계관에서 탈피하여 실학의 독자적 세계관을 정립하면서도 정약용의 경학에 기반한 '사천학'(事天學)과 최한기의 경학에서 벗어난 '기학'(氣學)은 철학적 기반을 달리하고 있다.

조선후기 실학이 보여주는 학문적 관심과 이론의 다양성이 엄청난 차이가 있음에도 불구하고 '실학'이라는 이름으로 묶을 수 있는 근거는 실용적이거나 실증적이거나, 토지제도 개혁론이거나 통상론이거나, 진보의식이거나 민족의식이거나, 이러한 다양한 관심과 방법들은 조선후기 사회가 당면한 '현실'에 대한 해결책을 찾는 '현실중심의식'이라는 점이요, 주자학에 호의적이거나 양명학에 호의적이거나, '서학'에 기울어지거나 '고증학'에 기울어지거나, 모두가

이 시대 '현실'문제 해결을 위해 '열린 정신'의 포용적 자세라는 공통점을 찾을 수 있기 때문이라 본다.

또한 조선후기 실학은 도학-주자학의 정통주의적 세계관에 맞서서 모든 지식을 향해 개방하는 '열린 정신'을 보여준 것은 어느 시대에나 보수와 진보, 근본주의와 자유주의가 긴장된 충돌 속에 역동적 역할을 하는 하나의 축을 이룬다는 점에서 중요한 의미를 지닌다. 같은 맥락에서 조선후기 실학은 도학-주자학의 의리론적 이념체계에 맞서서 사회체제의 모순과 이념의 그늘 속에서 고통받는 대중에 관심을 기울이는 '현실중심의식'을 보여주고 있다. 그것은 우리가 풀어야 할 영원한 숙제인 이상과 현실이나 도덕적 가치와 물질적 욕구 사이에 균형점을 잃지 않도록 각성시켜주는 문제를 던져주고 있다는 점에서 큰 의미를 지닌다. 이런 의미에서 조선시대 사상에서 도학과 실학은 사유의 두 가지 기본형식을 이루는 것으로 볼 수 있을 것이다.

제 **4** 장

한국 근대 유교개혁론의 양상과 과제

1. 한국 근대 유교의 변혁을 위한 과제

19세기 말엽 개화(開化)정국의 급격한 변동기에 당시 진보적 지식인들은 도학전통의 배타적 수구론(守舊論)을 거부하고, 새로운 시대 변화에 적응하기 위한 개혁을 추진하는 자강론(自强論)을 주장하였다. 그러나 일제의 침략으로 결국 20세기 초에 조선왕조가 무너지게 되면서 정신적 공황상태가 일어났다. 이러한 시기에 대부분의 유교지식인들은 여전히 도학의 배타적 수구론에 안주하고 있었으나, 일부의 유교지식인들은 유교사상의 개혁을 통해 새로운 시대에 적응하기 위해 유교개혁론을 제기하게 되었던 것이다.

20세기 초의 애국계몽사상가들을 중심으로 유교의 참된 가치를 재인식하고, 근대적 서양문명과 유교의 조화를 추구하며, 민족의식과 유교를 결합시키고, 유교의 종교적 성격을 재발견하는 것이 이 시대 유교개혁론의 기본과제요 방향이라 할 수 있다. 바로 이 점에서 유교개혁론은 유교전통의 폐단에 대한 비판적 성찰을 하였고, 새로운 사회체제요 세계관으로서 서양문명과 유교의 연결점을 찾는 데 고심하지 않을 수 없었다.

서양의 무력이나 과학·기술과 종교나 사회제도가 지닌 힘을 그대로 받아들이는 '서구화'가 아니라, 유교의 세계관 안에서 서양문명을 받아들이려는 것이 유교개혁론의 기본전제이다. 도학이 주도하는 유교전통의 세계관은 중국이 세계의 중심이고 옛 성인이 진리의 불변적 기준이라는 닫힌 세계관이라면, 유교개혁론은 중국을 넘어 동양과 서양이 공존하는 세계를 인정하는 것이고, 옛 성인의 진리도 시대에 따라 계속 새롭게 해석되어야 하고, 사회도 과거의 성왕이 다스리던 이상사회가 아니라 미래로 끊임없이 진보·발전한다는 진화론적 세계관을 받아들이게 된 것이다.

중국 중심의 세계관을 깨뜨리고 지구적 세계관을 갖게 되면서, 유교개혁론은 유교의 진리가 중국문화 속에만 적용되는 것이 아니라 서양문화 속에서도 인정될 수 있는 보편성을 갖는 것으로 재확인할 필요가 제기되었다. 이 점에서 인간과 세계를 인식하는 서양철학의 논리가 유교적 사유의 논리와 일치점을 찾는 데 관심을 기울이지 않을 수 없었다. 특히 과학적 합리성의 사유는 유교개혁론에서 유교의 기본성격으로 강조하고 있음을 보여준다.

진보의 세계관에 대한 유교개혁론이 응답하는 논리는 청나라 말기 변법(變法)사상의 중심인물인 강유위(康有爲)가 새롭게 제시한 공양학(公羊學)의 '삼세설'(三世說)에 따라 거란세(據亂世)에서 승평세(升平世)를 거쳐 미래에 태평세(太平世)가 온다는 진보적 세계관이요, 소강(小康)에서 대동(大同)으로 발전한다는 미래 사회의 이상론이다. 미래에서 희망을 찾는 것은 유교개혁론이 현실의 난관을 뚫고나가는 명분이요 동력이 될 수 있다. 근세의 우리나라 유교개혁사상가들이 강유위의 영향을 광범하게 받고 있는 사실은 '대동' 개념에서 유교개혁론의 방향을 찾을 수 있었기 때문이라 보인다.

유교개혁론은 서양문명 속에 특히 기독교의 종교적 조직과 활력에 큰 자극을 받았다. 기독교를 배척하는 도학의 이단배척론을 벗어나, 도리어 기독교의 종교적 신념과 조직이 지닌 힘을 유교 속에서 발굴하고자 하였다. 이에 따라 유교개혁론은 유교의 종교적 성격을 인식하고 종교단체로서 조직화하는 활동이 일어나게 되었던 것이다. 유교 안에서 종교조직화 운동의 모범도 강유위가 주도하였던 중국의 '공교'(孔敎)운동에서 찾을 수 있었던 것이 사실이다. 이승희는 중국의 '공교'조직인 '공교회'와 연결을 맺고 만주지역의 한인(韓人)을 결속하는 공교회지부를 세웠으며, 이병헌은 우리나라에 공교회로서 '배산서당'(培山書堂)을 세웠던 것이 그 대표적 사례라 할 수 있다.

유교의 종교적 인식과 더불어 유교와 민족의식을 결합시키는 문제가 이 시대 유교개혁론의 중심과제 가운데 하나였다. 서양종교의 힘에 대응할 수 있는 유교의 종교적 기반을 확보하는 것과 더불어 유교의 민족의식을 각성하는 것은 이 시대 민족의식의 고조에 상응하는 당면과제라 할 수 있다. 세계로 열린 근대의식과, 우리 역사에서 뿌리를 찾는 민족의식과, 신념적 결속을 추구하는 종교적 인식은 유교개혁론의 방향과 과제를 제시해주는 것이다. 그러나 유교개혁론이 이 시대의 사회에서 얼마나 대중적 설득력을 발휘하고 현실에서 얼마나 구체적으로 실현할 수 있었는지는 지극히 어려운 과제가 아닐 수 없었다.

2. 한국 근대 유교개혁론의 유형과 과제

(1) 유교개혁론의 시대배경

1876년 개항 이후 일본의 침략으로 1910년 조선왕조의 멸망에 이르는 한말의 역사적 격변기에 시대적응을 위해 변혁을 추구하는 개화파가 등장하였다. 개화파는 서양의 근대적 문물·제도를 도입하면서 유교전통의 제도인 넓은 소매의 옷과 상투부터 바꾸려고 '변복'(變服)과 '단발'(斷髮)을 강행하였다. 이에 대해 도학전통의 유림들은 '위정척사'(衛正斥邪)를 표방하면서, 서양종교와 서양 문물제도를 '사술'(邪術)로 배척하고, 전통의 문물·제도를 '정도'(正道)로 수호하는 배타적 '수구론'(守舊論)으로 맞섰다. 서구지향의 변혁논리와 전통지향의 수호논리가 극심한 대결구도를 드러내는 가운데, 시대변화에 적응하기 위해 유교의 자기변혁을 추진하는 다양한 시도가 제기되었다. 이것이 바로 이 시대 유교개혁론이다.

1890-1910년대에 애국계몽운동이 전개되던 단계에 들어왔을 때, 유교개혁론이 활발하게 일어나기 시작하였다. 유교개혁론은 한

편으로 유교전통의 폐단에 대한 비판적 성찰을 하면서, 다른 한편으로 중국의 유교개혁론인 '공교'운동의 '대동'사상에 영향을 받아 새로운 개혁방법을 모색하게 되었다. 유교개혁론은 이 시기에 제기되는 민족의식의 각성과 깊이 연결을 맺었고, 서양종교의 영향에 충격을 받으면서 유교의 종교적 성격에 대한 확인이 심화되는 특성을 보여준다. 이러한 유교개혁사상은 1920년대와 1930년대까지 일제의 식민지배 아래서 지속되어 오다가 1940년대에 들어서면서 급격히 쇠퇴하였다.

유교개혁사상이 활발하게 일어났다가 급격히 쇠퇴하는 현상의 원인에는 당시 유교개혁론의 이론체계나 중심인물의 개혁론이 유교사회의 대중을 끌어내지 못하고 사회변화에 주도적 역할을 하지 못하였다는 사실에서 찾아볼 수 있다. 당시 유교개혁론의 이론체계는 전통도학의 문제점을 수정·보완하는 소극적 수준과, 도학전통에서 벗어나 전면적으로 새로운 이론기반을 제시하는 적극적 수준의 다양한 차이가 있었다. 유교개혁론을 주도하였던 인물들도 서양문명에 소극적 수용태도를 보였던 경우와 광범한 수용태도를 보였던 경우의 다양한 차이를 보여준다. 여기서 소극적 변혁론은 도학전통의 기반에 가까웠지만, 완강하게 도학전통을 고수하는 유림들을 설득하기가 어려웠고, 과감한 변혁론은 도학전통의 기반과 거리가 멀어졌는데, 그렇다고 서민대중 속에서 폭넓은 호응을 얻어내지도 못하였다. 이 점에서 조선후기 실학이 그 시대의 방향을 선명하게 밝혔지만 유교지식인들의 대중적 공감을 이끌어내지 못했던 것처럼, 근세의 유교개혁론도 소수 지식인의 이론과 사상으로 머물다가 사라질 수밖에 없었던 것으로 보인다. 그만큼 도학전통의 완강한 배타적 '수구론'은 근세의 유교개혁사상에도 결정적 제약요인이 되었던 것이라 할 수 있다.

개화기에서부터 계몽사상기를 거쳐 일제의 식민지배 아래에서 다양하게 제기된 유교개혁론은 사회저변으로 확산시키기 위한 설계는 빈약한데 개혁이론을 체계화하는 데 치중하여 머리는 크고 손발은 너무 허약한 모습을 드러내었던 것이다. 한마디로 유교개혁론의 이론은 실천의 토대를 확보하지 못하면서 사상체계로서 허공에 머물다 사라지고 말았던 것이라 할 수 있다.

유교개혁사상은 유교전통의 폐단과 모순에 대한 비판적 자기성찰에서 출발한다. 이러한 유교내적 성찰의 기본과제를 개괄해 보면, 하나는 유림이 부패하고 허위에 빠져, 시대변화에 눈을 뜨지 못하고, 개혁의지가 결핍되었음이 성찰되고 있다. 다음으로 사대주의에 빠져 민족의식이 결핍되고 신분질서에 안주하여 대중적 기반을 상실한 점이 비판되고 있다. 이와 더불어 형식적 의례에 관습화되어 종교적 신념과 열정이 결핍된 점이 지적되기도 한다.[01] 이러한

01 李炳憲은 20세기초 유교비판론의 주제를, ① 蹂躪人權(사대주의에 빠져서 선조를 夷狄로 남겨놓고 외국인을 禽獸로 지목함), ② 逆抗大勢(『춘추』의 尊周와 專制의리를 고수하여 자기와 다르면 邪說로 배척하는 것은 信敎의 자유에 어긋남), ③ 誤解眞理(전통적 자연관인 天圓地方說에 매달려 과학의 기초적 상식에도 어긋남), ④ 孔子非宗敎家說(유교를 현세 중심의 정치나 철학에 한정시킴)

유교전통의 폐단에 대한 성찰은 절대다수를 차지하는 도학전통의 유림에 대한 비판을 하는 것으로, 결과적으로는 도학전통의 보수적 유림과 유교개혁론자들의 분리와 대립을 초래하는 상황에 놓이게 되었다.

그러나 더욱 심각한 상황은 이 시대 사상조류가 유교 자체를 전근대적 봉건질서로 거부하는 반유교적 적대감이 강력하게 대두되고 있었던 것이다. 반유교적 사상조류에서는 보수적 도학전통의 유림이나 진보적 유교개혁사상이나 구별하지 않고 유교에 대한 전면적 거부의 논리로 제기되었다. 따라서 유교개혁사상가들은 안으로 보수적 도학전통에 대한 반성적 성찰과 더불어 밖으로 반유교적 비판에 맞서서 대응하지 않을 수 없는 처지에 놓이게 된 것이다.

반유교적 시대조류는 중국에서 신해혁명(辛亥革命, 1911)으로 중국사회의 전통체제가 붕괴되는 과정이나 조선왕조가 멸망하는 과정에서 구(舊)질서를 지탱하던 유교에 대한 책임을 물으며 전면적으로 유교를 거부하는 비판이 일어났던 것이다. 중국에서 1919년 5.4운동이 일어났을 때 진독수(陳獨秀)·호적(胡適) 등 당시 중국의 지식인들이 "공자를 타도하자"(打倒孔家店)고 외치면서 '비공'(批孔)운동으로 확산되었다.[02] 이러한 중국의 '비공'운동은 1920년대 초 우리 사회에도 전파되어 큰 논란이 일어났고, 유교개혁사상가들이 반유교

의 4조목으로 제시하였다.

02 윙치찬, 『근대중국종교의 동향』, 이은봉 역, 형설출판사, 1987, 25-29쪽.

적 비판에 대해 대응하지 않을 수 없었다. '비공'의 반유적 비판에 대해 당시 보수적 도학자들은 격렬한 비난으로 대응하였지만, 유교 개혁론자들은 유교사회의 전통과 관습이 지닌 폐단과 모순에 대한 비판은 부분적으로 인정하면서 유교의 진실성까지 부정하는 것에 대해서 반박하는 입장을 보여준다.

반유교적 비판으로 조선왕조 멸망의 책임을 묻는 '유교망국론'에 대해, 장지연(張志淵)은 유교 체제의 과오와 유교 본질의 과오를 혼동하지 말 것을 요구하고 있다. 여기서 그는 조선사회에서 참혹한 사화(士禍)나 붕당(朋黨)의 해독이 정치하는 자들의 과오이지 유교의 과오가 아님을 강조하여, '유교의 이름을 빌려 임금을 속이면서 부끄러움을 알지 못하는 자들의 죄'라고 규정하였다.[03] 그것은 진실한 유교와 거짓된 유교를 분별함으로써, 거짓된 유학자들은 공자·맹자의 죄인이기도 하다고 지적함으로써, 비판해야 할 유교사회의 폐단과 유교의 본래적 참된 가치를 엄격히 구별할 것을 요구하는 것이다.

중국의 '비공'운동가인 오우(吳虞)는 공자의 핵심적 가르침인 예법에 대해, '사람을 잡아먹는(食人) 예법'이라 극렬하게 비판하였다. 이에 대해 장지연은 그 비판 자체가 잘못되었다고 거부하는 것이 아니라, 비판의 대상을 '거짓된 유교'로 한정함으로써, 진정한 유교

03 張志淵, 『朝鮮儒敎淵源』, 193쪽, '儒敎者辨', "假儒名而欺世主, 靨然不知爲恥者之罪也, 是非但先王之罪人, 卽孔孟之罪人也."

와 혼동하여 유교전반에 대한 비판으로 적용시키지 말 것을 요구하였다.[04]

1920-30년대에는 중국에서 유교 전반을 비판하는 '비공'운동이 확산되면서 그 여파로 국내에서도 유교 비판론이 강하게 대두되었다. 진독수의 「중국사상혁명론」(中國思想革命論) 등을 번역하여 게재한 1922년 『동아일보』 기사에서, 강유위가 역대 '인민의 적'들이 이용해 오던 '공교'를 제창하였다고 비판한 진독수의 언급이 있었다. 이에 대해 이병헌은 "사람은 하늘이 아니면 태어날 수 없고, '교'가 아니면 설 수가 없다. 그러므로 상제를 공경하고 교주를 예배하는 것은 문명국의 공리(公理)이다"[05]라고 한 강유위의 언급을 끌어들여, '공교'의 정당성을 변호하였다.

또한 김창제(金昶濟)는 『동명주보』(東明週報, 11호)에 실린 글 「유교급현대」(儒教及現代)에서 "도척(盜跖)의 해독은 한때에 미치지만, 도구(盜丘: 孔丘)의 재앙은 만세에 끼친다"고 언급한 중국의 『민국일보』(民國日報) 기사의 극단적 공교비판론을 인용하였다. 여기서 그는 유교가 사대(事大)와 전제(專制)를 추구한다는 정치적 결함을 비판하고, 신분계급과 여성차별을 조장하는 윤리적 결함을 비판하며, 유교가 종교가 아님을 강조하였다.

04 張志淵, 『朝鮮儒教淵源』, 192쪽, '儒教者辨', "莊周曰, 儒以詩禮發塚, 憤此世排儒之言, 然假儒學而欺世盜名者, 惡得免發塚之譏歟."

05 『李炳憲全集』(上), 266쪽, '泣告朝鮮十三道儒林同胞', "人非天不生, 非教不立, 故敬上帝拜教主, 文明國之公理."

이에 대해 이병헌은 언론계가 유교의 해독을 통렬히 배척하는 것이 그 병통에 절실하게 맞는 것임을 인정하면서, 동시에 공자의 본래 뜻을 살피지 못하고 미혹되어 있음을 지적하여 해명하였다. 그는 유교에 대해 종교가 아니라고 보는 인식이 당시에 널리 퍼져 있음을 인정하면서, 그 까닭이 공자의 정밀하고 미묘한 말씀의 뜻과 세계로 소통하는 진리를 밝히지 못하였기 때문이라 해명하고 있다.[06] 당시 반유교의식의 전면적이고 과격한 유교비판에 대해, 보수적 도학자들은 격렬한 비난으로 반발하였다. 그러나 유교개혁사상가의 반박은 유교의 진실한 뜻을 알지 못한 잘못된 비판임을 지적하는 수준으로, 설득하고 호소하는 모습을 보여주고 있는 것이 사실이다.

(2) 유교개혁론의 유형

20세기 초에 활발하게 일어난 유교개혁론은 당시 중국에서 유교개혁론을 주도한 강유위의 '대동'사상에 많든 적든 어느 정도의 영향을 받고 있다는 공통점이 있으며, 상당수의 유교개혁론자들이 유교의 종교적 성격을 인식하거나 종교조직으로 유교개혁을 추진하는 양상을 보여준다. 그러나 유교개혁사상가들이 서로 다른 사상적 기반 위에 서 있거나 개혁론의 관심과 방법에 차이를 드러냄으로써

06 『李炳憲全集』(上), 268-270, '泣告朝鮮十三道儒林同胞'.

유교개혁론의 양상이 달라지지 않을 수 없었다. 이들 유교개혁론을 크게 보아 네 가지 유형으로 구분해 본다면, ① 애국계몽사상의 유교개혁론, ② 양명학 기반의 유교개혁론, ③ 주자학 배경의 유교개혁론, ④ 경학기반의 유교개혁론으로 분류해 볼 수 있다.

① 애국계몽사상을 배경으로 하는 유교개혁론

애국계몽사상가들 가운데는 이미 유교를 벗어나거나 기독교에 입문하는 인물들도 있었지만, 여전히 유교전통을 민족정신의 기반으로 인식하는 인물들도 상당수 있었다. 장지연(韋菴 張志淵, 1864-1921)·신채호(丹齋 申采浩, 1880-1936)·유인식(東山 柳寅植, 1865-1928)을 그 대표적 인물로 들 수 있다. 이들 애국계몽사상가들은 청년기에 도학 교육을 받았지만, 계몽사상가로 전환하면서 도학적 유교전통의 폐단에 대한 선명한 비판적 인식 위에 유교사상의 개혁을 추구하는 특징을 보여주고 있다. 다만 장지연은 초기에 박은식과 함께 '대동교' 조직에 참여하는 등 유교개혁론을 주장하였지만 후기로 가면서 관심이 쇠퇴하였던 것으로 보인다. 신채호도 초기에는 단편적으로 유교개혁론을 제기하였지만, 망명 이후 유교에 대한 관심을 잃어버렸다. 유인식은 유교개혁을 위한 기본구상을 분명히 밝혔지만 체계화된 수준은 아니었다.

② 양명학을 기반으로 하는 유교개혁론

대표적 인물인 박은식(白巖 朴殷植, 1859-1925)은 사실상 그 자신도 애국계몽사상가의 핵심적 인물의 한 사람이지만, 도학-주자학의 한계를 인식하면서 양명학을 적극적으로 수용하는 입장을 밝히고 있다는 점에서 양명학적 유교개혁론이라 할 수 있다. 박은식이 장지연 등과 함께 1909년 창건한 '대동교'(大同教)는 박은식의 유교개혁사상이 종교조직으로 드러난 것이다.[07]

③ 도학을 배경으로 하는 유교개혁론

대표적 인물로는 이승희(韓溪 李承熙, 1847-1916)와 송기식(海窓 宋基植, 1878-1949)이 있다. 도학자로서는 극히 드문 경우이지만 이승희는 붕괴해 가는 유교체제를 새롭게 조직화하기 위한 시도로, 중국에서 망명생활을 하는 동안 1913년 중국의 '공교회'(孔教會) 조직과 연결하여 만주지역에서 '동삼성한인공교회'(東三省韓人孔教會)를 설립하여 유교재조직 운동을 벌였다. 이에 비해 송기식은 국내에서 활동하며 영남도학의 학풍을 배경으로 지켜가면서도 신학문을 폭넓게 수용하는 애국계몽사상의 입장을 취하였다. 도학배경의 유교개혁론자로서 이승희와 송기식은 도학전통에 대한 비판적 의식을 보

07 '大同教'는 당시 親日유교조직인 '大東學會'에 대항하여 애국운동의 성격을 띠고 있었던 것도 사실이다(愼鏞廈, 『朴殷植의 社會思想研究』, 서울대 출판부, 1982, 201-206쪽). '大同教'가 창립되자, '大東學會'는 1909년 10월 '孔子教'로 改稱하였다.

이지 않으면서 유교조직의 새로운 변화를 구상하고 있다는 특징을 보여준다.

④ 경학을 기반으로 하는 유교개혁론

금문경학-공양학의 기초 위에 '공교'운동을 전개한 유교개혁사상가인 이병헌(眞菴 李炳憲, 1870-1940)과 민족주의 정신에서 우리 역사를 경전으로 편찬한 박장현(中山 朴章鉉, 1908-1940)이 있다. 이병헌은 금문경학의 주석체계를 이루는 경학의 기반을 다졌으며, 박장현은 경학적 입장을 보여주는 것이 아니라 우리 역사를 『춘추』와 『서경』의 형식으로 편찬한 사실에서 민족주의적 경전편찬의 유일한 사례를 보여주었다.

유교개혁론의 다양한 유파 가운데 유교개혁론의 사상체계를 제시한 성과로는 양명학적 입장을 기반으로 하는 박은식의 「유교구신론」(儒敎求新論, 1909), 도학을 배경으로 하는 송기식의 『유교유신론』(儒敎維新論, 1921), 금문경학의 입장을 정립한 이병헌의 『유교복원론』(儒敎復原論, 1919)의 세 저술을 들 수 있다. 박은식은 '구신'(求新)이라 하여, 전통에서 벗어나 근대성을 추구함과 더불어 도학에서 벗어나 양명학으로 전환하는 새로운 사유체계를 강조하고 있다. 이에 비해 송기식은 '유신'(維新)이라 하여, 전통의 거부가 아니라 전통에 새로운 생명을 불어넣는 재해석을 중시하였던 것이다. 또한 이병헌은 '복원'(復原)이라 하여, 전통의 왜곡을 떨쳐버리고 공자의 근본정신을 회복하는 것으로 개혁의 정당성을 확보하고 있다. 여기서 이병헌은 '복원'을 통하여 서구문명의 근대적 합리성을 수용할 수 있고 미래에서 인류의 이상으로 '대동사회'를 실현할 수 있다는 관통의 논리를 계발해내고 있다.

(3) 유교개혁론의 성격

유교개혁론의 여러 유형에는 정도의 차이는 있지만 공통적 성격을 찾아보면, ① 서양사상과 근대문물의 수용, ② 강유위의 영향, ③ 민족의식의 각성, ④ 유교의 종교적 인식의 네 가지를 찾아볼 수 있다.

① 서양사상과 근대문물의 수용

'개혁'이 '수구'와 달리 서양의 근대문명과 제도에 열린 자세를 지닌다는 의미이기도 하다. 서양문물에 가장 관심이 약한 경우가 도학적 배경의 유교개혁론이지만, 이승희 경우에도 나름대로 서양의 과학지식과 국제정세를 이해하고 수용하는 데 관심을 기울이고 있다.

② 강유위의 영향

'대동'(大同)사상과 '공교'(孔敎)운동을 중심으로 우리나라 유교개혁론에 광범하게 영향을 미치고 있다. 애국계몽사상가로서 신채호·유인식의 경우나 도학적 유교개혁사상가인 송기식의 경우도 '대동'을 미래의 이상으로 언급하고 있는 사실에서 간접적이나마 강유위의 영향을 엿볼 수 있다. 박은식이 설립한 '대동교'의 명칭도 강유위의 '대동'사상에 영향을 받은 자취를 볼 수 있고, 도학적 유교개혁론자인 이승희도 '공교회'조직에 참여하였다. '공교'운동에 관심이 없어도 '대동' 개념에 대한 관심은 일반적으로 지니고 있는 것이 사실이다. 이에 비해 이병헌은 강유위의 금문경학-공양학에 근거하여 '대동'을 역사발전론과 사회개혁론의 핵심개념으로 받아들였다. 또한 그는 1923년 '공교회'로 '배산서당'(培山書堂)을 건립하였던 사실도 국내에서 강유위의 '공교'이념에 따른 공교운동을 전개하였던 것이다.

③ 민족의식의 각성

민족의식은 유교개혁론의 기본적 양상이라 할 수 있다. 유교개혁사상이 등장하던 시기는 나라가 붕괴하고 식민지배를 받는 상황이라 민족의식이 고조되었다. 유교개혁론에서 민족의식의 각성은 대체로 역사 인식을 통한 민족의식의 고취와, 유교를 민족정신의 정수인 '국수'(國粹)로 인식하는 주장과, 우리 역사를 경전으로 끌어올리려는 시도에서 볼 수 있다.

장지연은 홍범구주(洪範九疇)의 원리를 제시한 기자(箕子)를 '유교의 종조'(宗祖)라 지적하고, 기자가 우리나라를 교화하였으므로, 조선은 '유교의 종조국'(宗祖國)이라 할 수 있음을 밝히고 있다.[08] 이병

08 張志淵, 『조선유교연원』, 1쪽, "檀君之季, 殷太師箕子避周以來, 洪範九疇之道, 敎化東方, … 朝鮮雖謂之儒敎宗祖之邦可矣."

헌은 민족개념의 극대화를 통해 공자를 우리나라 사람이요, 유교는 우리나라에서 나왔다고 주장하기도 하였다. 또한 박장현은 우리나라 역사를 경전체제로 편찬하여 『해동춘추』(海東春秋)와 『반도서경』(半島書經)을 편찬하고 있다. 이러한 사실은 민족의식의 각성을 통해 유교가 조선사회에서 뿌리를 확고하게 유지할 수 있다는 인식을 드러내는 것으로 보인다.

④ 유교의 종교적 인식

당시 조선정부의 개화정책에 대해 도학자들의 저항이 거세자, 조선정부는 이를 무마하기 위해 1899년 고종이 「존성윤음」(尊聖綸音)을 반포하여, "우리나라의 종교는 공자의 도가 아니겠는가"[09]라 유교를 우리나라의 종교 곧 국교로 확인하였다. 사실상 고종은 유교에 대한 아무런 개혁의지도 없었지만, 유교를 국가에서 높이는 종교라 선언함으로써, 유교를 종교로 인식하는 이 시대의 입장을 보여주고 있다. 이러한 선언은 당시의 도학자들에게도 크게 환영을 받았다.

유교개혁사상에서 유교를 종교로 인식하는 차원을 넘어 유교를 대중 속에 전파하고 공동체로 조직하는 유교의 종교적 조직활동이 전개된 사실이 주목된다. 이러한 유교의 종교적 조직활동으로 가장

09 『尊華錄』, 권6, '綸音', "我國之宗教, 其非吾孔夫子道乎." 『大東正路』에도 같은 「尊聖綸音」이 수록되어 있다.

뚜렷한 경우는 박은식이 주도하여 조직한 '대동교'조직과, 이승희가 북경 공교회의 지부로서 설립한 '동삼성한인공교회'(東三省韓人孔敎會)가 있고, 이병헌이 강유위의 영향을 받고서 조선에 공교회로 수립한 '배산서당'이 있다. 이러한 유교개혁론의 종교조직 활동은 큰 성과를 거두지 못하고 침체되었다.

그러나 이 시기에 전국에서 유교의 종교단체가 사방에서 일어나 군소단체로 활동하고 있었던 사실을 볼 수 있다.[10] 이 시기 유교의 종교단체 가운데 안순환(安淳煥)이 1932년에 설립한 '조선유교회'(朝鮮儒敎會)는 시흥(현 서울시 금천구 시흥4동)에 녹동서원(鹿洞書院)을 세웠는데, 서원 안에 단군전(檀君殿)을 세웠던 것은 유교의 종교조직을 민족의식과 연결시키고 있음을 보여준다. 이 서원의 강습회에서는 송기식이 교수로 참여하고 박장현이 학생으로 수강한 일이 있다.

3. 애국계몽사상과 양명학 기반의 유교개혁론

(1) 애국계몽사상가의 유교개혁론

애국계몽사상가로서 장지연·신채호·유인식의 유교개혁론을 개괄해 보면, 유교전통의 폐단에 대한 엄격한 비판의식과 유교의 종

10 鄭奎薰, 『한국 근대 종교의 사상과 실제에 관한 연구』, 229쪽, 1998, 성균관대 박사학위논문. 20세기 전반기에 일어났던 유교의 종교단체로 親日단체 4곳을 포함하여 16단체의 명단이 확인되고 있다.

교적 각성에 근거하여 유교개혁론을 제기하고 있는 점에서는 공통성을 보여주지만, 이들은 대체로 후기로 가면서 유교개혁론에 대한 관심을 상실하고 있다.

① 장지연의 유교개혁사상

장지연은 영남도학의 학풍 속에서 성장하였지만, 1899년 『시사총보』(時事叢報)와 『황성신문』(皇城新聞)의 주필로서 언론을 통한 계몽운동에 주력하였다. 그는 한국유학사를 서술한 『조선유교연원』(朝鮮儒敎淵源)의 끝에서 유교가 지닌 본질적 가치의 진실성을 강조하면서, 조선시대 사화(士禍)의 참혹함과 붕당의 혹독함을 비판하는 데 대해, "이것이 어찌 유교가 시킨 것이겠는가. 실지로 정치가 길들인 것이요 또한 유교의 명목을 빌려다 임금을 속이고 웃음을 흘리면서 부끄러워할 줄 모르는 자들의 죄이다. 이들은 선왕의 죄인일 뿐만 아니라 바로 공자·맹자의 죄인이다"[11]라 하여, 거짓된 유교의 죄를 물음으로써 진정한 유교를 적극적으로 옹호하였다.

이처럼 장지연의 유교개혁론은 바로 진실한 유교와 거짓된 유교를 분별하고, 유교와 정치를 분별하여 버려야 할 부분과 살려나가야 할 부분을 가려냄으로써, 유교개혁의 방향과 과제를 제시하고자 한 것이었다. 한편 그는 공자를 '유교의 종조'(儒敎宗祖)라 밝힘으로

11 張志淵, 『朝鮮儒敎淵源』, 권3, 193쪽, '儒敎者辨', "是豈儒敎之使然也, 實乃政治之馴致也, 抑又假儒名而欺世主, 靦然不知爲恥者之罪也, 是非但先王之罪人, 卽孔孟之罪人也."

써, 공자를 종교의 교조로 확인하여 유교의 종교성을 각성하고 있다. 특히 그는 기자(箕子)를 한국 유교의 '종조'라 규정한다.[12]

장지연은 1909년 박은식 등과 '대동교'(大同敎)를 창건하여, 유교의 종교조직화에 참여하기도 하였다. 당시 그는 양계초가 '종교란 국민의 뇌질(腦質)을 주조하는 원료'라고 언급한 말을 인용하면서, 한 나라의 강약과 흥망이 종교에 걸려 있다고 하여, 국가와 민족에서 종교가 차지하는 역할을 강조하였다. 나아가 그는 공자의 탄일(誕日)의례와 문묘(文廟)의 석전(釋奠)의례 및 제천(祭天)의례를 비롯한 황제의 의례(皇禮) 등 유교의례의 체계적 재구성을 통한 유교의 활성화를 유교개혁운동의 과제로 주목하였다.

그는 유교개혁론이 지향하는 새로운 유교의 기본성격에 대해서도 양계초의 언급을 따라 '진화(進化)주의 · 평등주의 · 겸선(兼善)주의 · 강립(强立)주의 · 박포(博包)주의 · 지성(至誠)주의'라는 '6대주의'를 제시하고 있다. 이러한 그의 유교개혁론이 강유위와 양계초의 영향에 깊이 젖어 있음은 쉽게 확인된다. 그러나 그는 후기로 갈수록 유교개혁론에 대한 관심이 쇠퇴해짐에 따라 점차 희미해지게 된다.

② 신채호의 유교개혁사상

신채호는 성균관 박사로 임명된 26세 때(1905) 황성신문사의 논

12 張志淵, 『朝鮮儒敎淵源』, 권1, 1쪽, '儒敎祖孔子', "檀君之季, 殷太師箕子避周以來, 洪九疇之道, 敎化東方, … 朝鮮雖謂之儒敎宗祖之邦可矣."

설기자로서 언론을 통해 애국계몽운동을 전개하기 시작하였다. 그는 자신의 유교개혁론이 추구하는 과제와 신념을 밝히면서, "보수를 변하고 실천을 힘쓰며, 수구(守舊)를 변하고 취신(就新)을 힘쓰며, 침정(沈靜)을 변하고 활동을 힘쓰면, 반드시 백성의 지혜를 진흥하며 국가의 주권을 옹호하여 유가의 큰 광채를 번쩍일 날이 있을진저!"[13]라고 하였다. 곧 폐쇄적이고 정체된 낡은 질서를 비판하며, 능동적이고 진보적인 새로운 질서로 나아감으로써 국민계몽과 국가주권을 확보하는 것이 그의 유교개혁사상이 추구하는 기본방향임을 제시하고 있다.

신채호의 유교개혁론은 낡은 질서를 허물고 새 질서를 추구하는 진보주의적 관심과 국권의 자주성을 확립하기 위한 민족주의적 관심에 기초를 두고 있는 것이다. 초기에 그는 국운이 쇠퇴한 책임을 유교에 돌리기보다는 올바른 유교적 신앙의 결여에서 찾았고, 그 시대 유교의 폐단을 예리하게 성찰하였다. 당시 나라가 망한 공황의 혼돈 속에서 무너진 유교를 다시 일으켜 보려는 '유교확장론'이 사방에서 일어나고 있었다. 그는 이러한 상황에 대해, "동쪽에서 주창하고 서쪽에서 화답하며, 왼쪽에서 부르고 오른쪽에서 불러, 어제 한 '회'(會)가 세워지고 오늘 한 '교'(敎)가 세워져, 오색의 깃발이 일제히 나부끼니, 오호라 유교가 과연 확장되는가"[14]라고 의문을 제

13 『丹齋申采浩全集』(別集), 형설출판사, 1987, 109쪽, '儒敎界에 對한 一論'.
14 『丹齋申采浩全集』(下), 119쪽, '儒敎擴張에 對한 論'(『대한매일신보』, 1909.6.16).

기하여, '유교확장론'의 현실적 문제점을 지적하고 있다.

그는 유교확장의 방법이 '유교의 진리를 확장함'에 있음을 강조하여, '진리의 확장'이 아니라면 확장은커녕 도리어 멸망하게 될 것이라고 경고한다. 그는 당시 유교확장론을 주창하는 여러 집단 가운데 진리를 위배하는 경우를 세 가지 유형으로 지적하여 비판하였다. 첫째, 친일파들이 황금이나 낚고 벼슬이나 훔치고자 유교확장을 주창하는 것은 국가의 적이요 유교의 적이다. 둘째, 보수파 도학자들이 맹목적으로 존화(尊華)를 주장하고 완고한 사상을 고취하고자 유교확장을 주창하는 것은 문명의 적이요 유교의 적이다. 셋째, 외세에 아첨하는 무리들이 간사한 술책으로 다른 종교를 박멸하고 동포를 유혹하고자 유교확장을 주창하는 것은 사회의 적이요 유교의 적이다. 그만큼 유교확장론을 주창하는 다양한 입장들 가운데 거짓된 집단이 많은 현실을 심각하게 경계하였던 것이다. 따라서 그는 "유교의 진리를 확장하여 '허위'를 버리고 '실학'에 힘쓰며, '소강'(小康)을 버리고 '대동'(大同)을 힘써서 유교의 빛을 우주에 비출지어다"[15]라 하여, 유교의 진리를 확장한다는 것은 바로 '허위'와 '소강'을 버리고, '실학'과 '대동'을 힘쓰는 것임을 밝히고 있다. 여기서 그는 강유위의 '대동'사상에서 영향을 받아 유교의 새로운 이상으로 '대동'을 제시하고 있음을 보여준다.

15 『丹齋申采浩全集』(下), 119-120쪽, '儒敎擴張에 對한 論'.

신채호의 유교개혁론은 국권의 수호와 국민정신의 강화를 추구하는 민족의식의 조건에 철저히 제약되고 있었던 것이 사실이다. 따라서 그는 종교를 '국민에게 감화를 주는 하나의 큰 기관'으로 규정하고, '종교의 노예가 될 뿐이요 국가의 관념이 없는 종교'나 '종교의 신도가 될 뿐이요 국민의 정신이 없는 종교'는 20세기 새 국민의 종교가 될 수 없다고 거부하였다.[16]

나아가 그는 우리나라 유교도덕의 폐단을 통렬하게 지적하여, 첫째, 굳세고 용감함이 아니라 오직 순종하고 온후한 것을 도덕으로 강조한 '관념의 오류', 둘째, 온 세상 사람을 노예로 만들어 혁명가나 파괴자를 내지 못하는 '복종의 편중', 셋째, 개인 사이의 상호적 규범으로 사적인 덕(私德)을 제시할 뿐이요 국가와 사회에 대한 공적인 덕(公德)이 없는 '공·사(公私)의 전도', 넷째, 산림에 숨은 고고한 선비와 눈앞의 편안함을 즐기는 보수적 인물들을 만들어 내는 '소극의 태심'(太甚)을 들었다. 또한 나라 잃은 백성의 특별한 도덕으로서 첫째, 국가주의를 넘어서 세계주의로 나가지 않는 '제한 있는 도덕', 둘째, 국가를 위해서라면 붓을 잡거나 칼을 잡거나 모두가 도덕이라는 '공포 없는 도덕', 셋째, 중국에서 수입하여 고질이 된 도덕이 아니라 우리나라를 강성하게 할 고유의 도덕인 '국수적 도덕'을 제시하고 있다.[17] 그것은 민족의식을 도덕의 기준으로 강조하면서

16 『丹齋申采浩全集』(下), 227쪽, '二十世紀 新國民'.
17 『丹齋申采浩全集』(下), 60-68쪽, '道德'.

더 이상 유교도덕에 의존하지 않는 점에서, 이미 그는 유교개혁을 통한 희망이나 기대를 포기하기 시작하였던 것으로 보인다. 실제로 1910년 중국에 망명한 이후 그는 유교개혁에 대한 관심을 상실하였던 것으로 볼 수 있다.

③ 유인식의 유교개혁사상

유인식은 영남출신의 도학자로서, 1903년 서울에 머물 때 신채호로부터 양계초의 『음빙실문집』(飮氷室文集)을 빌려 읽고 개화론자로 전환하였다. 이때 그는 "심성·이기(心性理氣)가 전날의 학술이라면 기화·성광(氣化聲光)은 오늘의 학설이요, 전통예복이 전날의 풍속이라면 서양복장은 오늘의 풍속이다"[18]라 선언하여, 과거의 성리학을 버리고 오늘의 서양 자연과학을 받아들이며, 과거의 전통 의관을 버리고 서양식 복장과 두발을 받아들임으로써 서양문물의 수용을 시대적 과제로 확인하고 있다.

또한 유인식은 망국의 원인이 정부와 유림의 부패에서 말미암는 것임을 통렬하게 각성하고 부패의 현상을 조목별로 분석함으로써 유교개혁의 출발점으로 삼고 있다.[19] 여기서 그는 유림의 부패를 분석하면서 가장 먼저 경학가(經學家) 곧 도학자의 폐단으로 공허한

18 『東山全書』(下), 133쪽, '通白鶴書堂士林.' "心性理氣, 前日之學說, 而氣化聲光, 今日之學說也. 峨冠法服, 前日之禮俗, 而洋裝剃髮, 今日之禮俗野."

19 『東山全書』(下), 88쪽, '太息錄', "今欲救我國之弊習, 不可不先察其積弊之原因也, 玆論亡國之原因, 由於政府儒林之腐敗者."

이론에 종사하여 세상을 경륜하는 도구가 없고 국민을 위한 계책이나 세계의 형편을 알지 못한다고 지적하여, 망국의 책임이 도학자에 있음을 확인하고 있다. 여기서 그는 도학자를 비판하면서 양명학을 긍정적으로 평가하는 입장을 보여준다.

유인식은 1919년 양계초의 시무학당(時務學堂) 「학기」(學記)를 참조하여, 우리의 청년들이 배우는 데 필요로 하는 과제를 15조의 「학범」(學範)으로 제시하였는데,[20] 특히 마지막 조목인 '종교사상'에서는 자신의 종교관과 유교관을 밝히고 있다. 여기서 그는 공자에 대해서 "모든 성왕(聖王)의 으뜸으로 만세토록 태평을 열어주어, 온 세상이 존숭한다"고 설명하였다. 또한 우리나라는 유학자에서 부녀자에 이르기까지 '공교'(유교)를 자부하지 않는 자가 없음을 지적하면 '공교'를 "진실로 이천 년 동안 국민정신의 정수이다"[21]라 하여, 공자를 온 세상이 존숭하는 교주요 유교를 우리나라의 국수(國粹)라 확인하고 있다.

한편 유인식은 "지금 신앙의 자유와 모든 종교의 평등이라는 학설이 세상에 성행하였으나, 형세는 여러 종교들을 합쳐서 일치시킬 수 없으니, 다만 국민정신의 정수를 지켜서 다음 세상에 소멸되지 않게 하여야 할 뿐이다"[22]라 하여, 유교의 수호론을 제시하였다. 그

20 『東山全書』(下), 110-119쪽, '學範'.

21 『東山全書』(下), 118, '學範', "孔子, 道冠百王, 爲萬世開太平, 天下皆宗之, 我國人最尊尙, … 是誠二千年國粹也."

22 같은 곳, "今信敎自由, 諸敎平等之說, 盛行於世界, 勢不可合諸敎而一之也, 只可保守國粹, 而不至

는 종교가 인간의 삶에 기반이 되고 기준이 되는 보편적 가치임을 확인하고, 당시 강대국이 모두 종교의 힘으로 굳은 결속을 유지하고 있는 사실을 지적하였다. 여기서 그는 "우리나라도 경쟁과 병탄의 시국에 처하여서, 종교의 힘이 없이는 나라를 유지하고 회복할 수 없으니, 여러분들은 마땅히 국민정신의 정수를 신앙하는 것으로 하나의 중심 생각을 삼아야 할 것이다"[23]라 하여, 국가의 주권을 유지하는 데 국민정신의 정수(國粹)로서 '공교'의 신앙을 주장하였다.

(2) 박은식의 양명학에 기반을 둔 유교개혁사상

박은식은 언론과 교육을 중심으로 애국계몽사상가로 활동하였지만, 양명학을 표방하여 유교개혁운동을 벌였던 점에서 선명한 특성을 드러내고 있다. 그의 유교개혁론은 유교전통의 폐단에 대한 인식에서 출발한다. 그는 전통사회의 지식집단을 유림가(儒林家)·행세가(行世家)·잡술가(雜術家)·학구가(學究家)의 4유형으로 나누고, 이들의 폐단을 분석하였다. 여기서 그는 '유림가'의 폐단으로, ① 말 한마디만 달라도 분열하는 것은 도덕상의 본지를 크게 잃은 것이며 인민의 보편적 가르침이 될 수 없음, ② 옛 폐습을 독실하게 지키기만 하고, 시대적 요구에 따라 새로운 것을 찾지 않으며, 예의를 공허하게 담론하고 경제를 강구하지 않음, ③ 사회적 향상(兼善)을 외

滅絶於來世而已."

23 같은 곳, "我國處競爭呑噬之局, 無有宗敎力, 莫可扶回, 諸君當以信仰國粹, 爲一部主旨."

면하고 개인적 수양(獨善)만 중시하여 국가와 인민의 문제에 무관심한 것은 성현이 정성을 다하여 세상을 구제하려는 어질고 의로운 마음에 배치할 뿐만 아니라 자신과 가정도 지키는 방책도 생각하지 않는 것임의 세 가지를 지적하여 비판하였다.[24] 이러한 '유림가'의 폐단을 인식하는 것은 바로 유교개혁론의 과제와 방향을 제시하는 것이기도 하다.

박은식은 유교개혁론의 기본설계를 제시한 「유교구신론」(儒敎求新論)에서 자신이 추구하는 유교개혁론의 핵심과제를 3조목으로 집약시켜 제시하고 있다. 여기서 그는 유교가 '개량되고 새롭기를 구할 것'(改良求新)을 요구하면서, 그렇지 않으면 유교는 결국 멸망할 것임을 경고하였다. 따라서 그는 "차라리 여러 선배에게 죄를 받고 유림파에 노여움을 얻을지언정, 차마 공자의 도가 끝내 땅에 떨어지고 마는 것을 참을 수는 없다"[25]고 선언하여, 유교를 지키기 위한 자신의 확고한 신념을 밝혔다. 그가 제시한 '유교구신론'의 3대 문제는 다음과 같다.

① 유림파의 정신이 오로지 임금을 지향하고 인민사회에 보급하려는 정신이 부족함: 그 해결방법으로 「예운」편에서 제시된 공자의 '대동'(大同)의리와 맹자의 '중민'(重民)이론이 바로 인민에게 보급할 정신을 갖추고 있는 것임을 확인한다.

24 『朴殷植全書』(下), 단국대출판부, 1975, 8-11쪽, '舊習改良論'.
25 『朴殷植全書』(下), 44쪽, '儒敎求新論'.

② 여러 나라를 두루 다니면서 천하를 바꾸려는 신념(主義)을 강구하지 않음: 이를 해결하기 위해, 『주역』(蒙卦)에서 "내가 아동을 찾는 것이 아니라 아동이 나를 찾는다"(匪我求童蒙, 童蒙求我)라는 소극적 태도를 탈피하여, 조헌(趙憲)이 여행길의 주막에서도 지나가는 사람들에게 율곡의 『격몽요결』(擊蒙要訣)을 설명하며 읽기를 권하며 설명하였던 혈성(血誠)과 활법(活法)으로 적극적 전파를 할 것을 요구하고 있다.

③ 간단하고 쉬우며 직접적이고 절실한 양명학의 방법을 필요로 함: 우리나라 유교가 간단하고 쉬우며 직접적이고 절실한(簡易直截) 방법을 필요로 하지 않고, 흩어지고 방만한(支離汗漫) 공부를 오로지 숭상하여 학문방법에서 어긋났다는 것이다. 이에 대해 박은식은 공자의 "하나로 꿰뚫는다"(一以貫之)는 말이나 맹자의 "대체(大體: 마음)를 먼저 세운다"(先立乎大者)는 말을 중시하고, 주자학의 방만하게 흩어진 방법이 아니라 양명학의 간단하고 절실한 요점의 방법을 쓸 것을 요구하고 있다.

이러한 「유교구신론」의 3대 문제를 요약하면, 군주 중심을 벗어나 인민 중심으로의 전환하는 것이요, 소극적 폐쇄성을 벗어나 적극적 전파활동으로 전환하는 것이며, 산만한 주자학의 학풍을 벗어나 간단하고 절실한 양명학의 학풍을 추구하는 것이다. 곧 민주적 사회의식, 행동적 선교활동 및 주체적 신념을 요구하고 있다. 여기서 그는 양명학에 기반을 둔 유교개혁론을 제시하였다. 그 자신이 주자학을 하다가 벗들의 진노와 괴이하게 여김을 돌아보지 않고 하루아침에 양명학을 주창하게 된 이유로, ① 왕양명의 간단하고 직접적(簡易直截)인 학풍이 시대현실에 적합하다는 것, ② 주자학으로 침체된 우리나라 학풍에 변화를 일으켜 새로운 활력을 불어넣어야 한다는 것, ③ 사회적 혼란이 극심한 시대에 대중을 통합하고 사회 기강을 수립하기 위해 교육의 기준을 새롭게 세워야 한다는 것, ④ 물질문명이 고도로 발달하면서 도덕이 퇴락하는 현실에서 양명학의 '양지'(良知)가 절실히 요구된다는 것의 4가지를 들었다.[26] 박은식은 자신의 유교적 신념으로서 양명학을 체계적으로 인식하기 위해 『왕양명실기』(王陽明實記, 1910)를 저술하였다. 그러나 그는 53세 때(1911) 중국으로 망명한 이후에는 독립운동에 전념하면서 양명학에 기반을 둔 유교개혁에 별다른 관심을 기울였던 사실을 찾아볼 수 없는 것이 사실이다.

박은식이 지닌 유교의 종교성에 대한 인식은 그의 초기 저작인 「종교설」(宗教說, 1901)에서 당시 사회의 당면과제로 종교문제가 긴급하고 절실한 것임을 강조하는 데서도 확인할 수 있다. 그는 '教'(종교)를 "성인이 하늘을 대신하여 말씀을 정립하심으로써 만민을 깨우쳐주는 것이다"[27]라 하여, 성인의 말씀을 매개로 하늘의 명령이 드러나고 인간의 교화가 이루어져 하늘과 인간의 소통을 실현하는

26 『朴殷植全書』(下), 237-238쪽, '日本陽明學會主幹에게'(1909.12.2).
27 『朴殷植全書』(中), 414쪽, '宗教說', "教者, 聖人代天立言, 以牖萬民者也."

것으로 자신의 유교적 종교 개념을 제시하고 있다.

또한 그는 서양종교와 유교를 비교하면서, 유교가 비록 신앙의 열정에서는 서양종교보다 뒤떨어지지만 진리에서는 서양종교보다 우월하다는 확신을 밝히고 있으며, "공자의 도는 중정한 도리요 바른 이치이니, 만약 세상의 운행이 더욱 밝아지고 인간의 지혜가 더욱 열리면, 화복(禍福)으로 대중을 유혹하고 위협하는 저들(다른 종교)은 한쪽으로 물러나겠지만, 공자의 도는 세계에 크게 펼쳐질 것이다"[28]라고 하여, 미래에 공자의 도가 널리 행해질 것이라는 희망을 강하게 제시하고 있다.

박은식은 1909년 9월 장지연 등과 '대동교'(大同教)를 조직하여 종교부장으로 활동하였으며, 그해 공자 탄강기념일에 강연을 하면서 대동교의 배경과 종지 및 발전방법을 제시하였다. 곧 '대동교'의 용어는 「예운」편에 나오고, 그 의리는 『춘추』에 있다고 하여, 강유위의 '대동'사상에서 영향을 받고 있음을 보여준다. 또한 "최근 동양학계에 한두 명 호걸한 선비가 나와서 우리 '공교'의 대동학(大同學)을 표출함이 있으니, 지금부터 세계의 진화가 날로 고도로 달려가면 반드시 대동교가 세계에 행하여 천하가 공평하게 되는 지극한 정치를 볼 수 있을 것으로 생각한다"[29]고 하여, 강유위가 표방한 '대동'사

28 『朴殷植全書』(中), 416-417쪽, '宗教說', "夫子之道, 大中至正, 若世運愈明, 人智愈開, 彼以禍福誘脅大衆者, 將退聽一邊, 而吾夫子之道, 大伸於世界耶."

29 『朴殷植全書』(下), 59쪽, '孔夫子誕辰紀念會講演'.

상을 '공교'가 지향할 새로운 이상으로 확인하고 있다.

박은식은 대동교의 종지를, "성인이 천지·만물로 일체를 이루는 '인'을 미루어 천하에 가르침을 세우되, 사람마다 고유한 본심의 밝음에 근거하여 열어주고 이끌어주어 그 신체의 사사로움과 물욕의 은폐를 극복하고 다스리며, 나아가 마음의 본체가 같음을 회복하면, 천하의 사람이 '인'에 함께 돌아가서 태평의 복락을 함께 누리게 하는 것이다"[30]라 제시했다. 이것은 한마디로 양명학의 치양지설(致良知說)을 대동교의 기본교리로 수용하고 있는 것을 의미한다. 그는 '대동'을 천하가 공평하게 되는(天下爲公) 사회적 현상으로 인식하지만, 그 근거는 천지·만물을 일체로 삼는 인간 마음의 본체로서 '인'의 일치에서 확인하고 있는 것이다.

또한 그는 대동교의 발전방법을 '국민의 계몽'(開導國民)과 '세계를 향한 선교'(世界宣布)의 두 가지로 제시하고 있다. 먼저 국민의 계몽을 위해 서민대중을 위해 국문으로 번역하여 일반 남녀동포가 모두 이해하고 신앙하게 하여 대동의 교화를 이룰 것을 강조하였다. 다음으로 세계를 향해 선포하기 위해서 퇴계·율곡 등 우리 선현들의 저술과 대동교의 새 저술을 한문으로 번역하여 중국과 일본에 전파하고 영어로 번역하여 대동교의 영향을 서양학계에 전파시킬 것을 의도하고 있다.[31]

30 『朴殷植全書』(下), 59-60쪽, '孔夫子誕辰紀念會講演'.
31 『朴殷植全書』(下), 61쪽, '孔夫子誕辰紀念會講演'.

이에 따라 박은식은 유교의 종교적 각성을 통해 대중적 확산과 세계적 성장을 추구하는 과제를 확인하고, 나아가 유교의 장래에 대한 강렬한 희망적 확신을 제시하였다. 그는 20세기 초의 세계정세 속에서 유교의 위상을 돌아보면서, "과거 19세기와 현재 20세기는 서양문명이 크게 발달하는 시기요, 장래 21-22세기는 동양문명이 크게 발달할 시기이니, 공자의 도가 어찌 끝내 땅에 떨어지고 말리오. 장차 전세계에 그 빛을 크게 드러낼 시기가 있을 것이다. 아아, 우리 한국 유림이여, 밝은 눈으로 관찰하고 분발하여 담당할지어다"[32]라고 천명하였다. 이처럼 그는 다음시대에 유교의 주도적 지위를 회복함으로써 서양의 압도적 영향력을 극복할 것이라는, 인류의 정신사에 대한 전망을 자신의 확고한 신념으로 밝히고 있으며, 그만큼 종교운동가로서의 성격을 분명하게 드러내주고 있다.

대동교는 종교조직으로 성공적이지도 지속적이지도 못했다. 그러나 박은식이 중심이 되어 양명학에 기반을 둔 유교개혁이론을 확립하고, '대동'을 새로운 유교의 이상으로 표방하여 대동교로 이름붙인 유교조직운동을 전개했다는 사실 그 자체가 중요하다. 그것은 조선시대 유교전통이 근대사회로 전환하는 과정에서 추구하던 변혁의 이념과 양상을 가장 특징적으로 드러내고 있는 것의 하나라

32 『朴殷植全書』(下), 48쪽, '儒敎求新論'.

할 수 있다.

박은식의 유교개혁론은 유교전통의 많은 폐단과 모순을 인식하면서, 유교이념의 개혁을 추구하는 것이요, 한마디로 양명학을 새로운 시대에 적응하는 주체적 능동성과 현실적 적합성과 보편적 통합성을 지닌 원리로 인식하는 유교개혁사상이다. 그의 유교개혁사상이 지닌 핵심적 특징은, 첫째, 양명학에 이론적 기반을 정립하고 있으며, 둘째, 민족의식의 강화를 지향하고 있는 것이요, 셋째, 유교의 종교적 각성과 확립을 추구하고 있다는 점을 들 수 있다. 그는 유교의 종교적 각성을 통해 대중 속으로 확고한 신념의 뿌리를 내리고 세계 속으로 확장시켜가기를 추구하였다. 그는 다음 시대에는 서양의 압도적 영향력을 극복하고 유교가 주도적 역할을 회복할 것이라는 신념을 밝혀주고 있다. 바로 이 점에서 비록 그의 유교개혁론이 성공하지는 못하였더라도 유교개혁사상가요 종교운동가로서 그의 위치를 선명하게 드러내고 있는 것이다.

4. 도학 배경의 유교개혁론

(1) 이승희의 공교회(孔敎會) 활동과 도학의 개방적 계승

이승희(韓溪 李承熙, 1847-1916)는 한말 영남도학의 거장인 이진상(寒洲 李震相)의 아들로서, 그 자신도 비중이 큰 도학자였다. 그러나 그는 일제의 압박을 피하여 1908년 62세의 노년에 블라디보스토크로 망명하였으며, 이듬해 1909년 만주(密山府)로 옮겨가서 한흥동(韓興洞)을 세워 동포들을 유교정신으로 결속시키기 위해 노력하였다. 이때 그는 「일칙명」(日則銘)과 「일송오강십목」(日誦五綱十目)을 지어 매일 아침 낭송하는 것을 의례로 정착시켰다.[33] 「일칙명」에서는 "밝고 밝은 상제는 그 명령이 그침이 없다"(明明上帝, 其命無息)로 시작하고, 「일송오강십목」에서는 "천지를 위해 마음을 세운다"(爲天地立心)로 시작하는데, 이를 통해 그의 유교개혁론이 상제에 대한 신앙을 강조하고 있는 사실을 확인할 수 있다.

1913년 강유위와 진환장이 이끄는 공교회(孔敎會)가 북경에서 조직되자, 이승희는 만주지역(東三省) 한국인 동포들을 결속하는 방법으로 '동삼성한인공교회'(東三省韓人孔敎會)를 설치하기로 결심하고, 「동삼성한인공교회취지서」(東三省韓人孔敎會趣旨書)와 '절목' 10조를 제정하여, 각 지역에 통문으로 돌리며 유교조직화를 추진하였다.[34] 이 '취지서'의 '절목' 10조에서는 먼저 '공자의 교'는 천·지나 일·월 같아서 사람은 모두 볼 수 있음을 강조하면서, 입회자는 종전의 부패하고 헛되고 거짓된 습관을 통절하게 씻어내어 성심으로 '교'를 믿고 따를 것을 요구하였다. 그것은 비록 변혁은 아니더라도 폐습을 성찰함으로써 자기쇄신을 추구하고 있는 것이다. 다음으로 '공

33 『韓溪遺稿』 6, 국사편찬위원회, 1979, 438-441쪽, '日則銘'·'日誦五綱'.
34 같은 책, 263-265쪽, '東三省韓人孔敎會趣旨書'.

자의 교'에 위배되지 않는 것은 당세의 응용에 통할 수 있어야 한다고 요구함으로써 한정된 조건 아래서 새로운 문물의 수용을 추구하고 있다. 이 '취지서'와 '절목'은 공교회와 직접 만나기 이전에 이승희 자신의 유교재건방안으로서, 매우 한정된 범위에서나마 새로운 시도를 위한 관심이 엿보인다.

1914년 1월 이승희는 북경에 가서 북경공교회의 주임인 진환장(陳煥章) 등 공교회 인사들을 만나서 협의하여, '동삼성한인공교회지회'를 설치하도록 승인받았다. 이 시기에 그는 공교회의 요청을 받고 『공교잡지』(孔教雜誌)에 글을 싣기도 하였으며, 강유위에게 편지도 보내어 공교문제를 논의하고, 공교회의 강연회에 나가 몇 차례 연설을 하는 등 직접 공교회활동에 참여하였다.[35] 당시 진환장이 이끌던 '북경 공교회'는 강유위의 공양학(公羊學)에 기초한 공교사상의 체계를 엄격하게 관철하는 입장이 아니라, 현실적으로 전통적인 유교지식인을 폭넓게 포용하여 조직화하는 데 주력하고 있었던 경우라 보인다. 따라서 이승희의 경우처럼 주자학 배경의 유학자도 참여의사만 밝히면 공교회로부터 환영을 받았던 것이 사실이다. 또한 이승희 쪽에서는 강유위의 공양학을 그대로 받아들이는 유교개혁론의 입장은 아니었지만, 만주지역 한국인 동포의 조직화에 중국의 공교회 조직이 든든한 배경이 될 수 있었기 때문에 공교회지부로

35 李承熙가 당시 『孔教雜誌』에 투고한 글로 「孔教教科論」·「孔教進行論」·「孔祀冠服說」이 있다.

참여하였던 것이라 할 수 있다.

이승희는 「공교진행론」(孔敎進行論)에서 공교를 진흥시키기 위한 방책으로 이미 세워진 각 지역의 공묘(孔廟)에 공교의 학과를 설치하고, 더하여 전문학교를 증설하는 등 교육을 가장 중요한 과제로 제기하여, 그 제도를 구체적으로 논의하고 있다. 여기서 그는 경전을 알기 쉽게 간추리고 신학(新學)서적은 바른 이치에 해롭지 않게 간추려서 현실의 응용에 적합한 것은 채택할 것을 주장하였다.[36] 그의 저술에서 그 자신의 공교사상체계와 연관된 것을 보면, 교육에 대한 그의 깊은 관심을 드러내는 것으로 공교의 조직화와 운용에 교육을 중심과제로 하고 있음을 보여준다.[37]

그는 공교의 도리를 요·순·주공·공자의 '도'라는 전통적 '도통' 의식에서 파악하였고, 이 도리를 밝히는 것이 '중화'(中華)의 진실한 뜻이라 지적함으로써, 서로 경쟁하는 종족주의에 사로잡히지 않는 보편적 진리로서 공교를 강조하였다.[38] 그러나 이승희가 주장하는 공교의 보편성은 강유위의 '대동'사상이 보여주는 이상주의나 진보주의적 성격을 지닌 것이 아님은 분명하다. 따라서 그가 서양의 기

36 『韓溪遺稿』 6, 329-334쪽, '孔敎進行論'.

37 李承熙의 저술에서 「家範」·「女範」·『內則章句』·「閨儀」는 가정교육과 여성교육의 실천규범을 구체적으로 제시하는 것이요, 『禮運集註』는 康有爲의 '大同'사상과 연결되는 관심을 보여주며, 『弟子職集解』는 교육문제에 대한 그의 관심을 심화시킨 것이다. 「中範」이 우주론적 원리를 체계적으로 인식한 것이라면, 『曲禮章句』는 의례에 대한 실천적 관심을 보인 것이다. 그가 일찍이 「正蒙類語」(1884)와 「蒙語類訓」(1888)을 지어 천자문류인 아동용 교과서를 체계적으로 구성하고 있는 것이다.

38 『韓溪遺稿』 6, 396-397쪽, '李南彬筆話', "何以曰堯舜周孔也, 均是人也, 曰中華者, 明此道理也, 均之爲中華也, … 人人各私某種族, 而不通之以理, 何以成其公也."

술과 제도를 긍정적으로 받아들이는 경우에서도 유교의 근본적 재해석을 시도하는 강유위의 개혁론을 추종하는 것이 아니라, 강상론(綱常論)의 도학적 도덕규범을 공교의 기본내용으로 확인함으로써, 도학전통을 계승하는 공교를 추구하였던 것이다.[39]

이승희가 유교의 배타적 수구론에 집착하지 않고 공교에 능동적으로 참여하였던 것은 그가 도학전통을 계승하면서도 개방적 정신을 가졌기 때문에 가능하였던 것으로 볼 수 있다. 그는 1908년 블라디보스토크에서 망명생활을 하는 동안 「만국대동의원사의」(萬國大同議院私議)를 저술하여, 천하를 공리(功利)의 분쟁에 빠뜨리지 않고 인의(仁義)의 '대동'으로 이끌기 위한 대책을 제시하였던 것도, 그가 도학자이면서도 수구파가 아니라 진취적 개방성을 지니고 세계를 지향하는 의식에서 '만국대동의원'(萬國大同議院)이라는 일종의 국제연합기구에 대한 구상을 가졌던 것이다.[40]

이승희의 공교사상은 그 자신의 도학적 기반을 전제로 하면서 부분적으로 강유위의 공교사상을 수용하고 공교회에 참여하는 절충적 성격을 엿볼 수 있게 한다. 이에 따라 그의 공교활동은 중국사회에

39 『韓溪遺稿』 6, 399-400쪽, '袁峻筆話', "如有聖人作, 恐當大明古聖綱常道德而實行之, 使邪說不得作, 至於器械政法, 亦可隨時損益, 并取而兼用之, 以通天下之務矣."

40 『韓溪遺稿』 7, 549-550쪽, '韓溪先生年譜'(戊申 5月條). 여기서 李承熙가 제시하는 '萬國大同議院'의 구상에는 ① 萬國의 文字를 通考하여 參定하고, ② 萬國의 倫理·德行을 通考하여 參究하고, ③ 萬國의 憲法·典章을 通考하여 參采하고, ④ 萬國의 兵戌·戰爭의 由來를 通考하여 參察하고, ⑤ 萬國의 工作·機械의 度數를 通考하여 參試하고, ⑥ 萬國의 商賈·錢貨의 방식을 通考하여 參定할 것을 제안하고 있다.

정착하기가 어려웠던 만주지역 망명 한국인 촌락을 공교회조직으로 편입시킴으로써 중국사회와 연결을 갖도록 추구하는 것이었고, 나아가 공교를 그 시대에서 보편적 종교조직으로 받아들이는 입장을 보여준 것이다. 그가 도학이념을 기반으로 공교운동에 참여하였던 만큼 그의 유교개혁론은 유교전통을 비판하거나 혁신하려는 것이 아니었다. 다만 현실의 대세에 대한 주의 깊은 인식에서 도학이념을 현실에 적응할 수 있도록 새롭게 계발하는 것이라 할 수 있다. 따라서 그의 공교활동은 엄격한 의미에서 '유교개혁론'이라기 보다는 '유교개량론'에 가깝다고 해야 할 것이다. 그러나 도학자로서 그 나름대로 현대사회에 유교가 적응할 수 있는 방법을 탐색하기 위해 치밀한 관심을 기울였던 점을 높이 평가해줄 필요가 있다.

(2) 송기식의 『유교유신론』과 유교개혁사상

송기식(海窓 宋基植, 1878-1949)은 안동출신으로 김흥락(西山 金興洛)의 문인이었으니 청년시절 도학의 기반이 확고하였을 것이다. 그러나 1909년 이상룡(石洲 李相龍)이 조직한 애국계몽단체에 유인식 등과 참여하던 시기에 의식의 변화가 일어나기 시작하였던 것으로 짐작된다. 그는 1921년 자신의 유교개혁사상을 체계화하여 『유교유신론』(儒教維新論)을 저술하였고, 1932년 '조선유교회'에서 세운 녹동서원(鹿洞書院)의 명교강습회(明教講習會)에서 교수의 직책을 맡았던

사실도 유교개혁활동에 관여했던 것으로 보인다.[41]

그는 자신의 유교개혁에 대한 신념을 밝히면서, "경전 속에서 성인을 뵈었고, 마음으로 성인을 신앙하였으며, 말과 행동을 성인에 복종하였으므로, 성인을 위해 희생이 되고 졸개가 되어, 우리 인류에 큰 도리를 유신(維新)하여야 양심에 부끄러움이 없을 것이니, 백 번 꺾여도 굽히지 않고자 한다"[42]고 하여, 유교를 '유신'할 책임을 담당한 사람으로서 자신의 확고한 사명감을 성인에 대한 불굴의 신앙심으로 제시하고 있다.

송기식은 유교개혁론의 근거로서 유교의 진리를 바뀌지 않는 불역(不易)의 '도체'(道體)와 바뀌는 변역(變易)의 '시중'(時中)이라는 양면으로 인식하여, "한 근본의 큰 부분은 '불역'이요, 만 가지로 다른 작은 부분은 '변역'이다. '불역'은 경(經)이며 체(體)요, '변역'은 위(緯)이며 용(用)이다. '불역'은 형체가 없는 데 근거를 두고, '변역'은 형체가 있는 데에서 활용한다"[43]고 하여, 불변적 기준을 확립하면서도 시대와 상황에 따라 변하는 '시중'(時中)의 가변성을 강조함으로써 변혁론의 이론적 정당성을 확보하고자 하였다.

또한 당시 사회현실에서 유교가 처한 상황을 성찰하면서, 송기

41 朝鮮儒敎會는 1932년 安淳煥이 설립한 유교의 종교단체인데, 始興에 鹿洞書院을 운영하였고, 여기서 유교인을 교육하는 明敎講習會가 열었다. 朴章鉉도 1933년 이 講習會에서 受講하였던 일이 있으니, 朴章鉉이 여기서 宋基植의 강의를 들었을 가능성도 있다.

42 宋基植, 『儒敎維新論』, 緖言, 1998, 127-128쪽. 이 책은 國漢文本으로 安秉杓의 현대문 번역이 본문 앞에 수록되어 있지만, 좀 더 편한 우리말로 조금 고쳐 인용하였다.

43 『儒敎維新論』, 제1장, 137쪽.

식은 근세에 유교가 쇠퇴하고 무너진 원인으로, ① 전제정치시대의 계급에 따른 인재선발방법이 문벌을 숭상하는 고질을 이루었음, ② 한문을 숭상하고 한문을 유교로 오인하며 국문을 멸시하여 백성을 쉽게 깨우치게 하지 못함, ③ 과거시험을 위한 문장에 집착하여 마음을 간직하고 성품을 배양하는 실학을 강구하지 않음, ④ 유림들이 당론(黨論)을 완전히 풀지 못하여 공론(公論)이 정해지지 못함의 4 조목을 지적하고 있다.[44] 그는 이러한 유교의 폐단은 유교의 본래정신이 아니라 인간의 탐욕에 의해 왜곡되고 은폐된 것이라는 입장을 보여준다.

그는 당시 조선사회에 유교의 폐단이 심각하게 드러나면서 사회 각층으로부터 유교가 비판의 표적이 되고 있음을 지적하여, "오늘날 어떤 사람이든지 언론상에 '유교' 두 글자를 말하면 안색을 찌푸리고, '유교는 과거의 유물에 불과하다'고 하며, 심한 자는 '우리 민족을 이렇게 문약하게 하고도 부족하여 또 그 두 글자를 입에 올리는가'라 한다"[45]고 하여, 일반대중 속에 유교에 대한 적대적 비판의식이 얼마나 광범하게 퍼져 있는지 절실하게 지적하였다.

송기식은 이처럼 유교개혁이 당면의 과제임을 역설하면서, 조선시대를 유교의 전성시기요, 당시를 유교의 쇠망시기로 보는 상식적 견해를 거부하고, 조선시대 5백 년은 오늘에 유교가 부흥할 기틀을

44 『儒教維新論』, 제2장, 147-153쪽.
45 『儒教維新論』, 제6장, 185쪽.

배태한 시기로 규정하였다. 그만큼 유교유신을 통해 새로운 시대에 유교의 진정한 정신을 발휘하여야 한다는 강력한 희망을 밝히고 있는 것이다. 여기서 그는 그동안 실현하지 못하였지만 오늘에 실현해야 할 공자의 가르침으로서 '대동'(大同)의 이상을 재확인하고 있다. 곧 "일어날지어다. 오늘은 전제(專制)의 안개가 걷히었으며 자유의 종과 북이 울린다. 때와 기회에 민활하여야 망망한 우주 속에서 백년의 생애를 허무에 돌아가게 하지 않을 것이며, 억조 인류의 만세 기초를 '대동'세계의 실현에 두어야 할 것이다"[46]라 선언하여, 유교개혁의 이상을 '대동' 개념으로 확인하고 있다. 그것은 강유위의 영향을 받고 있는 사실을 잘 보여주는 것이다.

송기식은 유교의 개혁에서 종교적 각성이 중요한 과제임을 다각적으로 제시하였다. 먼저 그는 유교에서 '교주' 문제에 대해, 당시 세계의 각 종교는 교주가 없는 제도를 시행하는 사실을 지적하고, 유교에는 지성대성(至聖大成)의 성인 공자가 계시니 하필 현존하는 교주를 추대할 필요는 없음을 강조하였다.[47] 그것은 그 시대에 교주를 둘 필요 없이 공자를 교주로 삼아야 한다는 인식을 보여주고 있는 것이다.

한편 송기식은 유교의 개혁을 위한 현실적 조건으로 조선인의 유교적 신앙이 골수에 깊고 은연중에 지지 세력이 넓다는 희망적 사

46 『儒敎維新論』, 제7장, 195쪽.
47 『儒敎維新論』, 緖言, 130쪽.

실을 강조한다. 곧 ① 비종교인 대부분은 유교의 가르침이 정신 속에 꽉 차서 유교에 따라야 마음이 안정되며, 또 유교를 좋아하지는 않더라도 감히 배반하고 떠나지 못하는 점, ② 향교·서원·서당이 완비되어 교당을 새로 지을 비용을 줄일 수 있고, 경서를 끼고 방황하는 청년들이 많다는 점, ③ 각 지방에는 백발이 되도록 경전을 연구하여 학식이 풍부하고 인격이 뛰어난 학자가 많은 점을 들고 있다.[48] 비록 적극적 개혁의식이 없고 방향을 못 찾고 있는 인적 자원이거나 전통체제의 교당이지만 개혁의 토대가 되는 여건으로 활용할 수 있는 여지가 크다는 사실을 주목한 것이다.

송기식은 당시 인심이 흩어져 마음 붙일 곳이 없는 현실에서, 유교의 종교조직으로서 공자묘(孔子廟)에 교적(敎籍)을 두고, 각 지방에 '교회'를 세우며, '복일'(復日)을 삼가 지킬 것을 제시하면서, 그 '복일의례'의 예식순서를 정하였다.[49] 그는 예식을 엄격하게 하지 않으면 교회의 사무를 집행하기 어려울 것임을 지적하고, 가정교육보다 유교의 교회당에서 가르치는 것이 효과적임을 강조하였다.

『유교유신론』의 끝에서 '세계는 유교 범위 내에 영원한 태평의

48 『儒敎維新論』, 제8장, 197-199쪽.

49 『儒敎維新論』, 제11장, 239-241쪽. '復日儀禮'의 절차는 ① 靜坐(곧고 단정하게 앉아 정신을 거두어들이고, 天性을 함양하며, 上帝를 마주 대하여 자기 마음에 부끄러움이 없게 하는 것. 10분 내지 20분간), ② 講演(제목 아래 경전의 뜻과 풍속의 언론으로 설명), ③ 靜坐, ④ 폐회의 순서로 제시되었다. '復日'은 『周易』(復卦)의 "七日來復"에서 나온 말로 7일마다 일요일의 집회 날짜로 삼는 것을 말하는데, 당시 朝鮮儒敎會에서 집회 날짜를 '復日'로 삼았다.

장래'를 이룰 것임을 그 자신의 신념으로 밝히고 있다. 여기서 그는 삼대(三代: 夏·殷·周)를 문명의 이상으로 제시하는 유교전통의 복고주의적 인식이 학설의 진보를 막고 도전의 용기를 꺾는다고 경계하며, 공자가 『춘추』를 지은 취지가 '삼세'(三世: 據亂世·昇平世·太平世)를 제시하여 미래에 문명의 진보를 제시한 것이라 확인한다. 또한 「예운」편의 '대동'도 공자가 세계의 장래를 기대한 것이라 하여, 강유위의 '대동'사상이 지닌 진보적 세계관을 받아들이고 있다. 따라서 그는 유교를 무한한 범위와 정밀한 규모와 무궁한 '시중'의 원리로 진화의 장래를 지닌 유일무이한 종교라 주장한다. 여기서 그는 "오늘은 우리 유교의 진면목을 드러낼 때와 기회이다. 성인이 기대하던 '태평세'가 오늘부터 시작하며 '대동세'가 장차 도래하여 무궁할 것이다"라고 선언하였다.[50] 이처럼 송기식의 유교개혁론은 미래에 '태평'과 '대동'의 이상사회 실현을 지향하는 유교의 '진보성'을 역설함으로써, 오늘을 유교의 붕괴가 아니라 미래의 새로운 이상을 향한 도약의 출발점임을 강조하여, 유교개혁론을 통해 유교의 좌절을 넘어서 희망을 불어넣고 있음을 잘 보여준다.

50 『儒教維新論』, 제14장, 275-277쪽.

5. 경학기반의 유교개혁사상

(1) 이병헌의 공교(孔敎)활동과 금문(今文)경학

이병헌(眞庵 李炳憲, 1870-1940)은 청년기에 곽종석(俛宇 郭鍾錫) 문하에서 주자학을 연마하였지만, 34세 때(1903) 서울에 올라와 시국의 변화를 실감하고 강유위의 유교개혁론을 접하면서 사상적 전환의 계기를 열었다. 그의 생애를 통해 유교개혁사상을 형성하는 과정은 3시기로 나누어질 수 있다. 제1기는 34세부터 44세까지(1903-1913) 문헌을 통해 강유위의 영향을 받아 '공교'의 성격을 인식하던 시기이고, 제2기는 45세부터 56세까지(1914-1925) 다섯 번이나 중국으로 가서 강유위의 직접 지도를 받으며 금문경학을 기반으로 하는 공교사상을 체계화하고 '공교회'조직을 위해 활동하던 시기이며, 제3기는 57세(1926) 이후의 만년에 금문경학을 연구하고 저술하던 시기이다. 이 점에서 이병헌은 강유위의 직접 지도를 받은 우리나라 유일의 공교사상가이며, 금문경학으로 공교사상을 체계화한 유일한 인물로 한국 근대사상사에서 위치를 지니는 인물이다.

당시 유교란 철학·도덕·교육·정치의 문제를 제시하는 것이지 '종교는 아니다'라는 유교의 비종교론(非宗敎論)이 대두되고 있는 데 대해, 그는 유교를 종교로서 확고하게 각성하는 입장을 밝혔다. 우선 그는 서양문명의 체계에서 과학·철학·종교의 상관관계 속에서 유교의 종교적 성격을 확인하고 유교와 서양종교의 차이를 제시하였다. 여기서 그는 서양의 근대문명에서 철학·과학·종교가 분열되어 있는 사실을 지적하고, 철학·과학과 대립하는 서양종교와는 달리, 유교는 철학·과학·종교의 세 영역을 모두 포섭할 수 있음을 강조하였다.

서양의 철학·과학·종교를 바라보는 당시 유교지식인들의 입장이 서로 다른 사실을 주목하여, 그는 송나라의 '이학'(理學)을 조술하면서 교조인 공자를 망각하는 전통 도학의 입장을 '수구설'(守舊說)이라 하고, 전통관습의 폐단을 개혁한다고 하면서 교조인 공자까지 배척하는 반유교적 개화파의 입장을 '혁신설'(革新說)이라 하고, 서양의 과학은 받아들이면서 종교를 미신으로 거부함으로써 유교의 종교성도 거부하여 종교가 없는 민족으로 만들려는 유교적 개화론의 입장을 '통신구설'(通新舊說)이라 하고, 공자의 '교'가 순수하고 지선하다는 신념으로 공교 속에 종교를 포함시키는 유교개혁론의 입장을 '통동서설'(通東西說)이라 구분하였다.[51]

물론 이병헌은 '통동서설'의 입장을 취하여 유교가 종교로서 서양의 종교와 과학과 철학을 포섭하는 최고의 통합적 진리임을 주장하고 있다. 그것은 서양종교로서 기독교에 대한 유교의 우월성을 강조하려는 의도이며, 동시에 서양 학문과 유교를 대립적으로 보는

51 『李炳憲全集』(上), 211, '儒敎爲宗敎哲學集中論', "漢鮮之儒, 有四層說, 一曰守舊說, 祖述宋元之學理, 不念敎祖, 二曰革新說, 懲創末流之慣習, 反斥敎祖, 三曰通新舊說, 不喜西方之迷信, 而自甘爲無敎之族, 四曰通東西說, 念孔敎純粹至善爲空間不可廢之敎, 而以爲當曰敎, 不必曰宗敎也."

도학전통의 수구론과 차별화하려는 의도를 보여준다. 그러나 유교가 종교의 영역을 포기할 때 기독교의 포교(傳布)에 맞설 수 없으며, 유교가 서양학문을 포기할 때 근대 서양학문의 수용이 대세를 이룬 시대현실에서 유교가 폐기당할 위기에 놓여 있는 현실에 대한 대응 논리라 할 수 있다.

유교의 성격을 정의하면서 그는 교조와 신앙대상을 확인한다. 가장 먼저 그는 유교를 '공자의 교'라 밝히고, "공자는 유일무이한 교주이다"[52]라 강조하였다. 그것은 유교의 교조가 공자임을 선명하게 확인하는 것이다. 이런 의미에서 '유교'의 종교적 인식을 강조하는 강유위계열의 '공교'운동이 유교를 '공교'로 일컬음으로써 불교나 기독교처럼 교조의 이름을 밝히는 의미를 명확히 해주는 명칭일 수 있다.

유교의 교조인 공자가 종교가임을 밝혀주는 단적인 근거로서 그는 『주역』(觀卦: 彖傳)에서 "성인은 신도(神道)로 가르침을 베푸니, 천하가 복종한다"(聖人以神道設敎, 而天下服矣)라는 구절을 이끌어 '신도설교'(神道設敎)의 4글자가 공교의 종교성을 보여주는 핵심적 내용임을 지적하고 있다.[53] 여기서 '신'은 하늘의 주재인 '상제'(上帝)와 일치시킴으로써, 이 신앙대상 주재자인 '상제'요 '신'이임을 밝히고 있는 것

52 『李炳憲全集』(上), 177-178쪽, '儒敎復原論', "儒敎者, 孔子之敎也, … 孔子之爲我獨一無二之敎主."

53 『李炳憲全集』(上), 315쪽, '敬告域內儒林同胞', "孔子之爲宗敎家, 則莊嚴燦爛, 其精義具在於大易神道設敎四字, 豈可以非宗敎目之乎."

이다.[54]

이병헌은 유교개혁의 기본과제가 공교의 진실성을 회복하는 것임을 강조한다. 따라서 그는 '공자의 본래 모습을 회복하는 것'이라는 의미에서, 자신의 유교개혁사상을 체계화한 저술 『유교복원론』(儒敎復原論)의 제목을 '복원'이라 붙였던 것이다.[55] 여기서 '복원'은 사실을 고증하여 밝히는 것이 아니라, 시대상황 속에서 유교의 진실한 가치를 재해석하는 데 의도가 있다. 따라서 그는 '공자의 도'가 지닌 기본성격을 보편성(博大無外)·현실성(明於應世)·진보성(切於進化)으로 확인한다.[56] 또한 그는 공교의 가치가 지닌 시대적 의미를 강조하여, "① 미신파(迷信派)가 아니라 진지(眞知)를 위주로 하고, ② 자존파(自尊派)가 아니라 예양(禮讓)을 위주로 하고, ③ 배외파(排外派)가 아니라 대동(大同)을 위주로 한다"[57]고 지적하여, 진실성·도덕성·포용성을 제시하였다.

강유위는 공교사상의 핵심개념을 '대동'으로 제시하여 유교전통의 복고적 성격을 탈피하고 미래지향적 진보성을 기본성격으로 확인하였다. 이에 따라 강유위가 『예기』「예운」(禮運)편의 '대동' 개념을 끌어내었던 것은 그가 '금문경학'(今文經學)으로서 『춘추공양전』

54 『李炳憲全集』(上), 198쪽, '天學', "天之主宰卽上帝, 而帝卽神之稱."
55 『李炳憲全集』(上), 177쪽, '儒敎復原論', "以告我同洲之凡百君子, 區區之意, 則實欲復孔子之原狀而已."
56 『李炳憲全集』(上), 181쪽, '儒敎復原論', "孔子之道, 博大無外, 明於應世, 切於進化."
57 『李炳憲全集』(上), 189쪽, '儒敎復原論', "夫孔子之敎, 必得世界最後優勝之點者有三, 一, 孔子非迷信派, 而以眞知爲主, 一, 孔子非自尊派, 而以禮讓爲主, 一, 孔子非排外派, 而以大同爲主."

(春秋公羊傳)의 '삼세설'(三世說: 據亂世-升平世-太平世)을 새롭게 해석한 '공양학'(公羊學)의 경학적 근거 위에 제기된 것이다. 당시 우리나라의 유교개혁사상에서 '대동'의 개념은 공통주제가 되었던 것이 사실이지만, 강유위의 '대동' 개념을 뒷받침하는 금문경학을 체계적으로 수용한 우리나라의 유교개혁사상가는 이병헌뿐이었다.

이병헌은 강유위를 찾아가 직접 지도를 받으며 공교사상을 심화시켜 가는 과정에서, 강유위로부터 금문경학을 공교사상의 기초로 철저히 확립하도록 요구받았다. 따라서 그는 금문경학을 유교개혁사상의 기반으로 정립하면서, '공교'의 기본구조를 제시하여, "공자의 도는 '우주'(六合)를 범위로 하고, '삼세'(三世)를 조종하며, '신도'(神道)로 교화하고, '시중'(時中)으로 드러나는 것이니, 세상을 치료하는 좋은 약이 '금문'(今文)의 오경(五經)에 갖추어져 있다"[58]고 밝혔다. 공간적 우주와 시간적 역사의 전체에 걸치고, '신도'의 신앙적 성격과 '시중'의 현실적 원리를 제시하는 것이며, 이를 실현하는 방법이 바로 '금문경학'임을 지적하고 있는 것이다. 그 자신 공교회운동에 실패한 뒤에도 금문경학연구에 몰두하여 금문경학의 경전주석체계를 이루었던 것은 공교회의 건설은 성취하지 못하였더라도 그 기초의 금문경학을 확고하게 정립하고자 하였던 것임을 엿볼 수 있다.

공자를 교조로 높이는 '공교'로서 유교개혁사상은 그 경전적 기

58 『李炳憲全集』(上), 214쪽, '儒敎爲宗敎哲學集中論', "孔子之道, 範圍六合, 操縱三世, 神而化之, 以時出之, 醫世之良劑, 具於今文五經."

반을 금문경학으로 다지는 것이면서, 그 실현의 토대를 우리나라로 확인하는 데 그의 유교개혁사상이 지닌 또 하나의 특징이 드러난다. 우리나라를 공교 실현의 토대로 확인한다는 것은 민족의식과 연관되는 시각이다. 여기서 이병헌의 독특한 민족의식에 의한 공자관이 드러나고 있다.

이병헌은 당시 유교비판론자들의 견해를, "우리나라로서 말하면 유교는 자기나라 종교가 아니요, 세계로서 말하면 유교는 낙오한 종교이니, 신앙자유의 시대를 만나서 유교는 마땅히 폐지되지 않겠는가"[59]라는 질문의 형식으로 제기하였다. 이에 대해 그는 우리 민족이 유교를 받들어야 하는 당위성을 다섯 가지로 제시하였다. 곧 유교는 ① 우리나라에서 나온 종교요, ② 천하에 유일무이하여 상대가 없는 최선의 종교요, ③ 국가의 정수가 깃들어 있는 국민정신의 핵심을 간직한 종교요, ④ 다른 종교들을 통섭할 수 있고 철학이나 과학과 합치할 수 있는 종교요, ⑤ 오늘에 적합하고 또한 세계에서 최종적으로 우승할 수 있는 종교라는 것이다.[60] 그 첫 조목에서 이병헌은 유교를 우리나라에서 나온 종교라 주장하여, 유교와 민족의 결합을 통해 새로운 공교사상을 제시하고 있는

59 『李炳憲全集』(上), 368쪽, '歷史正義辨證錄: 吾族當奉儒教論', "以吾邦而言, 則儒非自國之教, 以天下而言, 則儒爲落伍之教, 當此信教自由之世, 無乃儒其當廢乎."

60 『李炳憲全集』(上), 369-370쪽, '歷史正義辨證錄: 吾族當奉儒教論'. 우리 민족이 유교를 받들어야 할 다섯 가지 이유로, ① 儒教爲自國産出之教, ② 儒教爲天下唯一無二至善無對之教, ③ 儒教爲國粹所寓之教, ④ 儒教可統諸教, 而又能合哲學科學, ⑤ 儒教適合於今日, 又當爲世界最終優勝之教를 들었다.

사실을 보여준다.

우선 그는 "사람들이 공자가 중국의 성인임은 알면서도 우리와 동족임을 알지 못하고, 공교가 중국의 종교인 줄은 알면서도 우리나라의 종교임을 알지 못하는 것은 아직 생각하지 못한 것이라 하겠다"[61]라 하여, 공자가 우리와 동족이요, 유교가 우리나라에서 나온 종교라 주장하기까지 한다. 여기서 그는 우리나라의 영토 범위와 민족 개념을 새롭게 해석하는 국수주의적 민족의식의 면모를 보여주고 있다. 그렇다면 이병헌이 유교를 우리나라에서 발생한 민족종교의 하나로 보는 새로운 견해를 제시한 것은 세계종교로서 가져야 할 보편성을 가볍게 본 것이 아닌지 문제를 남기고 있으며, 동시에 공자가 우리나라 사람이라는 주장이 당시의 우리나라 대중들에게도 얼마나 설득력이 있고 공감을 불러일으킬 수 있었는지 의문을 남겨주지 않을 수 없다. 그럼에도 불구하고 일제치하의 현실에서 민족의식에 호소하여 유교의 기반을 확보하려는 유교의 민족주의적 각성이라는 한 면모를 엿볼 수 있게 한다.

그는 당시의 시기를 유교로서 '대복원(大復原)의 기회'라 하여, 개혁유교로서 '공교'운동에 심혈을 기울여 진력하였다. 여기서 그는 전통유교를 '향교식 유교'라 하고, 공교를 '교회식 유교'로 대비시켜,

61 『李炳憲全集』(上), 254쪽, '蹈海叢談', "人知孔子爲支那之聖, 而不知爲東方之族, 知孔教爲支那之教, 而不知爲東方之教, 則殆未之思也."

자신이 추구하는 개혁유교의 방향을 제시하였다.[62] 그는 교회식 유교의 특성으로 '공자를 유일의 교조로 높여 상제에 배향함'과 '공자를 종교가로 인정함' 등 8가지 조목을 들었다.

그는 교회식 유교로서 공교회의 교당으로 산청(山淸)에 배산서당(培山書堂)을 건립하였다. 배산서당에는 공자만을 모신 문묘(文廟)를 가장 높은 곳에 별도로 세우고, 그 아래에 우리나라의 선현을 모신 사우(祠宇)를 세우는 독자적 공교 교당건축구조를 보여준다. 1923년 9월 배산서당의 문묘에 중국 곡부(曲阜)의 연성공부(衍聖公府)에서 모사해 온 공자의 성상(聖像)을 모시고 성대한 낙성식을 거행하였다. 그러나 이 낙성식이 끝나기도 전에 보수적 지방유림들이 이병헌을 성토하여 이병헌의 공교회 교당은 낙성식날 문을 닫고 말았다. 이에 따라 그의 공교조직운동도 실패로 돌아가고 말았다. 유교의 종교조직으로 공교회의 교회가 낙성식 날에 문닫는 날을 맞게 되는 이 한 토막의 극적인 장면은 당시 유교개혁론이 추구하던 이상과 뿌리내릴 수 있는 현실 사이에 거리가 얼마나 멀었던지를 잘 보여준다.

(2) 박장현의 유교개혁사상과 우리 역사의 경전화

박장현(中山 朴章鉉, 1908-1940)은 도학자 조긍섭(深齋 曺兢燮)의 문하에서 수학하였으나, 일찍부터 '자강파'의 흐름에 관심을 두고 민족

62 李炳憲, 『辯訂錄』, 1, "敎之中自分新舊兩派, 有鄕校式儒敎, 是謂舊派, 有敎會式儒敎, 是謂新派."

의식과 유교의 종교적 개혁사상에 깊은 관심을 기울였다. 그는 26세 때(1933) 유교의 종교단체로서 안순환(安淳煥)이 창립한 조선유교회(朝鮮儒敎會)에서 운영하던 시흥(始興) 녹동서원(鹿洞書院)의 명교학술강습회(明敎學術講習會)에 참석하여 수강하면서 유교개혁운동에 관심을 가지기 시작했으며, 고금과 동서양의 사정에 눈을 크게 뜨게 되었다.

그는 28세 때(1935) 저술한 『이륜』(彝倫)에서 당시 유교가 쇠퇴한 현실을 직시하면서 유교의 정대(正大)한 도리를 밝히겠다는 신념을 보여주고 있다. 그가 30세 때 저술한 『동서현세론』(東西現勢論)은 각 대륙의 54개국에 관한 지리와 역사를 개관한 것으로 그가 세계정세를 관심 깊게 관찰하고 있음을 보여주는 것이다. 또한 그는 32세 때 일본으로 건너가 잠시 동경(東京)의 이송학사(二松學舍) 전문학교에 입학하여 유학하면서 당시 일본의 한학계(漢學界)에서 활약하던 석학들과 넓게 교유하였지만, 33세(1940)로 일찍 죽고 말았다.

동서양이 교류하는 새로운 세계질서 속에서 공자의 정신과 유교의 의미를 재인식하는 것이 바로 박장현의 유교개혁사상이 출발하는 지점이다. 그는 공자의 가르침이 오늘날 인류의 일상생활에도 절실하게 요구되며, 앞으로 올 '대동'의 시대(大同世)에도 적합한 것임을 강조하면서, '공교'를 '고금에 소통하고, 동서양에 걸치는 변할 수 없는 하나의 큰 종교'(通古今亘東西, 不可易之一大宗敎)라 강조하며, 따라서 그는 공자의 '도'를 "우리 인류가 공존·공영하는 큰 도리이며,

고금에 통행하여도 그릇됨이 없고 동서양에 시행하여도 어긋남이 없는 것이다"[63]라고 극진하게 높였다.

또한 앞으로 다가올 미래의 시대로서 제시되는 '대동'(大同)사회는 온 세계의 사상과 문화의 다양성을 하나의 일치점에로 복귀시키는 것이라 이해하며, 모든 다양성이 귀결되는 바로 그 하나가 '공교'(孔教)임을 확인한다. 그는 '공교'와 다른 종교의 특성을 비교하면서, 다른 종교(불교·기독교 등)는 미신을 근본으로 하고 의식(儀式)을 주창하는 것이라 보고, 진리가 밝아지면 미신은 소멸하고 정신이 존중되면 의식은 없어지게 된다고 하여, 미래에서 다른 종교들이 쇠퇴하고, 성명(性命)·윤리·도덕·인민·국가의 문제를 가르치는 유교가 융성하게 일어날 것이라는 신념을 밝히고 있다.[64]

박장현의 유교개혁론에서는 경전과 역사가 두 축을 이루는 구조를 보여주고 있다. 먼저 그는 '경전'의 중요성을 강조하여, 당시 유교가 침체하는 원인을 '오직 성경(聖經: 유교경전)의 진리를 강론하지 않아서' 침체하게 된 것이라 하였다. 그것은 쇠퇴의 원인을 외세나 사회변화 등 바깥에서 찾는 것이 아니라, '성경'의 진리인식이라는 유교 안에서 찾고 있는 반성적 입장을 분명하게 확인하는 것이다.

63 『中山全書』(下), 375쪽, '訓辭', "斯道者, 實我人類共存共榮之大道, 而通古今而不謬, 施東西而不悖也."

64 『中山全書』(下), 317쪽, '原大同', "他教則不然, 惟以迷信爲本, 故眞理明而迷信替, 惟以儀式爲昌, 故精神重而儀式亡, … 惟孔教異於是, 其所教者, 唯是性命也, 倫理也, 道德也, 人民也, 國家也, 凡此者, 文明愈進, 而其爲道也愈切."

나아가 그는 유교진흥을 위한 구체적 실천대책으로, ① 성경을 강론하여 '도'의 근본을 수립할 것, ② 대중의 지혜를 결집하여 '도'의 응용을 확대할 것, ③ 모든 사람이 스스로 전교하여 '도'의 희망을 달성할 것의 3조목을 제시하였다.[65] 여기서 그가 '성경'의 강론을 가장 먼저 강조하고 있는 것은 그의 유교개혁사상을 경전의 기초 위에 구축하고 있음을 확인할 수 있다.

다음으로 '역사'의 중요성에 대해, 그는 역사를 '국민의 밝은 거울이요, 사상진보의 원천'이라고 강조하였다. 그는 우리의 역사학이 병들어 있는 이유를 ① '사실'이 있음만 알고서 '이상'이 있음을 알지 못함, ② '조정'(朝廷)이 있음만 알고 '민간'이 있음을 알지 못함의 두 조건을 지적한다. 그것은 역사의식에서 민족정신의 이상과 국민대중의 주체에 대한 각성을 추구하는 것이다. 그는 민족사상이 왕성하게 일어나지 못하는 것은 역사가의 허물이라고 지적하고, 역사학계의 혁명이 일어나지 않으면 우리 민족이 끝내 구제될 수 없음을 역설하였다.[66]

박장현은 경전과 역사에 대한 새로운 해석과 체계화를 추구하면서, 민족주의적 관점을 끌어들여, 우리 역사를 경전과 통합시킴으로써, 지금까지 없었던 새로운 시도를 하고 있다. 실제로 경전의 보

65 『中山全書』(下), 307쪽, '吾道振興策', "不講聖經, 則無以立道之本也, 不合衆智, 則無以擴道之用也, 不各自傳敎, 則無以達道之望也."

66 『中山全書』(下), 341-342쪽, '舊史學論'.

편적 진실성과 역사의 시대적 사실성은 유교경전 속에서도 본래 결합되어 있다는 사실을 주목한다. 공자는 중국인이었고, 중국의 역사에 근거하여 『서경』을 편찬하고, 『춘추』를 지었다. 그렇다면 경전의 기준은 경전을 편찬한 공자의 정신이지, 그 자료로서 중국역사가 경전의 기준은 아니다. 물론 성인으로서 공자가 편찬하였기 때문에 『서경』이나 『춘추』가 경전으로서 권위를 확보하게 되는 것이다. 그렇다면 공자의 정신으로 우리 역사를 서술하면 우리 역사도 경전으로 성립할 수 있다는 발상이다. 박장현은 바로 이러한 착상에 따라 우리 역사를 감히 경전으로 편찬하기를 시도해본 유일한 인물이다.

우리 역사를 유교경전의 형식으로 편찬하는 박장현의 창의적 작업은 그가 29세 때(1936) 저술한 『해동춘추』(海東春秋: 海東綱目)와 31세 때(1938) 저술한 『반도서경』(半島書經: 海東書經)의 두 가지로 제시되었다. 그것은 중국역사가 유교경전이 되었던 것처럼, 우리 역사도 유교경전으로 성립될 수 있다는 그의 민족주의 의식이 표출된 것이다. 박장현의 『해동춘추』와 『반도서경』은 민족의식에 바탕하는 유교개혁사상이 제기한 극단적 표출의 한 사례라 할 수 있다. 이 점에서 이병헌이 민족주의 의식에서 공자를 우리나라 사람이요 유교가 우리나라에서 출현한 것이라는 주장을 펼쳤던 것과 흥미로운 대조를 이루는 것이다.

박장현의 『해동춘추』와 『반도서경』이 공자의 정신을 얼마나 투철하게 우리 역사 서술을 통해 발현되었는지 따져보는 것은 별다른 의미가 없는 일이다. 역사의 사료가 달라지면 이를 통해 공자의 정신을 그대로 드러내는 것은 처음부터 불가능할 수밖에 없다. 그러나 『서경』과 『춘추』의 체제로 우리 역사를 재구성하였다는 사실만으로도 이 시대 민족의식을 확립하고자 하는 유교개혁사상가의 관심과 의지가 극적으로 드러나고 있음을 그 자체로 평가될 수 있다.

『해동춘추』와 『반도서경』은 박장현의 대표적 저술이라 할 수 있다. 그는 이 저술을 통해 우리 역사를 유교경전으로 끌어올리려고 시도하였던 최초요 유일한 업적을 이루었다. 그의 업적은 그 당시에서나 오늘에서도 별다른 관심을 끌지 못하였으니, 실패한 시도였다고도 볼 수 있다. 그러나 유교사상에서 보면 역사와 경전이 얼마나 깊이 연결되어 있는지를 각성시켜주고 있는 것이다. 경전 속에서 현실대응의 논리를 읽고, 역사 속에서 보편적 가치와 도리를 읽어야 한다는 유교정신의 기본문제를 던져주는 것으로 볼 수도 있다.

6. 한국 근대 유교개혁론이 지닌 의미

한국사상사에서 유교와 불교와 서학이 각각 자리를 차지하고 있지만, 유교를 중심으로 보면 시대의 변화에 따라 '도학-주자학'과 '실학'과 '근대 유교개혁사상'의 세 가지 흐름이 가장 중요한 의미를 지닌 사상조류의 큰 줄기라 할 수 있다. 이에 비해 심학-양명학은 상대적으로 작은 지류를 이루었던 것이 사실이다.

조선시대의 도학은 통치이념으로 확고한 지위를 차지하고, 조선시대 전반을 관통하여 지배적 영향력을 발휘하였다. 그러나 조선후기에 접어들면서 도학의 폐단을 인식하고 새롭게 문제를 제기하였던 것이 17세기 초에 등장하여 19세기 중반까지 전개되었던 실학이다. 이에 비해 유교개혁론은 19세기 말에서 20세기 전반기 사이에 활발하게 일어났던 사상조류로 조선사회가 붕괴한 격변기에 시대변화에 대응하기 위한 논리를 진지하게 제기하였던 사상조류로 관심을 기울일 필요가 있다. 이 점에서 근대 유교개혁사상은 오늘의 한국사상 속에 유교사상이 안고 있는 과제와 방향을 열어주는 실마리를 제공해주는 것으로 주목되어야 할 것이다.

근대의 유교개혁론은 급격한 시대변화에 대응하기 위한 진지한 고뇌였다. 서양문명의 가치관과 제도가 지배하기 시작하고, 유교를 전면적으로 거부하는 '반유교'(反儒敎)의식이 시대의 대세로 강력하게 압박하는 현실에서 유교를 다시 살려내기 위해 개혁의 논리와 방법을 찾아가는 치열한 투쟁이었다. 바로 이 점에서 근대의 유교개혁론은 현실에서는 비록 실패로 끝나고 말았지만, 사상적으로는 풍성한 결실을 남겨주었던 것이 사실이다.

실학에서 근대 서양의 세계관을 수용한 단계를 넘어, 유교개혁론은 현대의 세계질서 속에서 유교의 위치와 역할을 찾아가고 있는 사실에서 중요한 의미가 있다. 유교개혁론에서 세계는 이미 유교 전통으로부터 세계질서 속으로 중심을 옮겨 유교적 세계관을 수립하지 않을 수 없었다. 문제는 현대의 세계질서 속에서 유교의 진리를 얼마나 보편적이고 현실적인 진실성으로 제시할 수 있었는지를 돌아보는 일이다. 여전히 유교중심의 강변(强辯)을 하는 한계가 있지만, 유교 속에서 평등한 사회, 평화로운 세계질서를 찾는 '대동'의 이상은 중요한 문제의식을 던져주었다는 점을 주목할 필요가 있다.

국권을 상실한 시대에 민족의식을 강조하면서 유교개혁론이 보인 민족의식과 유교의 보편적 가치가 어떻게 조화를 이루고 있는지는 중요한 문제가 아닐 수 없다. 사실상 민족의식을 극단적으로 강조하다가 국수주의적 면모를 드러낸 측면이 없는 것도 아니다. 그러나 유교가 보편적 가치를 전제하면서 민족의식을 어떻게 의미 있게 살려낼 것인가의 문제를 던져주었다는 사실에서, 당시의 유교개혁론이 해결하지 못한 문제이지만 우리에게 여전히 중요한 과제로 남겨져 있음을 유의할 필요가 있다.

유교의 종교적 성격에 대한 인식은 이 시대 유교개혁론의 가장 특징적인 과제였다. 전통사회에서는 유교의 종교적 의식은 있었어도 유교와 종교의 관계에 대한 문제제기가 없었던 형편이다. 20세기에 들어서면서 유교의 종교성을 부정하는 양계초(梁啓超)의 「유교비종교론」(儒教非宗教論, 1902)이 제시된 이후 유교의 종교성에 대한 격렬한 부정이 일어났고, 유교 안에서도 '비종교론'이 확산되었던 것이 사실이다. 이러한 상황에서 유교개혁론은 유교의 종교성을 확인하고 종교조직으로서 유교교단을 설립하여 유교의 신념을 강화하고 대중화를 추구하였다. 유교개혁론의 종교운동은 보수적 유교인을 설득하지도 못하고 대중적 공감을 얻지도 못하여 결국 실패로 돌아가고 말았다. 그러나 유교의 종교성에 대한 인식을 명확히 제기함으로써, 유교의 성격에 대한 근본적 재정립을 이루었던 점은 유교사상사에서 매우 중요한 일이 아닐 수 없다.

유교개혁론은 한 시대의 역사적 상황 속에 제기된 사상체계였으니, 그 시대의 문제에 대한 대응논리로서 시대적 한계를 지니고 있으며, 이와 더불어 그 시대적 대응에서 성공적인 결과를 이루지도 못한 한계를 지니고 있다. 그럼에도 불구하고 근대의 유교개혁론은 우리 시대가 안고 있는 문제에 대해 진지한 고민과 대답을 이미 제시해주었다. 바로 이 점에서 유교개혁론은 우리 시대 유교사상의 길잡이가 되고 있음을 유의할 필요가 있다. 그것은 유교사상의 문제에 머무르는 것이 아니라, 전통과 현대의 연속성을 찾아야 하고, 그 연속성 위에서 미래의 방향을 찾아야 하는 우리 시대 사상사의 핵심과제에 직접적으로 연결되고 있는 것이 사실이다.

_참고문헌

〈원전·문집〉

朱熹,『四書集註』·『朱熹集』·『朱子語類』.

『高麗史』,『世宗實錄』,『東文選』,『尊華錄』.

安珦,『晦軒遺稿』/ 李穡,『牧隱集』·『牧隱文藁』.

李齊賢,『櫟翁稗說』·『益齋亂藁』/ 李穀,『稼亭集』/ 鄭夢周,『圃隱集』.

李崇仁,『陶隱集』/ 吉再,『冶隱集』/ 鄭道傳,『三峯集』.

權近, 『陽村集』·『入學圖說』·『禮記淺見錄』.

趙光祖,『靜菴集』/ 李滉,『退溪集』/ 曺植,『南冥集』·『學記類編』/ 李珥,『栗谷全書』.

宋浚吉,『同春堂集』/ 李睟光,『芝峯集』·『芝峯類說』.

尹鑴,『白湖全書』/ 柳馨遠,『磻溪隨錄』.

李瀷,『星湖全集』·『星湖僿說』·『李子粹語』/ 安鼎福,『東史綱目』.

丁若鏞,『與猶堂全書』/ 洪大容,『湛軒書』.

朴趾源,『燕巖集』·『熱河日記』/ 朴齊家,『貞蕤閣全集』/ 金正喜,『阮堂全集』.

崔漢綺,『推測錄』·『人政』.

張志淵,『朝鮮儒教淵源』/ 申采浩,『丹齋申采浩全集』.

柳寅植,『東山全書』/ 朴殷植,『朴殷植全書』/ 李承熙,『韓溪遺稿』.

宋基植,『儒教維新論』/ 李炳憲,『李炳憲全集』/ 朴章鉉,『中山全書』.

〈연구서 및 논문〉

김문식,『조선후기 지식인의 대외인식』, 새문사, 2009.

신용하,『조선후기 실학파의 사회사상연구』, 지식산업사, 1997.

유승국, 『도원철학산고』, 성균관대 출판부, 2010.
이우성, 『한국의 역사상』, 창작과비평, 1982.
정옥자, 『조선후기 조선중화사상연구』, 일지사, 1998.
천관우, 『近世朝鮮史研究』, 일조각, 1979.
______, 『한국실학사상사』[『한국문화사대계』(6), 고려대 민족문화연구소].
최완수, 『金秋史研究草』, 1976.
현상윤, 『朝鮮儒學史』, 민중서관, 1949.
웡치챤, 『근대중국종교의 동향』, 이은봉 역, 형설출판사, 1987.

이동환, 「韓國文教風俗史」, 『韓國文化史大系』(8), 고려대민족문화연구소, 1971.
이병도, 「鄭三峯의 儒佛觀」, 『白性郁博士頌壽記念 佛教學論文集』.
이승환, 「道統-유학의 참 정신을 잇는 계보」, 『조선유학의 개념들』, 예문서원, 2002.
이원순, 「星湖 李瀷의 西學世界」, 『教會史研究』 1, 1977.
이종익, 「鄭道傳의 闢佛論批判」, 『불교학보』(8), 1971.
정규훈, 「한국 근대 종교의 사상과 실제에 관한 연구」, 성균관대 박사학위논문, 1998.
조광, 「丁若鏞의 民權意識研究」, 『亞細亞研究』 56, 1976.
조창록, 「楓石 徐有榘에 대한 연구」(2003, 성균관대 박사학위논문).
______, 「조선조 開城의 학풍과 徐命膺 家의 학문」(『대동문화연구』 47, 2004).
______, 「鶴山 徐浩修의 〈熱河紀遊〉-18세기 西學史의 수준과 지향」(『동방학지』 135, 2006).

_인명 찾아보기

석학人文강좌 53